AF469601

LA NAISSANCE DV IANSSENISME DECOVVERTE,

A MONSEIGNEVR LE CHANCELIER

PAR LE SIEVR DE PREVILLE.

A LOVVAIN
Chéz la Veufve de IACQVES GRAVIVS,
à la Fortune.
Auec Priuilege de son Altesse.
CIↃ ↃCI. LIV.

A MONSEIGNEVR MONSEIGNEVR LE CHANCELIER.

MONSEIGNEVR,

Ie ne puis me resoudre de donner ce liure au public, que ie ne le mette premierement aux pieds de vostre grandeur: afin qu'estant, comme vous estes, le depositaire de la Iustice du Roy; il vous plaise de la rendre en cette occasion à l'Innocent, & au Coupable; & de prononcer hautement, apres que vous aurez veu les pieces, & les originaux dont ie me suis seruy; si ce sont des impostures, ou des veritez, que les preuues que ie produis, & les tesmoignages que ie rapporte, de la cabale, & du dessein formé de longue main contre l'Eglise, & la Religion, particulierement en ce Royaume, entre le sieur Ianssenius Euesque d'Ypre, & le sieur du Verger Abbé de S. Cyran. Vous en auiez dé-ia MONSEIGNEVR, *des l'année 16[illegible]8. descouuert vne partie; lors que suiuant les ordres du feu Roy de glorieuse memoire, vous fistes saisir les papiers, & trauailler à l'information de l'vn de ces factieux: & ie ne doute point, que si l'autre eust releué de vostre authorité & eust esté sujet aux Loix de cet Estat; vous n'eussiez à mesme temps fait faire son procez sur ses propres lettres, qui furent trouuées par les Commissaires, & parmy les escrits du complice de ses crimes. Ce sont celles là mesme,* MONSEIGNEVR, *auec tous les memoires de cette nature, qui me sont tombées entre les mains; & que i'ay pris la peine de dechiffrer icy; pour les rendre intelligibles à ceux qui les liront: m'asseurant que vostre grandeur, qui sçait mieux que personne les malheurs dont nous estions menacez de ce costé là, & qui s'y est tousiours opposée, auec vne vigueur, & vne prudence merueilleuse; sera sans doute bien aise, que le public connoisse les Autheurs du mal dont elle nous a guarantis; & que tout le monde soit conuaincu, non seulement des motifs qui portoient l'vn & l'autre de ces Nouateurs, à vne si estrange entreprise; mais encore des moyens qu'ils auoient concertez ensemble, pour les faire réussir à nostre preiudice. Ie ne doute point,* MONSEIGNEVR, *qu'à mesme que les hommes s'instruiront par leurs yeux de ces veritez, ils n'arrestent aussi leurs pensées dessus vous, qui auez par vne vigilance nompareille destourné cet orage de dessus leurs testes: & que connoissant les obligations que vous a l'Eglise, & l'Estat, pour les auoir conseruez dans leurs plus grands dangers; ils ne leuent les mains au Ciel, & ne benissent Dieu, de leur auoir en vostre personne suscité, non seulement vn autre Daniel, pour separer l'innocence du crime, & iuger son peuple auec equité; mais encore vn veritable Samuel, pour seruir de conseil à nos Roys, & estre l'inuiolable appuy de l'Estat, & de la Religion dans ce Royaume; où tous les bons François vous souhaittent vne longue, & heureuse prosperité; & celuy là sur tous qui est plus que personne*

MONSEIGNEVR,

DE VOSTRE GRANDEVR,

Le tres-humb. & tres-obeïss. seruiteur,
DE PREVILLE.

AVANT-PROPOS.

LA Naissance, & l'Origine du Iansenisme, c'est à dire les proiets, & les desseins de la cabale pour l'establissemẽt de la nouuelle doctrine; se remarquẽt dãs les lettres que s'escriuoient mutuellemẽt, dans le secret & la confiance, les deux chefs de ce party, Iansenius Euesque d'Ypre, & le sieur du Verger, Abbé de S. Cyrã: & ie ne fais aucun doute, que si elles estoient toutes venuës à nostre connoissance, aussi bien que celles que ie produiray maintenant, nous sçaurions à fonds toutes les choses qui se sont passées dans cette affaire; puis que celles cy, quoy qu'en petit nombre, & seulement de l'vn d'entr'eux; nous en descouurẽt tant de mysteres, & nous instruisent si bien de tant de verités en cette matiere. Or afin de preparer les esprits à la lecture qu'il en faut faire, & donner d'abord les asseurances requises en cette occasion; qu'elles sont en effet de celuy sous le nom duquel ie les publie: on sçaura qu'elles ont esté trouuées dans la maison mesme de S. Cyran, à qui elles estoient escrites; & qu'elles en furent enleuées auec ses autres papiers, par ses Commissaires, lors qu'il fut arresté prisonnier à Paris, & conduit au bois de Vincenne; & qu'enfin nouuellement à la mort de l'vn de ses Iuges, elles me sont heureusement tombées entre les mains.

Mais par ce que les Disciples, & les Partisans de leur Doctrine, qu'on appelle communément les Iansenistes; tascheront peutestre, pour l'interest qu'ils prennent en cette affaire, d'obscurcir cette verité; comme ils font tous les iours les choses les plus euidentes qu'on allegue contre eux; & ne voudront pas reconnoistre ces lettres qui descouvrent à nud la honte de leurs Patriarches, & mettent en euidence cet auorton de tenebres le Iansenisme; qu'ils ont conçeu l'vn & l'autre, comme vous verrez, dans les complots, les intrigues, & les cabales; dans l'effroy d'vne conscience criminelle; dans l'horreur des foudres, & des anathemes de l'Eglise; & dans la hayne, & la passion contre les Iesuites: il faut que ie conuainque en cette matiere, aussi bien les sens que la raison; & que ie fasse voir au public, les originaux de toutes les copies que ie m'en vay faire paroistre dans ce liure.

Ie choisiray donc pour cet effet, vne maison publique dans la Ville de Paris, au quartier de l'Vniuersité, où il se trouue d'ordinaire plus d'esprits curieux de semblables nouueautez: & parceque la mienne en est fort esloignée, & que le College des Iesuites, qui est en la ruë S. Iacques, y est des plus frequentez, & que là mes memoires seront en asseurance; ie me suis resolu d'y mettre en depost tous les originaux des lettres que i'ay de Iansenius à S. Cyran, & donc ie m'en vay publier les extraits; qui seruiront à la posterité, pour l'instruire de l'histoire de nos temps, & des intrigues de ceux qui ont entrepris de reformer la Religion, & d'acheuer les desseins de Luther, & de Caluin. Ie supplie donc tres-humblement, tous ceux qui se pourront souuenir d'auoir autrefois veu de l'escriture de Iansenius, ou qui mesme en auront conserué quelque reste; ie les coniure, dis-je, de la vouloir confronter, auec celle qu'on leur fera voir au College de Clermont, situé dans l'Vniuersité. Et pour les autres que cette façon de preuue ne peut conuaincre, pour n'en auoir eu iamais aucune connoissance; non plus que des adherans de Iansenius, de qui en suite nous produirons les lettres; je ne doute point que la seule veuë de ces manuscripts, ou mesme le narré des choses qui en sont extraites, ne leur persuade aisément cette verité, & ne leur fasse connoistre d'abord, la sincerité de mon procedé dans le recueil que ie fais de tous ces memoires.

Que si ie ne rapporte pas tout au long chaque lettre, & que ie me contente pour l'ordinaire d'en faire quelques extraits; c'est qu'il y en a quantité qui ont beaucoup de choses fort peu considerables, comme sont les nouuelles, & les affaires de famille; & qui estant d'ailleurs fort grossieres, conçeuës en mauuais termes, & pleines d'incongruitez; ne donneroient que de l'ennuy, & du degoust aux Lecteurs. Pour la date des années qui manque par fois dans les originaux, aussi bien que celles des mois; ie l'ay suppleé par ce que i'en ay trouué escrit sur le dos des lettres; aussi bien que par le moyen des affaires qui y sont rapportées; & par la suite des choses dont il est question. Au reste, si ie m'estois mespris en quelque point; ou que ie n'eusse pas assez penetré dans l'obscurité des mysteres, des chiffres, & des intrigues qui y sont renfermées; ce sera à ceux qui ont eu plus de connoissance que moy, de la cabale, ou des personnes de Ianssenius, & de S. Cyran, a suppleer ce defaut, & à esclaircir & estendre les matieres que ie n'aurois pas assez estendu, ny assez expliqué.

LE DECHIFFREMENT DES LETTRES DE IANSSENIUS, escrites à l'Abbé de S. Cyran.

SVlpice. Boëce. Quinquarbre. Cudaro. *signifient* Ianssenius.
S. Celias. Solion. Durillon. Rongeart. *signifient* l'Abbé de S. Cyran.
Solity. Philippas. Gemer. l'Illustrissime. Nostre voisin. *signifient* Florentius Conrius Cordelier, & Archeuesque en Hibernie, dont le liure *De Pæna paruulorum*, est imprimé à la fin du liure de Ianssenius.
L'amy de Bruxelle. Le Curé de Bruxelle. *signifient* Calenus.
Le Prelat. L'Archeuesque. *signifient* l'Archeuesque de Malines.
Preuost. Le gros Preuost. *signifient* le Docteur Fromond.
Semir. *signifie* le Pere General de l'Oratoire.
Semiristes *signifient* les Peres de l'Oratoire.
Pilmot. Cumar. Comir. Le procez. L'affaire spirituelle. La grande affaire. *signifient* le dessein du liure de Ianssenius intitulé *Augustinus*, & celuy de toute la cabale, pour l'establissement du Iansenisme.
Les Pilmotaires. Les ennemis de Pilmot. *signifient* les Pelagiens.
Les demy Pilmotaires. *signifie* les Semipelagiens.
Parlas. *signifie* les Heretiques.
Les clabaudeurs. *signifie* les Theologiens Scholastiques.
Seraphi. Leoninus. Aelius. Garmos. Nostre Maistre. *signifient* S. Augustin.
Gorphoroste. Pacuuius. Porris. Chimer. Ciprin. Satan Romaniste.
Ma partie. L'Antagoniste. Les fins. *signifient* les Iesuites.
La Teste de Ciprin. *signifie* S. Ignace Fondateur des Iesuites.
Plagiaire. Bouffon. *signifient* le P. Garasse Iesuite.
Pansar. Latoma. *signifient* l'Vniuersité de Louuain.
Blemar. Salti. *signifient* la Sorbone.
Gerardus. Pardo. Domini. *signifient* le Pape.
Pazar. *signifie* le Roy de France.
Amase. *signifie* l'Empereur.
Alamas. *signifie* le Roy d'Espagne.
Bauma. *signifie* L'Archiduchesse des païs Bas.
Impera. *signifie* la Flandre. & Carpocre. *signifie* le mesme; & de plus, le Conseil de Flandre.
Steropes *signifie* la Hollande.

Pour plus grande facilité, & afin de soulager les Lecteurs, de la peine qu'ils auroient de recourir souuent à cette table, i'ay mis en marge de chaque lettre l'explication de ces termes, toutes les fois qu'ils se rencontrent. Il n'est point au reste necessaire, que ie rende icy raison, de l'explication que ie donne aux paroles que ie viens de rapporter; vous en ferez Lecteur, le mesme jugement que moy, quand vous aurez leu toutes les lettres qui suiuent.

Outre ces termes, il y en a encore quelques autres de moindre importance, qui se rencontrent rarement dedans ces lettres, & que pour cette raison, ie n'ay pû deuiner. Comme, Samer. Robins. Diecius. Helpide de Galau; dont les deux premiers designent quelque ieune Seigneur esleué dans la Cour, que ie ne puis connoistre; peutestre que quelqu'vn les pourra deuiner, & les autres aussi.

EXTRAIT DES LETTRES DE IANSSENIVS A L'ABBE' DE S. CYRAN,

Depuis l'an 1617. iuſques à l'an 1635.

De Louuain le 19. de May l'an 1617.

1. MONSIEVR,

Ayant commencé à lire voſtre lettre, qui fut la premiere que i'ay receuë de vous aprez mon partement, auec autant de ioye que i'en ay receu iamais aucune, en preſence de voſtre Nepueu; ie fus contraint d'imiter ce que fiſt le Patriarche Ioſeph, lors que les doleances de ſes Freres luy troublerent les ſens, & d'entrecouper le fil de la lecture, pour ne decouurir point ma foibleſſe, à ceux qui interpreteroient par aduanture à feintiſe, la ſincerité d'vne affection, qui à cauſe du peu d'experience, leur eſt encore inconnuë. Car ie vous puis dire auec autant de candeur, que ie vous aye iamais dit choſe du monde, que par pluſieurs fois ie n'ay pû acheuer de lire la lettre, que les larmes ne me ſoient coulées des yeux, quoy que mon natu-

L'inſcription de cette lettre eſt telle. A Monſieur du Vergier de Hauranne Chanoine de l'Egliſe Noſtre Dame de Bayone. A Poitiers.

rel n'y soit guere porté. Ie laschay alors la bonde à ma passion, & me contentay à me tesmoigner à moy mesme en ma solitude, ou il n'y auoit autre tesmoin que Dieu & moy; que mon affection n'est pas du tout tirée du fonds de l'ame par syllogisme; mais enracinée dans les moüelles, & espanduë par le sang ··· Le surplus de ma vie, quelque part qu'elle roule, fera voir que le changement de lieu, ne sçauroit rien diminuer de ceque ie vous ay consacré, mais s'allumera dauantage ·· Ie suis tres aise que l'homme [a] a haussé plûtost que changé de note, & reconnû le bien qu'il aura de joüyr de vous; & me contente fort que les affaires vont bien: Monsieur vostre Frere m'a escrit que l'autre est deferré, & reduit à dire son Breuiaire. Ie m'estõne de la Prouidẽce de Dieu, qui vous fait si bien à propos tõber sur vos pates, & fait souuenir d'eux mesmes, ceux qui oublioient ceux, du seruice, ou de l'amitié desquels ils n'estoient pas dignes. L'honnesteté de vos desseins, que l'autre n'a pas reconnuë, attirera l'vtilité par son propre esclat. Quant à moy ie suis encore sans benefice, non pas toutefois sans esperance d'en obtenir ·· Vostre Nepueu [b] se porte bien, & n'estudie pas mal, quoy qu'il n'atteindra pas le point ou ie l'eusse voulu porter. Ie pense qu'il aura l'esprit plus pratique que speculatif. Il n'estoit pas besoin, que vous ou Monsieur vostre Frere se mist en peine auec tant de soin, car ie luy fourniray tant que vous voudrez tout ce qu'il luy faudra de l'argent du [c] College (ie le dis naïfuement) que i'ay entre mes mains ···· le Pere du Vergier Cordelier, a parlé à son Nepueu de Barcos, & à moy en passant. Ie n'ay pû auoir l'honneur de luy donner vn meschant disner, comme ie le desirois, & l'en sommois par plusieurs fois. Il est retourné en France, fort satisfait, à ce qu'il m'a dit, de ses Altesses.

Ie suis du tout vostre, CORNELIVS IANSSENIVS.

[a] Ie croy que cet homme c'est Monsieur de Poitiers, lequel fist du bien à l'Abbé de S. Cyran.

[b] Ce Nepueu s'appelle Martin de Barcos & est à present Abbé de S. Cyran.

[c] Ce College s'appelle *Collegium Diuæ Pulcheriæ*, ainsi qu'il dit luy méme dans cette lettre.

Par cette lettre l'on reconnoist l'amitié, la confiance, & l'estroitte vnion qui estoit de longue main entre Janssenius, & S. Cyran, laquelle s'estoit noüée à Bayone, où ils auoient demeuré ensemble, & passoit iusques à leurs parents.

De Louuain le 20. Juillet 1617.

L'inscription de cette lettre est telle. A Monsieur du Vergier de Haurane.

MONSIEVR,

Vous sçauez, crois-je, qu'il y a long-temps que l'Arche- 2.

uesque de Spalade, *Archiepiscopus Spalatensis*, Italien, ou de bien pres de là, a mis en lumiere vn petit liuret, ou il rend raison de ce qu'il s'est retiré de la communion des Catholiques, ou du [a] Pape. Il est venu en Hollande vers les Estats; mais n'y ayant pas trouué tout le recueil qu'il attendoit, il s'est ietté entre les bras du Roy d'Angleterre, qui le carresse fort, à ce qu'on dit, pour auoir trouué assistance à combattre la puissance du Pape. Il n'est ny Huguenot, ny Lutherien; Catholique à peu pres, [b] horsmis ce qui regarde l'œconomie de [c] l'Eglise. En son petit liuret, il promet dix liures qui regardent presque tous le méme sujet. On les imprime à Londres, où le Roy les fait garder auec vn tel soin, qu'il n'y a pas moyen que les Catholiques en attrapent vne seule feille, afin que tout le Volume sorte ensemble; on en attend vn grand esclandre. Ses plaintes s'addressent toutes contre le Pape, pour auoir retranché la puissance de iurisdiction des Euesques, & le reste que vous en pouuez inferer. S'il y a iamais eu sujet qui requiere bon jugement, sçauoir, lecture des Anciens, eloquence, c'est [d] cestuy-cy; vous entendés le reste, &c. Vostre C. IANSSENIVS.

a Remarquez cette disionctiue.

b Voyez le iugemét qu'il fait de cet Heresiarque.

c Il a bien d'autres erreurs.

d Considerez comme il approuue la cause de *de Dominis*, & les suites de sa doctrine.

On Voit par cette lettre comme il louë les desseins, & approuue la doctrine de De Dominis. *Comme pour l'excuser de Schisme & d'Heresie; il fait distinction de ceux qui se retirent de la Communion de l'Eglise, d'auec ceux qui se retirent de celle du Pape : de méme que si l'on pouuoit estre Catholique sans estre vny au Chef de l'Eglise. Et comme l'Abbé de S. Cyran, & luy, sont de méme sentiment que* De Dominis, *touchant le retrenchement que font parfois les Papes, d'vne partie de la puissance de jurisdiction des Euesques. On a veu dans les Reliques de l'Abbé de S. Cyran, que la doctrine de cet Abbé touchant l'égalité des Euesques & du Pape, & des deux Chefs qui n'en font qu'vn, est tirée mot à mot de cet Heresiarque; aussi bien que celle du Sacrement de Penitence.*

De Louuain le 4. de Feurier 1619.

3. MONSIEVR,

Il y a trois ou quatre semaines que ie ne vous ay écrit ayant cependant receu vne des vôtres, écrite à la haste & d'vn hôme bien embarassé. I'attens pl⁹ pleines nouuelles la premiere fois; & le comble de tout à vostre arriuée, que i'attens pour ce

L'inscription de cette lettre est telle. A Monsieur du Vergier Chanoine de Nostre Dame de Bayone. A Poitiers.

a C'est vn Nepueu de l'Abbé de S. Cyran.

b C'est encore vn Nepueu dudit Abbé.

Printemps qui s'aproche. Arguibel [a] se porte fort bien de corps, & du reste, & agrée à ceux qui en sont chargez icy à Louuain, pour son humeur douce. Il profite aussi aux estudes .. Quant à Barcos [b] ie vous en ay escrit plus au large la derniere fois .. Les Iesuites nous donnent de nouueau assez de peine, comme qui semblent prendre plaisir à luiter contre les ordinaires, & deposseder ceux qu'ils peuuent; ce qui a alienè entierement toute l'Vniuersité d'eux, & ont enduré vn grand debris de leur sodalité; dautant que tout en vn iour, tous les Docteurs en Theologie; la plus grande partie des Professeurs de Philosophie, & Theologiens, se sont transportez aux Iacobins, & y ont erigé, ou plûtost renouuelé l'ancienne fraternité du Rosaire; & croy que si les Iacobins taschent à bien s'acquiter des exercices de pieté qu'on y erige, ils mettront les Iesuites presqu'en chemise. Il faut dire tout; on m'a donné vne charge en cette nouuelle fraternité, qui fera que ie seray si noir parmy les nostres comme vn charbon. Cependant ie presage qu'on ne tardera guere de me charger de quelque harangue à l'honneur de Nostre Dame. S'il y auoit moyen de porter auec vous quelque chose qui fist à ce propos, vous me feriez grand plaisir, soit que ce fussent les pieces du Rousseau, ou d'autres de pareille estoffe. Toutefois ie ne pense pas que i'en auray à faire deuant le mois de May: vous m'excuserés, & mon importunité, sçachant bien comme ie vaux peu en ce mestier. Vostre C. IANSSEN.

Nous apprenons par cette lettre, comme l'Abbé de S. Cyran alloit visiter Ianssenius à Louuain, pour conferer, auec luy ce qu'il faisoit souuēt. Ainsi qu'on verra par la suite des lettres que nous raporterons. De plus, nous voyons en quels termes Ianssenius parle des Iesuites; ce qu'il continuë de faire en la plus part de ses lettres; n'en parlant iamais en bōne part; & se declarant par tout leur ennemy Enfin nous connoissons quelle estoit sa suffisance en matiere de harangues.

De Louuain le 29. de Mars 1619.

Cette lettre est ainsi inscrite. A Monsieur du Vergier, Chanoine de Nostre Dame de Bayone. A Poitiers.

a Il est Nepueu de

MONSIEVR,

Il y a huict ou dix iours que i'ay receu vostre lettre, par laquelle vous prenez plus long terme à venir en ça, que ie n'auois crû; m'estant asseuré que le commencement du Printemps vous eust rendu à Louuain .. Quant à [a] Barcos, ie n'ay 4.

rien obmis de ce que vous requerez de moy; m'y croyant par vostre consideration plus qu'obligé. Vous vous mettez trop en peine du fournissement de ce qu'il aura besoin, & me semble que vous n'apportez pas en cela vostre rondeur accoustumée. Car ie vous ay tant de fois repeté que cela ne m'incommode aucunement, & le dirois franchement, s'il estoit autrement: non pas que i'aye tant de moyens de moy-mesme, qui n'ay rien sinon ma vie; mais c'est l'argent du College qui est en mes mains qui permet bien cela, & dauantage; sans qu'aux comptes que i'en rends toutes les années, personne du monde en sçache rien. Ie feray tout de mesme à l'endroit [b] d'Arguibel, quand il sera besoin, &c. CORNEL. IANSSEN.

l'Abbé de S. Cyran.

[b] C'est vn autre Nepueu de S. Cyran.

Cette lettre nous fait voir que la probité de Ianssenius doit estre suspecte aussi bien que sa doctrine; puis qu'il employoit auec si peu de fidelité les deniers du College qui luy passoient par les mains, & dont il n'estoit qu'Administrateur; que d'en disposer en faueur des Nepueux de Saint Cyran, & tromper ceux à qui tous les ans il rendoit ses comptes.

De Louuain le 19. d'Auril 1619.

5. MONSIEVR,

Vostre lettre m'a donné vn tres-grand contentement, tant parceque i'en reçoy peu souuent, que pour y voir vostre candeur accoustumée naifuement depeinte, en me racontant au long comme ie le desirois tousiours, les occurrences qui se sont presentées pour vostre auancement. I'en serois encore plus content, s'il en arriuoit aucune, qui vous fust propre, & agreable; combien que ie me crains, que tous ces preludes n'aboutissent à autre fin, sinon qu'on vous attachera là, par des liens qui ne vous permettront point accomplir ce dont vous m'auiez donné esperance, & que ie desire de tout mon cœur, qui est de vous voir icy ce Printemps. Car pour moy, *vxorem duxi & ideo non possum venire*, comme ie le desirerois faire par fois, tant ay-je le cœur, & la memoire, & l'enuie de vous voir, qui me font souuent chanter vos loüanges icy, mais à ceux quelquefois qui ne peuuent pas comprendre que des vertus parmy lesquelles ils ont esté nourris; ces resolutions genereuses leur estant inconnuës. En cette matiere mesme, ie sens estre veritable ce que vous auez dit souuent, qu'il ne faut point profaner les bons discours, mais

L'inscription de cette lettre est telle. A Monsieur du Vergier de Haurane, Chanoine de Nostre Dame de Bayone. A Poitiers.

dire ce que dit le Prouerbe, *Secretum meum mihi, secretum meum mihi* ··· I'ay esté requis vne fois de m'employer à refuter les quatre liures de M. Anthoine *de Dominis*, par ceux qui gouuernent l'Vniuersité. Mais du depuis, soit que ma responce ne leur plût point; ou qu'ils se sont rauisez, voyant qu'ils n'auroient pas grandement de l'honneur de requerir aide d'vn homme qui ne fait que venir au monde; ils se sont refroidis; dont ie suis tres-aise, ayant fort apprehendé cette charge ··· Les Iesuites ont commencé à prendre des degrez, comme les Iacobins; à Doüay s'en sont fait trois ou quatre Docteurs ensemble; à Louuain ils taschent de faire le mesme, mais ils y trouuent force empeschemens, lesquels ie croy qu'ils feront oster par quelque Bulle de Rome, &c. Vostre tres-fidelle C. IANSSENIVS.

Cette lettre nous decouure l'extrême liaison qui estoit entre Ianssenius & S. Cyran, nous apprend le secret qu'affectoit cet Abbé dans le debit de ses maximes & de ses sentimens; conformément à ce qu'il disoit encore ailleurs, Occultè propter metum Iudæorum. *Et nous fait voir le zele, & la capacité de Ianssenius à refuter M. Anthoine* de Dominis.

De Louuain le 30. de May 1619.

Cette lettre est inscrite. A Monsieur du Vergier, Chanoine de Nostre Dame de Bayone. A Poitiers.

MONSIEVR, 6.

I'ay receu le papier de Monsieur vostre frere de Paris, c'est à dire vne Harangue à l'honneur de Nostre Dame, dont ie me seruiray en temps & lieu, si l'on me contraint de m'y employer, &c. Vostre C. IANSSEN.

Il parle de la Harangue qu'il auoit demandée quand il fut promeu chez les Iacobins à la principale charge de la nouuelle fraternité, erigée sur le debris de celle des Iesuites, qu'il auoit peutestre procuré plusque personne.

De Louuain le 3. de Iuillet 1619.

L'inscription de cette lettre est telle. A Monsieur du Vergier de Haurane Chanoine de Nostre Dame de Bayone. A Poitiers.

MONSIEVR, 7.

Barcos profite bien en Theologie, qui l'occupe fort. Il le faut picquer souuent pour le faire auancer ensemble au latin. Il est facile à se laisser aller à la routine des autres, & se faudra garder qu'on ne luy souffle aux oreilles, ce qui se pourroit peuteſtre faire par les ſiens, ou par ceux qui ne ſont pas trop les [a] voſtres. Ne vous ſouciez pas des auances, il ne luy manquera rien tant qu'il ſera [b] icy. Il entend touſiours la leçon de S. Thomas, outre les trois ordinaires qu'il écrit aux Ieſuites; qui ſéblẽt faire derechef des efforts, pour auoir permiſſiõ que leurs leçons pûſſent paſſer pour prendre des degrez en cette Vniuerſité. Ils ne reposeront pas, tant qu'ils auront le pied ſur la gorge de l'Vniuerſité. Ie m'en ſoucie fort peu, ſi ce n'eſt entant que le vray, & bõ ordre, qui ſe doit tenir en toutes choſes, en eſt intereſſé. Car quant à moy, ie ſuis en tel eſtat, qu'il faudroit peu de choſe à me faire reſoudre, de n'aſpirer iamais à aucune leçon importante de l'Vniuerſité, pour pouuoir eſtudier des à cette heure à mon aiſe, & en telle choſe que ie deſire, ſans eſtre vn perpetuel Pedan d'Eſcole iuſques au bout de ma vie ••• Il me faudra faire vne Harangue quodlibetique cette année. S'il y euſt moyen de m'en faire auoir vne, ou de me monſtrer des liures propres à cela, ou qui en ont de toutes faites, latines ou françoiſes, i'en ſerois bien ayſe; ie ne ſuis gueres propre à diſcourir, comme vous ſçauez. Et d'ailleurs le temps approchera qu'il me faudra faire vne leçõ en l'Eſcriture Sainte. Le monde ne ſe ſoucie pas tant du latin icy, moyennant qu'on apporte force raretez, qu'ils admirent fort. Il ne me la faudra pas auoir deuant la Touſſaincts, & ne durera pas pour le plus, trois quarts d'heures, &c. Voſtre C. IANSSENIVS.

[a] N'entend-il point parler des Ieſuites? ce qu'il dira plus bas ſur ce ſujet dans vne autre lettre, fait croire qu'oüy.

[b] Aux dépens du College dont Ianſenius adminiſtroit le reuenu.

Cette lettre nous découure la hayne qu'il auoit contre les Ieſuites, auſquels il s'oppoſa tant qu'il pût en toutes ſortes de rencontres, & nommément dans l'affaire de leur Vnion, auec l'Vniuerſité de Louuain, ainſi que nous verrons encore plus au long cy aprez. Elle nous apprend auſſi, comme il ſe faiſoit volontiers braue des plumes d'autruy, recourant à ſon confident en ſes beſoins, pour en tirer des Harangues latines & françoiſes, & les faire puis aprés paſſer pour ſiennes. C'eſt encore ce qu'il a fait dedans ſon liure intitulé Auguſtinus; *ou il n'a meſme pas eu honte de dérober quantité de choſes des Heretiques, ſans toutefois leur rendre la reconnoiſſance qu'il leur deuoit, ny faire mention de leurs liures qu'il n'a fait que tranſcrire, entr'autres celuy de* Iacobus Vſſerius, *intitulé,* Gotheſcalci, *&c.* Prædeſtinatianæ Controuerſiæ ab eo motæ hiſtoria; *pour ne rien dire des pages entieres qu'il a tranſcrites de Caluin, & de pluſieurs autres.*

De Louuain le 5. d'Aoust 1619.

L'inscription de cette lettre est telle. A Monsieur du Vergier de Hauranne Chanoine de Nostre Dame de Bayone. A Poitiers,

MONSIEVR,

Il ne s'en faut guere que ie ne sois au bout du liure de 8.
l'Escriture que i'ay commencé à enseigner. I'en ay cependant tiré ce profit, qu'il m'a seruy de couuerture à me deporter de la charge qu'on m'a voulu imposer à credit, à trauailler contre *Marcus*[a] *Antonius*, ce que i'abhorre entierement ··· Ie ne sçay si vous auez receu la lettre en laquelle ie vous mandois l'estat auquel ie suis touchant le train de l'Vniuersité ; ma vie estant assez portée à estudier à mon aise, sans estre contraint à suiure la routine de l'Escole, & à faire l'asne toute ma vie ; mais cela aura son temps. Monsieur Barcos estudie bien en Theologie ; son latin & grec vont assez lentement ; ie croy que vous ne ferez pas mal à l'éueiller vn peu, sans faire semblant de moy ; vous connoissés qu'il a vn esprit qui doit estre poussé vn peu. Quant à l'argent, n'y songez point, il ne luy manquera rien de ce qu'il aura besoin, sans[b] m'incommoder ··· Ie vous auois escrit n'agueres d'vne harangue latine qu'il me faudra faire vers la fin de Nouembre, lors qu'on fait des questions quodlibetiques : ie ne suis pas du mestier d'en faire, particulierement y estant requis force curiositez, qui plaisent au monde. S'il y auoit moyen de m'en faire auoir vne, i'en serois bien aise ; elle ne doit durer qu'vne demie heure. Vostre C. IANSSENIVS.

a *De Dominis.*

a Aux dépens de l'argent du College ainsi qu'il a luy méme aduoüé cy-dessus.

Nous voyons par cette lettre, comme il abhorre d'escrire contre Marc Antoine de Dominis, *de qui nous auons veu cy dessus qu'il approuuoit la doctrine, & loüoit les desseins. Nous apprenons encore le mespris qu'il fait de la methode qu'on tient aux Vniuersitez pour les estudes de Theologie. Enfin nous decouurons par son propre tesmoignage, & par l'assistance qu'il demande à ses amis, qu'il n'estoit pas vn fort habile homme.*

De Louuain ce 13. Septembre 1619.

L'inscription est. A Monsieur du Vergier. A Poitiers.

MONSIEVR,

Vous m'auez entierement resioüy par vostre derniere 9.
lettre, en me donnant esperance que ie pourray iouyr de vostre presence, que ie desire tant, ce mois d'Octobre. Car ie vous puis dire auec toute verité, qu'il n'y a pas seulement des iours ; mais

mais presque des heures que ie n'y pense··· Ie vous prie Monsieur bien humblement, voire ie vous coniure par tout ce que vous aimez, de commencer vostre voyage en Octobre, pour estre icy deuant le vingtiéme du mois ou enuiron, s'il est possible. Car l'on m'a contraint icy, depuis fort peu de iours, de m'engager à prendre le degré de Docteur. Il me faut faire trois disputes, *sine præside*, sur trois diuerses matieres qui me seront assignées trois iours deuant la dispute; jugez comme ie suis preparé à cela. Elles se feront à mon aduis entre le dixiéme, & le dix-septiéme d'Octobre. Les Vesperies le 21. là où l'on produira toutes mes inepties; vous y aurez vostre part à rire. La Feste de l'Acte se tiendra le 24. d'Octobre, qui est le Mardy deuant la S. Simon & S. Iude··· Ie suis embroüillé d'affaires du College n'ayant presque temps de me grater; [a] & le soin des disputes prochaines & incertaines, me faisant faire des courses à la volée par la Theologie. C'est pourquoy ie reserueray le reste à vostre venuë; demeurant cependant, soit que ie viue ou meure, Vostre tres-fidelle C. IANSSEN.

[a] Voila vn homme fort peu ciuil.

Cette lettre est vne nouuelle confirmation de l'estroitte vnion qui estoit entre Ianssenius, & S. Cyran. Elle nous monstre aussi, cõbien Ianssenius estoit superficiel en la Scholastique, à laquelle toutefois du depuis il n'estudia quasi plus; ainsi que la suite de ses lettres nous fera voir.

De Louuain en Nouembre l'an 1619.

10. MONSIEVR,

Ie vous ay attendu auec grande chaleur tout le mois d'Octobre, esperant auoir le bonheur, dont vous auiez fait quelque ouuerture en vostre derniere lettre. Mais voyant que le terme est passé, & que le mauuais temps approche; ie suis contraint d'attendre au lieu de vous, vos lettres·· Ie suis passé Docteur le 24. du passé, apres trois disputes sans President, non sans quelque peu d'applaudissement. La partie defensiue, que i'ay vn peu meilleure que l'offensiue, comme ie vous ay dit quelquefois, m'a fauorisé vn peu en ce destroit, qui n'estois guere preparé à cette carriere de Scholastique. Maistre Barcos (ne riez point) a passé sa promotion. Il prend trois leçons aux Iesuites··· Mon inclination est entierement de n'embrasser icy iamais autre charge pour enseigner en public, outre celle que i'ay; à cause que ie suis merueilleusement porté à estudier à ma-

L'inscription est A Monsieur du Vergier de Hauranne Chanoine de Nostre Dame de Bayone. A Poitiers.

fantaisie; cependant le train du monde est autre. C. IANSSEN.

Il confirme icy, ce que nous auons remarqué en la lettre precedente, qu'il estoit assez peu versé dans la Scholastique. Et de plus, il nous descouure l'vne des causes de ses erreurs, & des voyes escartées que du depuis il a tenuës dedans son liure intitulé Augustinus ; *d'auoir estudié sans ordre, ny methode, & à sa fantaisie.*

De Louuain le 26. de Ianuier 1620.

L'inscription de la lettre est dechirée.

MONSIEVR,
I'ay receu deux de vos lettres, dont la derniere reuo- 11
quoit en doute, ce que les premieres auoient presque asseuré; & combien que ce delay m'afflige, ie ne suis pas toutefois tant amy de moy mesme en la recherche du contentement que vostre venuë me donneroit, que ie n'endure volontiers cette surseance pour des raisons si iustes ··· Quant à l'argent qu'il faut fournir à M. Barcos ; ie ne sçay pourquoy vous interpretez par auanture autrement mon silence, que mes redites tant de fois faites sur cela ne requierent ; à sçauoir, qu'il n'y a point de haste, pour des raisons que ie vous ay escrites il y a long temps: Et quant il seroit mesme besoin de rendre conte entier de l'argent du College ; le peu de credit que i'ay icy m'en feroit trouuer au besoin ; mais nous ne sommes pas à ces termes.
Vostre IANSSENIVS.

Par cette lettre nous voyons comme il continuë de vouloir obliger le Nepueu de S. Cyran, aux despens du College, dont il auoit charge, & dont le reuenu estoit destiné à l'entretien des pauures Escholiers Hollandois, qui estoient Catholiques.

De Louuain l'an 1620.

L'inscription est A Monsieur du Vergier de Haurane, Chanoine de Nostre Dame de Bayone. A Poitiers.

MONSIEVR,
Il y a assez long-tẽps que ie ne vous ay rien escrit, ny ne 12
vous eusse pas escrit encore, si ie n'eusse entendu que vostre voyage est reculé encore iusques en Octobre ·· vostre Nepueu Barcos a defendu *de Fide, Spe, & Charitate.* Ie n'y ay pû estre present, à cause des raisons [a] Politiques ·· nous auõs eu de nouueau des difficultez auec les Iesuites touchant la grace. Ie voudrois

[a] Il y a de l'apparence que ces raisons Politiques ne sont

bien, s'il estoit possible, que vous me pussiez faire sçauoir, quelle est la doctrine des Vniuersitez de France sur ces deux points. *An efficax electio ad gloriam sit facta post præuisa merita, & per gratiam facta; an ante.* & *An gratia sit efficax ex hominis consensu, eo modo quo hoc docet Pater Leonardus Lessius.* Particulierement sur le premier. Car ils pressent cela auec tant d'ardeur icy; que les Iesuites disent, que ceux qui disent, *quòd electio sit facta ante præuisa merita*, n'entendent pas S. Augustin. Le passage qu'ils disent estre inuincible, est celuy qui est tant batu *q. 2. ad Simplician.* Il me souuient que i'ay escrit quelque chose sur ce passage estant delà, mais ie ne l'ay pas receu. Il y en a icy qui entierement s'accordent auec cela, sans que nous nous ayons veu; ce que ie tiens pour marque [b] de la verité, & on tient icy que c'est la vraye solution, & sans reproche. De mesme voudrois-ie bien sçauoir, si les Iesuites en France, à Bordeaux, à la Fleche, à Paris, & ailleurs enseignent comme P. Leonardus, ou bien comme nous. Car i'entens qu'en toute l'Espagne, & Italie, on ne sçait rien de la doctrine de Lessius sur ces deux points. Ie feray la mesme enqueste par les Vniuersitez d'Allemagne; car ie me doute que ce ne sera pas la derniere attaque que nous aurons sur ce sujet. Barcos defendra encore vne autrefois en Octobre *De omnibus Sacramentis*··· Ie croy que vous sçauez qu'on presse fort la definition *De Conceptione Immaculata B. Virginis*, toutes les Vniuersitez d'Espagne, & plusieurs Villes l'ont signée & iuré de la maintenir. Le Concile de Dordrecht [c] est acheué. Ie l'ay depuis long-temps, mais en Flamand; ie ne l'ay pû auoir en latin pour le vous enuoyer. Ils suiuent presqu'entierement la doctrine des Catholiques au fait de la Predestination, & reprobation, retranchant tout ce qu'il y auoit d'aigre en l'opinion de Caluin; hormis qu'ils retiennent la certitude de la Predestination, & l'inamissibilité de la Iustice, & quelques autres fautes, &c. C. IANSSENIVS.

autres, sinon que cette dispute se faisoit chez les Iesuites, où il n'auoit garde de se trouuer, à cause de la haine qu'il leur portoit.

[b] Cette marque n'est guere asseurée pouuant estre commune à l'erreur aussi bien qu'à la verité.

[c] Le Ministre Ioan. Henric. Ottius, Ministre de Zuric, *in Oratione de causa Iansenitica*, imprimée l'an 1653. à Zuric, sans auoir veu cette lettre, croit que c'est le Concile de Dordrecht, qui a tiré à leur party Ianssenius: voicy ces mots que ie rapporteray encore cy apres. *Quid si Iansenio vestro Patrum Dordracensium Canones, Augustini intentius inspiciendi causam attulerint? quia eadem disputationis materia; idem ferè tẽpus, vicinitas, &c.*

Cette lettre nous apprend 1. que Ianssenius n'estoit guere bien instruit des opinions des Iesuites, qui n'ont aucune doctrine particuliere touchant l'election efficace à la gloire deuant ou aprez les merites; les vns tenant l'affirmatiue; & les autres la negatiue. Et pour l'efficace de la grace, ils reçoiuent pour Catholique toute opinion en cette matiere, qui accorde cette efficace auec l'indifference & la liberté de la volonté. Ce que n'a pas fait Ianssenius, non plus que les Heretiques de nostre temps.

2. *Quant à ce qu'il dit que le Concile de Dordrecht suit presque entierement la doctrine des Catholiques touchant la predestination, & reprobation; il se trompe lourdement; & s'il auoit tenu pour Catholique la doctrine du Concile de Trente qui luy est entierement contraire, il n'auroit pas ce sentiment. Et de vray est-ce la vne doctrine Catholique?* Dei voluntas damnandi peccatores propter peccatum, non est decretum [c] reprobationis. Deus non decreuit omnibus hominibus dare gratiam sufficientem, cuius beneficio saluari possint. Deus non subministrat omnibus hominibus necessaria, & sufficientia media ad salutem, idque cum intentione saluandi. Non rectus vsus mediorum, non est causa reprobationis. *Ie sçay bien que ces sentimens sont les mesme qu'a suiuy du depuis Ianssenius; mais en cela, comme en beaucoup d'autres, il s'est escarté de ceux de l'Eglise; & a esté aussi bien qu'eux condamné par les Papes.*

c Synodus Dordrechtana de reprobatione, totidem verbis.

De Louuain le 14. d'Octobre 1620.

L'inscription est A Monsieur du Vergier Chanoine de Nostre Dame de Bayone. A Poitiers.

MONSIEVR.

Ie suis resolu de nouueau de passer cet hyuer à parler à vous par la plume, pour suppleer au defaut de nostre entre- 13.
ueuë, qui se trame il y a quelques années. Elle me feroit parler de beaucoup de choses, que ie reserue encore maintenant; afin qu'en leur donnant de l'air, auant que d'estre venus à maturité, & digerées auec plus de loisir, elles ne s'esuanoüyssent en fumée. Car i'ay à vous dire beaucoup, touchant certaines choses de nostre Profession, qui ne sont pas de peu d'importance; & particulierement de S. Augustin, qu'il me semble auoir leu sans yeux, & oüy sans entendre. Que si les principes sont veritables qu'on m'en a descouuerts, [a] comme ie les iuge estre iusques à cette heure que i'ay releu vne bonne partie de S. Augustin; ce sera pour estonner auec le temps tout le monde. Nous aurions assez des sepmaines entieres d'en parler. Barcos a recommencé à se preparer à vne autre dispute, &c. C. IANSSEN.

a Ce fut Iansonius Disciple de Baïus, qui peruertit Iansenius.

Remarquez comme en ce temps, leur entreueuë se tramoit des-ja depuis quelques années, pour les desseins qui ont esclaté du depuis, & ont troublé l'Eglise. Considerez comme Ianssenius n'osoit fier au papier beaucoup de choses en cette matiere, de peur d'estre descouuert. Deuinez qui fut celuy qui decouurit à Ianssenius les principes de S. Augustin, & luy ouurit les yeux, & les oreilles, pour les lire & les entendre auec le mesme esprit qu'ont tousiours fait les Heretiques. Il y a de l'apparence que ce fut Iansonius qui auoit esté Disciple de Baïus, & qui s'estoit opiniatré à maintenir sa doctrine, & auoit grande habitude auec Ianssenius. Le Ministre de Zuric que nous citerons plus bas, croit que ce fut le Synode de Dordrecht.

De Louuain le 15. d'Octobre 1620.

14. MONSIEVR... Arguibel est fort sage & modeste, & extremement diligent, fort familier aux Iesuites: mais ie croy qu'il ne fera rien contre la promesse qu'il vous a faite. Barcos les hante *a* aussi fort; mais ie n'ay pas opinion qu'il pense rien à quelque changement. Quant à moy, i'employe le temps qui me reste de la leçon que ie fais sur l'escriture, à S. Augustin, que i'aime vniquement, me semblant qu'il n'y a rien entre les Anciens ou Modernes qui en approche de cent lieuës, & tant plus le lis-je, tant plus beau ie le trouue... Si vous vous resoluez à venir vne fois en ces quartiers, comme vous y estes obligé partant de promesses, vous me ferez plaisir d'apporter auec vous, vos harangues de Nostre Dame que vous auez, car quoy que i'en aye fait vne, que ie vous monstreray alors; l'occasion se presentera icy souuentefois d'en faire d'autres.. Aussi voudrois-je bien auoir les harangues funebres faites à la mort du Roy Henry; ou si vous en sçauez d'autres plus propres, pour s'en seruir quelquefois en semblables occasions qui se presentent icy par fois en d'autres subjets de moindre lustre, &c. Vostre, C. IANSSENIVS.

L'inscription est A Monsieur l'Abbé de S. Cyran.

a Tous deux sont Nepueux de l'Abbé de S. Cyran.

Cette lettre nous apprend, 1. La crainte qu'ils auoient tous deux que les Nepueux de S. Cyran, ne se fissent Iesuites. 2. Le mespris que faisoit Ianssenius de tout ce qui n'estoit pas S. Augustin. 3. La recherche quil continuoit de faire des harangues qui luy pouuoient seruir, afin de les debiter comme siennes.

De Louuain le 1620.

15. MONSIEVR... N'ayant receu de vous aucune lettre depuis le 17. de Ianuier, iusques au mois de Iuillet; toute vostre eloquence ne seroit pas bastante à m'arracher l'opinion que i'ay, d'auoir iu-

L'inscription est A Monsieur du Vergier de Haurane Abbé de S. Cyran. A Poitiers.

ste raison de m'en plaindre ·· S. Augustin est mon plus grand entretien ·· I'ay esté estrangemẽt estonné de voir les enormes excez, qui se trouuent dans l'escrit que vous m'auez enuoyé. Vrayement il semble que la repentance, ou le desdire, soit vn vice à ces gens; comme la tristesse aux Stoiciens. Plust à Dieu que cette dispute fut meuë, & si vigoureusement aussi soustenuë ailleurs, puisque les bresches qu'ils font à la puissance ordinaire, sont trop visibles; qui à dire vray, est vne chose où ie perds la patience, voyant l'ordre tellement renuersé par ceux qui font semblant aux sçauans, & font croire aux ignorans, qu'ils le restablissent. Ie suis infiniment aise que la France ait des Prelats qui leur osent monstrer les dents, pour soustenir la Hierarchie Ecclesiastique, contre vne inondation vniuerselle de cette Nation. Vostre Nepueu Arguibel a fort bien profité, & veux faire en son endroit, tout ce que vous en desirez; mais pour le mettre dans le College, ce n'est pas en ma puissance; veu que ce College est tellement adstraint à la Diecese de Harlem, que mon propre Nepueu que i'ay icy à Louuain, ny peut pas demeurer, si ce n'est en qualité de mon Valet ·· Ie suis vostre C. IANSSEN.

Il y a de l'apparence que c'est contre les Iesuites qu'il s'emporte auec tant d'excez; car ce sont les sujets les plus ordinaires de leurs entretiens, que ces Peres, qu'ils sont heureux d'attaquer sous le pretexte de defendre la Hierarchie; qui n'a point toutefois de plus grands ennemis que ces nouateurs.

De Louuain le 5. de Mars 1621.

L'inscription est A Monsieur l'Abbé de S. Cyran. A Poitiers.

MONSIEVR ··

Cependant ie poursuis mes estudes que i'ay commencé apres vn an & demy, ou deux ans enuiron; c'est à dire à trauailler à S. Augustin, lequel ie lis auec vn estrange desir & profit, à mon aduis, estant venu iusques au septiéme Tome, & ayant leu les liures d'importance, deux ou trois fois. Ie n'ay cependant rien marqué de luy, faisant estat de le lire, & relire toute ma vie. Ie ne sçaurois dire comme ie suis changé d'opinion, & de iugement que ie faisois auparauant de luy, & des autres; & m'estonne tous les iours dauantage de la hauteur, & profondeur de cet esprit, & que sa doctrine est si peu connuë parmy les sçauants, non de ce siecle seulement, mais de plusieurs 16.

fiecles paſſez. Car pour vous parler naïuement, ie tiens fermement, qu'apres les Heretiques, il n'y a gens au monde, qui ayent plus corrompu la Theologie, que ces Clabaudeurs de l'Eſchole, que vous connoiſſez. Que ſi elle ſe deuoit redreſſer au ſtile ancien, qui eſt celuy de la verité; la Theologie de ce temps, n'auroit plus aucun viſage de Theologie, pour vne grande partie. Ce qui me fait admirer grandement les merueilles que Dieu fait à maintenir ſon Eſpouſe, d'erreurs. Ie voudrois vous en pouuoir parler au fond; mais nous aurions beſoin de plusieurs ſepmaines, & peuteſtre mois. Tant eſt-ce que i'oſe dire auoir aſſez deſcouuert, par des principes immobiles; que quand toutes les deux Eſcholes, tant des Ieſuites, que des Iacobins, diſputeroient juſques au bout du Iugement, pourſuiuant les traces qu'ils ont commencées; ils ne feront autre choſe que s'eſgarer beaucoup dauantage; l'vne & l'autre eſtant cent lieuës loin de la verité. Ie n'oſe dire à perſonne du monde ce que ie penſe (ſelon les principes de S. Auguſtin) d'vne grande partie des opinions de ce temps, & particulierement de celles de la grace, & predeſtination; de peur qu'on ne me faſſe le tour à Rome qu'on a fait [a] à d'autres, deuant que toute choſe ſoit meure, & à ſon temps. Et s'il ne m'eſt pas permis d'en parler iamais, i'auray vn grandiſſime contentement, d'eſtre ſorty de cet eſtrange labyrinte d'opinions, que la preſomption de ſes crieurs a introduit aux Eſcholes, là où vn chacũ ſemble trauailler à introduire des nouueautez dangereuſes, & ſe faire admirer en reiettant les Anciens; qui par tant de Conciles, & Papes, ont eſté approuuez, & admirez par toute l'ancienneté. Cet eſtude m'a fait perdre entierement mon ambition que i'euſſe pû auoir à pourſuiure aucune chaire en l'Vniuerſité; voyant aſſez qu'il m'y faudroit ou taire, ou me mettre en hazard en parlant; ma conſcience ne me permettant point de trahir la verité connuë. Mais Dieu peut faire changer les affaires, quand il le iugera à propos. Voila ce que ie ne vous ay pas dit iuſques à maintenant, ayant eſté preſque touſiours en ſuſpens, & à m'affermir en la connoiſſance des choſes qui peu à peu ſe decouuroient, pour ne me ietter point temerairement à des extremitez. Ie ſuis degouſté vn peu de Saint Thomas, [b] apres auoir ſucé S. Auguſtin: toutefois pour l'amour de vous, ie feray biẽ ce que vous demãdez, quand ie ſeray venu à ſes liures, & auray entendu entierement voſtre intention. Si c'eſt neantmoins pour vous, ie ne vous conſeilleray point de

[a] Il entend Baïus & autres.

[b] Remarquez cecy.

vous amuser à cela ; vous le prendrez en bonne part que ie vous parle si librement. Ie vous en diray plus, si Dieu nous fait la faueur de nous voir vn iour··· Ie nourris vn petit Nepueu, dont vous me parlez, que i'ay enuie d'enuoyer en France, apres qu'il sçaura sa Theologie, &c. Vostre C. IANSSENIVS.

N'admirez-vous point la presomption de cet esprit, à croire qu'il entend mieux S. Augustin, que ne font ny les sçauans de ce siecle, ny ceux des siecles passez; luy qui ne venoit que de naistre, & qui à peine auoit atteint dans les sciences vne petite mediocrité? Ne vous estonnez-vous point de l'effronterie de cet insolent, à qualifier de la sorte les Theologiens Scholastiques, & à maintenir que les Theologiens ont entierement defiguré le visage de la Theologie? remarquez-vous comme ses pensées sont encore plus criminelles que ses paroles, qu'il est contraint de supprimer dans ses lettres, à dessein de s'en ouurir vn iour dans le secret de la confiance à son amy? se peut-il voir vn pareil orgueil à celuy de ce personnage, de traitter auec l'indignité qu'il fait l'eschole des Iacobins, & des Iesuites; qui sont peut-estre les meilleurs appuys, & les defences les plus asseurées de la doctrine de l'Eglise? mais quel jugement faites vous d'vn homme, qui n'oseroit dire tout ce qu'il pense en matiere de Religion, depeur d'estre condamné comme Heretique, & traitté comme fut Baïus dont il vouloit reueiller les erreurs; & qui pour cet effet attend que les choses soient meures, c'est à dire que sa cabale soit formée en Flandre, & en France; pour faire peur à Rome, & obliger par là, s'il pouuoit, l'Eglise, bon gré, malgré, à suiure ses erreurs; & qui pour se flater dans ses desseins, oze encore à l'exemple de nos Heretiques, opposer icy l'ancienne Eglise à la nouuelle, & les Papes des premiers temps aux nostres? que diray-ie du mespris qu'il fait de S. Thomas, le plus fidelle interprete de S. Augustin; à raison que les explications qu'il donne à ses liures; aussi bien que sa doctrine; combattent egallement les sinistres sentimens, & les erreurs qu'il vouloit establir?

De Louuain le 4. Nouembre 1621.

L'inscription est. A Monsieur du Vergier de Haurane Abbé de S. Cyran, chez Monsieur de Beauxhostes à la ruë de la poterie prez des Halles. A Paris.

MONSIEVR···

17. Vos larmes, que nostre separation vous a fait fondre, ont eu tant de pouuoir sur mon humeur froide, qu'elles ont esmeu les miennes, apres tant de temps (vous le pouuez croire comme ie le dis) ce qui ne m'estoit pas arriué iusques à cette heure··· Ie n'entends point de vos lettres, ce que ie desirois sçauoir,

ſçauoir, en quel quartier vous ayez pris voſtre reſidence, pour y pouuoir addreſſer mes lettres ; cependant ie ſuiuray l'ancienne voye de Monſieur de Beauxhoſtes, tant que vous n'en ordonnerés autrement ; ce qui ne doit pas empeſcher neantmoins de me faire ſçauoir voſtre logis ; afin que ie ſçache ou deſcendre. I'ay admiré le ſoin que vous auez eu de m'informer de tout ce qui ſe paſſe de delà, ſi particulierement. Le contentement n'en a pas eſté petit, entendant les ſuccez heureux des affaires de delà, leſquelles la cauſe commune nous fait aimer comme les noſtres ··· Les affaires de [a] Sulpice, dont il vous auoit parlé, s'auancent peu à peu. Il croit qu'il a trouué certaines racines, d'où ſortiront des arbres pour en baſtir vne maiſon ſur vne matiere de [b] Pilmot, de laquelle il auoit preſque deſeſperé, comme il vous auoit dit. Il en eſcrit tous les iours, & a bonne eſperance que tout viendra à ſon point. Toutefois il doute de force choſes ; non pas tant que ſon iugement les condamne, que parceque c'eſt ſon jugement ſeul qui le iuge ainſi. Car s'il fait voir ces choſes à [c] Chimer, il ſera deſcrié pour le plus extrauagant reſveur qu'on a veu de ſon temps ; c'eſt pourquoy il s'arreſte ſouuent. Quinquarbre [d] a acheté quatorze exemplaires tels que Durillon [e] en emporta vn ; il en reſte encore chez le Docteur trente. Si Durillon [e] iuge qu'il en faudra encore acheter, je voudrois bien qu'il l'eſcriuit à Sulpice [a], afin qu'il s'en puiſſe aſſeurer, & iuſques à quel nombre. Philippas [f] eſt entierement decheu de ſon eſperance de pouuoir rien obtenir des Italiens, qu'à la deſrobée, *Per ſubreptionem*, ce qu'il ne veut nullement faire, voyant bien que cela ſeul le feroit deſauoüer. De ſorte qu'il ſe remet entierement à la Prouidence de Dieu, laquelle ie luy dis quelquefois, qu'elle veille aſſeurement à vn tel affaire, & qu'il le fera eſclater quand il ſera à propos. Il a recommandé à Sulpice [a], que ſi par auanture il eſcriuit rien de ce ſubjet, de le garder ſoigneuſement pour la poſterité, ſi durant ſa vie il n'en pouuoit pas faire de profit ; ce qu'il luy a aſſeuré de le faire ainſi, & il le fera de meſme. Cependant, diſoit-il, il faudra que vous entreteniez Durillon [e] de delà, ſi par auanture Dieu vouloit de ce coſté faire quelque ouuerture. Ie voudrois bien que vous eſcriuiez quelque choſe par fois à Sulpice [a], comme il ſe doit gouuerner auec Solſty, [g] prenant la viſée telle comme vous iugerez bien-toſt qu'il la faudra prendre, ſelon les circonſtances de delà, & de l'affaire, comme il ſe monſtre main-

a Sulpice ſignifie Ianſſenius, ainſi que la ſuite & les autres lettres feront connoiſtre.

b Pilmot ſignifie le ſujet du liure de Ianſſenius.

c Chimer ſignifie les ennemis de ſa doctrine, & ſur tout les Ieſuites ; la ſuite le fera voir.

d Quinquarbre ſignifie Ianſſenius, ainſi qu'on connoiſtra par les autres lettres.

e Durillon ſignifie S. Cyran.

f Philippas, c'eſt Conrius Cordelier.

g Solſty ſignifie Conrius Cordelier, & puis Archeueſque d'Hibernie.

tenãt. I'ay eſté eſtõné de ceux de [h] Blemar, & auez dit tres-vray, que nous euſſions eſté d'autre aduis. Il eſt venu vn homme d'Egliſe icy portant vne lettre à vous, comme il diſoit, de la part de Monſieur de Nantes, quelques dix iours apres voſtre depart; & ne vous ayant pas trouué, il s'en eſt allé, ne me diſant pas d'autres particularitez; je ne luy ay pas fait autre carreſſe. Les Sermons de Boëce [i] iront en fumée, tant eſt-il embaraſſé des affaires de Madame de [k] Cumar. Souuent penſant faire force chemin en liſant les papiers de ce grand Vanteur [l] qui en a ietté les fondemens, il n'en peut acheuer que deux ou trois fueilles en vn iour, tant il trouue de difficultez en ce procez. Il faut que le plus fort emporte le deſſus; encore le iour luy eſt beaucoup trop court. Il voudroit viure au temps de Ioſüé, ou changer les climats auec les grües, pour aller aux endroits où les iours ont 19. ou 20. heures · · Pour la recreuë, ne vous mettez pas en peine, ie taſcheray faire en ſorte que tout aille ſans deſordre. Voſtre C. IANSSEN.

[h] Blemar c'eſt la Sorbone.
[n] Sulpice c'eſt Ianſſenius.
[i] Boëce ſignifie Ianſſenius, ainſi que les ſuiuantes lettres feront connoiſtre.
[k] Cumar; ſignifie le liure de Ianſſenius.
[l] Ce grand Vanteur; c'eſt Conrius, qui ſe vantoit d'eſtre l'inuēteur des opinions que Ianſſenius a aduancé dans ſon liure.

Cette lettre eſt eſcrite apres l'entreueuë de Ianſſenius, & de S. Cyran. Elle parle à fond de leur cabale; du deſſein du liure de Ianſſenius, eſtably ſur les pretendus principes de S. Auguſtin; de la crainte de s'engager dans cette affaire, contre le ſentiment public; & d'eſtre refuté. De l'intrigue qu'il auoit auec Florentius Conrius Cordelier, & depuis Archeueſque en Hibernie, dont le liuret De Pœna Paruulorum, *eſt ioint à celuy de Ianſſenius; de la connoiſſance qu'ils auoient tous deux que Rome eſtoit contraire à leur doctrine, & qu'ils ne gaigneroiẽt rien de ce coſté là. Enfin de l'intelligence qu'ils auoient l'vn & l'autre auec l'Abbé de S. Cyran en France, qui preparoit les chemins au nouuel Euangile, & diſpoſoit les eſprits au Ianſeniſme, en ce Royaume; comme les autres faiſoient en Flandre, aidez, cõme nous verrons en ſuite, de l'Archeueſque de Malines, de Calenus l'Archidiacre; & du Docteur Fromond.*

De Louuain le 19. de Nouemb. 1621.

L'inſcription eſt A Monſieur l'Abbé de S. Cyran. A Paris.

MONSIEVR,

I'ay receu deux de vos lettres preſqu'en meſme temps · · · 18.
La maladie de Monſieur Dandilly m'afflige · · · Quant à l'affaire des [a] vœux, ie ſuis fort aiſe de ce que vous auez pris la peine de m'eſcrire toutes les particularitez, principalement celles qui ſeruiront à ma defence contre les [b] noſtres. Et puiſque l'affaire

[a] Il parle de la formule des vœux des Carmelites, dreſſée par le Cardinal de Berulle.
[b] Il entend les Do-

est si publique, i'ay dessein de preuenir, sans me declarer, que i'ay eu affaire de ces vœux, & les intimider du desordre qu'ils ont fait par cette censure; & leur dire qu'on les a vilainement surpris, pour les induire, s'il se peut, que d'eux mesmes ils desirent d'estre informez de tout, & leur faire faire quelque declaration sur les vrays vœux; en imitant le Pere [c] Lessius; ce que ie ne croy pas toutefois qu'ils feront. Ie ne puis pas faire du mal en cela, car il ne sçauroit faire que du bien; qu'ils sçachent la faute qu'on leur a fait faire; estant principalement des gens, qui ne sont pas aises de contrecarrer tant de gens sçauans, & de qualité, en vne telle surprise. Ie vous en escriray la premiere fois ce qui en sera, & s'il sera besoin d'y trauailler encore, pour faire qu'ils ne nuisent point à Monsieur de Berulle par leur censure; car quant à moy, ie ne me soucie point de ce qu'ils ont fait. Celle cy est la deuxiéme que ie vous escris: par la premiere, ie vous ay aduerty de certaines affaires touchant [d] l'Illustrissime, & que i'ay acheptè quatorze exemplaires des liures, dont vous en auez emporté vn, & qu'il en reste encore trente: escriuez s'il en faut achepter dauantage. Ie me porte bien apres vne langueur de teste, & de touë que i'ay euë du voyage que ie fis auec vous. Recommandez moy à la bonne grace de vos Nepueux, & particulierement de Monsieur le Chanoine, à qui i'ay escrit dernierement. Vos lettres me sembloient dire que vous m'enuoyez ensemble les deux censures, & du [e] Gorphoroste, & des nostres; je ne les ay pas receuës, mais seulement l'instruction pour examiner leurs raisons. Vostre, IANSSEN.

cteurs de Louuain, qui auoient fait vne censure contre ces vœux.

[c] Lessius ayant veu les vœux en vne autre forme qu'en celle que d'abord on luy auoit fait voir, reuoqua sa censure.

[d] L'Illustrissime; c'est Conrius Cordelier, & depuis Archeuesque d'Hibernie.

[e] Le Gorphoroste signifie le Iesuite; & il se sert souuent ailleurs de ce mot au plurier pour designer les Iesuites; ainsi que nous verrons cy aprez. Or ce Iesuite icy c'est le P. Lessius.

Cette lettre fait voir comme ce fut l'Abbé de S. Cyran, qui obligea Iansenius de se separer des sentimens de l'Vniuersité de Louuain, & faire bande à part dans l'affaire de la formule des vœux qu'auoit dressé pour les Carmelites M. de Berulle. De plus elle esclaircit la lettre precedente, & fait connoistre, 1. Que Sulpice n'est autre que Iansenius. 2. Que le Gorphoroste, dont il parle dãs cette lettre, designe le P. Lessius, qui censura aussi bien que l'Vniuersité de Louuain, la formule des vœux dont il est question. Et de vray, nous verrons dans la suite des lettres de Iansenius, qu'il se sert du nom de Gorphorostes pour designer les Iesuites; & qu'il signe souuent ses lettres du nom de Sulpice.

De Louuain le 17. de Decemb. 1621.

Renuoyez moy cette Lettre.

L'inscription est. A Monsieur l'Abbé de S. Cyran, chez Monsieur de Beauxhostes à la ruë de la poterie A Paris.

a Pilmot signifie le dessein du liure de Janssenius, intitulé *Augustinus*.

b Chimer signifie les ennemis de sa doctrine, & sur tout les Iesuites.

c Philippas, signifie Conrius Cordelier, & depuis Archeuesque en Hibernie.

d Solsty signifie le mesme Conrius.

e Sulpice ; c'est Iansenius.

f Cumar, signifie son liure intitulé *Augustinus*.

MONSIEVR,

Ie viens de receuoir vostre lettre toute à cette heure, 19.
apres vne longue attente·· Cette affaire de Pilmot [a] s'auance peu à peu honnestement ; & esperay-je que Dieu y mettra dautant plus la main, qu'il me semble que ie voy tous les iours plus clairement, que Chimer [b] s'est esgaré visiblement en cette affaire. Il m'est arriué vn cas fort estrange, sur ce subiet : car il m'est venu entre les mains vn petit escrit, qui a esté dicté à la main, deuant trente ans, en ces quartiers ; dans lequel i'ay trouué expressément en termes ouuerts la mesme opinion, de l'inuention de laquelle Monsieur Philippas [c] croit qu'il est seul autheur, apres les anciens. Il semble que Dieu a expressément voulu que cecy soit arriué, afin que le monstrant à Solsty [d], il n'aye point de subiet de se formaliser, comme si on luy faisoit tort, en cas que Sulpice [e] fist quelque chose sur l'affaire de [f] Cumar. Toutesfois ie ne le luy monstreray pas, si ce n'est que vous soyez de cet aduis. Cet escrit le touche en assez de paroles, auec des prefaces pour adoucir la hardiesse ; mais vn peu apres il perd le filet, n'en ayant point penetré le fonds, & bastit au reste sur les fondemens de [b] Chimer, &c. Vostre, IANSSENIVS.

Remarquez-vous la jalousie de Janssenius, qui ne veut pas que Conrius, son associé dans le dessein de l'establissement de ses erreurs ; ait l'honneur de l'inuention de la nouuelle doctrine, qu'ils deuoient publier? mais pour luy oster cette gloire, il n'estoit pas besoin de recourir à vn escrit composé depuis 30. ans ; Luther, & Caluin, leur ayant à tous deux long-temps auparauant également rauy cet honneur.

De Louuain le 7. de Ianuier 1622.

L'inscription de la lettre est dechirée.

a L'affaire de Pilmot ; signifie le dessein de son liure & de toute sa caballe.

b Monf. l'Illustrissime ; signifie Conrius Archeuesque.

MONSIEVR,

Ie reçoy vostre lettre du dernier de l'an, toute à cette 20.
heure··· Ie suiuray vostre aduis exactement, en ce qui est de l'affaire [a] de Pilmot ; c'est à dire, le spirituel affaire, en ne disant rien de ce papier à Monsieur [b] l'Illustrissime ; & suis aise que vous le preniez à cœur, & que vous n'en fassiez point des approches,

qu'en general : car l'affaire est encore trop cruë de deça ; quoy que i'en doibs rendre graces à Dieu, qui me fait tousiours quelque faueur, en me descouurant quelque chose que ie ne sçauois point auparauant. Hier qui fut le iour des Roys, i'ay rencontré deux comme racines, dont l'vne touche l'affaire vn peu ; l'autre point du tout : si elles sont veritables, elles feront des breches à la doctrine de [c] Chimer, & des [d] Clabaudeurs. Ie n'en suis pas encore asseuré, & ne les ay qu'annotées. Il me semble que i'ay mis le principal point qui m'a fort tourmenté, & que ie vous ay declaré vn iour, à couuert contre tous les assauts de Chimer [c], (*il y a au dessus de Chimer, des Aduersaires*) & qu'ils ne le sçauroient abatre sans passer par le ventre d'eux mesmes, & par la ruine du Paradis, & de l'Enfer ; quoy que ie ne l'aye point encore mis à mon gré, & au gré de ceux qui voudroient taster la verité des mains. Vous me feriez grãd plaisir, & de l'auantage à l'affaire [e], si vous pouuiez attraper encore quelque piece par le moyẽ de l'hõme qui a trouué la piece de l'Affricain, que ie voulois corriger ; & particulieremẽt demandez luy vn peu, s'il n'a pas eu de nouuelles des 7. liures de S. Fulgence, *contra Faustũ*, & de sẽblables, *de S. Cæsarius Episcopus Arelatensis*. Ie suis tres-aise de la reconualescence de Monsieur Dandilly ; de la maladie duquel i'estois bien plus triste, que de la mort de quelques autres, quoy que grands ; tant à cause de la vertu du personnage, que parceque vous l'aimez ··· Cette affaire [f] m'emporte tant, que du matin iusques au soir, ie ne fais autre chose ; ayant souuent commencé à lire les liures du Cardinal [g], & ne pouuant pas bien continuer. I'ay aussi ce liuret, *De ceremoniis Missæ*, que ie traduirois en François, si le loisir me le permettoit, &c. Vostre, IANSSEN.

c Des aduersaires de la doctrine de Iansenius, soit Iesuites, soit autres.

d Clabaudeurs ; c'est à dire des Theologiens Scholastiques.

e L'affaire de Pilmot, c'est à dire de son liure.

f Il parle de son liure intitulé *Augustinus*.

g Du Perron.

Cette lettre regarde presque toute, le liure que preparoit Iansenius ; & les grãds desseins qu'auoit l'vn & l'autre contre l'Eglise, & contre toute l'eschole de Theologie, en Flandre, & en France.

De Louuain le 20. de Ianuier 1622.

21\. MONSIEVR,

Vostre lettre du 9. ou 10. de Ianuier (car elle n'a ny lieu, ny iour, ny mois, ny année) m'a fort resioüy ··· Quant aux autres affaires ; ie suis aise que vous commenciez à mesnager si bien les personnes qualifiées, pour l'affaire [a] spirituelle ;

L'inscription de cette lettre est telle. A Monsf. l'Abbé de S. Cyran, au Cloistre N. Dame, au logis de Monsieur le Souschantre. A Paris.

[a] De Pilmot, c'eſt à dire ſon liure, & de toute la caballe.

car ie voy bien qu'il eſt tres-neceſſaire, comme auſſi vne tres-grande prudence à mener le bateau. Ie fais touſiours quelque choſe, & plus i'auance, plus l'affaire me donne de frayeur, tellement que ie n'aurois iamais le courage (*il a effacé, & voſtre Sulpice n'auroit iamais le courage*) de tirer le rideau, ſi ie ne croyois que Dieu s'en meſle; car tous les iours ie deſcouure de nouuelles ſources. C'eſt pourquoy ie m'eſtonne que noſtre voiſin, [b] ne ſe met en peine d'autre choſe, que du pouuoir [c] Tramontain, que i'eſtime la moindre choſe, quoy qu'elle eſt difficile: car il a perdu toute ſon eſperance, & ne ſollicite plus. Il dit que la cauſe du refus [d] c'eſt l'ignorance de telles affaires en la Cour, & la crainte qu'ils ont de ſuſciter de nouueaux troubles; à l'aſſoupiſſement & intelligence deſquels ils ne ſont pas ſi bien dreſſez, qu'au maniement des affaires de [e] Machiauel. I'ay oublié de vous eſcrire, que i'ay parlé à quelques vns de nos Docteurs de l'affaire de ces Religieux, & de leur cenſure. Ils ſont marris qu'on les a trompez; mais au reſte ſi froids, comme de couſtume, qui ne s'eſtonnent que des coups de tonnerre, & des foudres qui viennent des nuës des Alpes, &c. C. IANSSENIVS.

[b] Noſtre voiſin, il parle de Conrius.

[c] Tramontain, c'eſt à dire de Pape.

[d] Qu'on luy fait à Rome d'approuuer ſes opinions.

[e] Sentiment de Cõrius touchant la Cour de Rome.

Vous voyez comme S. Cyran preparoit des lors en France les voyes au nouuel Euangile; & gaignoit les grands adroitement, diſpoſant leurs eſprits au Ianſſeniſme futur; pendant que Ianſſenius trauailloit de ſon coſté, & taſchoit en Flandre de bien conduire le bateau. Vous voyez encore la deffiance, & l'horreur meſme qu'auoit Ianſſenius, d'vne entrepriſe ſi criminelle deuant Dieu & les hommes; & qu'il preuoyoit deſia, deuoir cauſer d'eſtranges troubles dans l'Egliſe, & dans tous les eſprits. Vous voyez de plus qu'en cette affaire, ils n'obmettoient choſe du monde qui la peuſt aduancer; ayans des perſonnes affidées qui taſchoient de gaigner le Pape, & la Cour de Rome à leur party. Vous voyez enfin le peu d'eſtat que fait Ianſſenius de l'approbation du Pape en cette occaſion; & les meſpris inſolents, & iniurieux que luy & ſes complices teſmoignent faire de la Cour de Rome. Apres quoy ſe perſuadera qui voudra, que cette ſoûmiſſion qu'il a faite au Pape de ſon liure & de ſa perſonne, vient de luy; ou que c'eſt tout de bon qu'il l'a renduë, & non pour amuſer les peuples, & les ſimples.

De Louuain le 27. Ianuier 1622.

L'inſcription de cette lettre eſt. A Monſieur l'Abbé de S. Cyran.

MONSIEVR, 22

Ie vous ay eſcrit il y a huict iours de diuerſes choſes, &

enuoyé le chifre que vous auiez perdu · · · Monsieur l'Illustrissime, [a] nostre voisin, m'a prié de vous prier que vous voulussiez assister vn peu au General de leur Ordre, qui est à Paris ; & au Gardien du Conuent d'icy, P. Hugo Cauello, pour impetrer permission du Roy, de pouuoir auoir à Paris vne demeure à part pour les Irlandois. Il dit que la cause de la demande est, pource qu'ils sont souuent malades icy, pour changer de l'air. Ils auoient demandé la mesme chose, il y a quelques années, par l'entremise de la Reyne regnante; mais le progrez en a esté entierement empesché par le Duc de Luyne, qui y repugnoit. Le Gardien Pere Hugo Cauello, vous informera du reste. Ie croy que le Duc de Luyne l'a empesché, par auanture parce qu'il les jugeoit trop Espagnols · · · Mettez s'il vous plaist encore en vostre papier, ces noms

S. Augustin. Leoninus. Aelius. Seraphi.
Papa. Gerardus. Pardo. Pirasos.

Vostre comme le mien, C. IANSSENIVS.

[a] L'Illustrissime, signifie Conrius Cordelier & Archeuesque en Hibernie.

Voyla comme Messieurs de ce party s'employoient les vns pour les autres ; à sçauoir Ianssenius, Florentius Conrius, & l'Abbé de S. Cyran ; tous trois liez d'affection, d'interest, & de dessein pour l'establissement de leur caballe.

Louanio 11. Feb. 1622.

23. ADMODVM REVERENDE DOMINE,

Concertatio assidua cum Chimeris, quos [a] nosti, imbecillitatem mihi peperit, quâ cogor subsidiario vti ministerio ; ideoque & idiomate nobis insueto. Sulpitius [b] strenuè negotiis Pilmot [c] incumbit ; in quorum promotione, & qualicunque intelligentia, peculiarem Dei fauorem expertus est. Quo effectum est, vt abstersâ quadam quasi desperationis nubeculâ, quæ animum obsederat ; spe bonâ plenus, omnia reliqua, felicia, & fausta ominetur, & eadem Dei beneuolentiâ quod clausum superest, patefactum iri. Quare consideratâ rei magnitudine, & vtilitate, existimauit [d] Boëtius, nihil se magis ex honore Dei, & ex re Ecclesiæ facere posse, quàm vt quod reliquum superest miseræ, & breuis vitæ, totum, tantum quantum est, huic rei dedicet, & deuoueat ; nihil fugiendo quod ei prosit ; nihil amplectendo quod noceat. Quapropter rationem exquirit, quâ sese

L'inscription est A Monsieur l'Abbé de S. Cyran, au Cloistre N. Dame, au logis de M. le Souschantre. A Paris.

[a] Chimeres, il parle de ses aduersaires, & de là est venu le nom de Chimer.

[b] Sulpitius, c'est à dire Ianssenius.

[c] Pilmot, signifie le dessein de son liure, & de toute la caballe.

[d] Boëtius, signifie Ianssenius.

ab illâ domesticâ studiosorum exercitatione expediat, quâ labores suos non mediocriter impediri sentit. Fata viam inuenient. Nec verò despondit animum [d] Boëtius, cum [e] Durillon, adhuc corpore esse iungendum, sicut animo semper fuit: tum quòd animaduertat negotij grauitatem, non leuem intercurrentium difficultatum collationem postulare, magisque familiarem, quàm quæ litteris fieri queat: tum verò quòd persentiscat totius vitæ suæ momenta in inquietudinem, ac discrimen vocari, propter reclamantium verbo, ac scripto multitudinem, quibus os obstruendum erit, simul ac prælium fuerit inchoatū. Quid Solion [f] hac de re censeat, equidem ignoro. Solsty [g] multùm vrget Sulpitium, vt ex asseribus, ac tignis [h] Africanis, domunculas struere incipiat; eò quòd iam satis regularum artis peritus sit, vt exordiatur, & stylo, vt inquit, valeat. Sed ille, excusationis loco, occupationum multitudinem incusat, & in tantarum rerum obscuritate, non temerè esse proficiendum. Boëtius arbitratur Gemer [i] in quadam difficultate capitali aberrasse, idque ad oculum demonstrari posse; nec tamen ei indicauit. Tandem aliquando desperatâ viâ transalpinâ, confessus est, Solion [f] esse virum prudentem, eò quòd credere incipiat negotium istud finiri non posse, nisi conspiratione [l] multorum. Vale. Ex præscripto vestro non subsigno; stilus & materia satis prodit authorem. Tertia est Epistola, cui responsum debes.

[e] Durillon, signifie l'Abbé de S. Cyran.

[f] Solion, signifie l'Abbé de S. Cyran.
[g] Solsty, signifie Florentius Conrius Cordelier & Archeuesque en Hibernie.
[h] Il parle de faire vn ramas de passages de S. Augustin.
[i] Gemer, signifie Conrius.
[l] Remarquez cette maxime de S. Cyran; que pour establir le Iansenisme il ne faut point se mettre en peine de gaigner le Pape à ce party; mais qu'il faut trauailler à y engager le plus de monde qu'on peut, & qu'en fin le Pape suiura.

Nous apprenons par cette lettre, premierement, auec quelle chaleur se portoit Ianssenius à composer le liure qu'il preparoit contre la doctrine receuë dans l'Eglise. 2. Le desir qu'il auoit de conferer là dessus auec son amy l'Abbé de S. Cyran, pour les grandes difficultez qu'il voyoit dans cette entreprise. 3. L'apprehension, & l'inquietude que luy donnoit la pensée, qu'il seroit combatu par tout ce qu'il y auoit de Theologiens Orthodoxes dans le monde. 4. Le desespoir qu'ils conceuoient tous de pouuoir attirer le Pape, & la Cour de Rome à leur party; nonobstant quoy, ils ne quittoient pas la partie, & ne laissoient pas de poursuiure leur pointe, encouragez par S. Cyran, qui les asseuroit qu'ayant infecté toute l'Eglise, le Pape seroit obligé de suiure; comme si les Chrestiens pouuoient plustost tirer le Pape dans l'erreur, que le Pape induire les Chrestiens à faillir en leur foy.

De Louuain

De Louuain le 26. Feburier 1622.

24. MONSIEVR,

I'ay receu vostre lettre qui parle de l'affaire des Filles Religieuses, à laquelle on vous a voulu embarquer ; & entendu la bonne volonté que vous auez, à satisfaire au desir de ceux qui nous y veulent engager. Qui vous connoissent comme ie vous connois, ne sçauroient attendre autre chose du zele que vous auez accoustumé de porter en des affaires, qui regardent encore moins la gloire de Dieu, que celle cy ; n'y auoir autre opinion de vostre industrie, sinon qu'elle euiteroit les escueils, qui ont fait faire naufrage à des grands personnages. C'est pourquoy estant desireux d'employer, non seulement le peu de capacité que Dieu m'a donné à l'aduancement de sa gloire ; mais aussi de voir, que les autres le fassent ; ie ne sçaurois que grandement loüer l'entreprise d'vne affaire si Religieuse, & dont il peut reüssir tant de fruit, si elle n'empesche pas d'autres plus importantes. Mais ie croy que vous voyez trop bien, que si vous vous embarrassiez en cecy, il est du tout impossible, que vous vous mesliez de cette autre nostre grande [a] affaire, que vous sçauez ; estant entierement incompatible auec semblables charges. L'importance de laquelle est telle, que quand nous y employrions toute nostre vie, sans nous mesler d'autre chose ; elle ne devroit estre tenuë que bien employée deuant Dieu, & pleine de merites ; puis qu'elle requiert tout le zele, & toute l'industrie que nous y sçaurions apporter. Vous y estes engagé, & ne sçauriez reculer sans offenser ceux à qui vostre promesse vous [b] oblige. C'est pourquoy ie vous supplie de ne nous abandonner point, en vne affaire dont vous auez veu les heureux commencemens ; & à laquelle la foy vous a engagé. Il y a huict ou dix iours que ie vous ay escrit des aduancemens qu'on y a fait, deuant que i'eusse receu vostre lettre ; lesquels si vous eussiez sçeus, vous eussiez peutestre eu plus de subjet de ne douter point de ce qu'il vous faut faire, &c. Vostre. *Il n'a point signé celle cy.*

L'inscription est de mesme que la precedente.

[a] cette grande affaire, c'est l'establissement du Iansse-nisme.

[b] Ceux là sont ; Iansenius ; Conrius ; l'Archeuesque de Malines ; Calenus ; le docteur Fromõd, &c.

Cette grande affaire, qui estoit commune entre Ianssenius & S. Cyran ; où ils auoient engagé leur honneur, & leur foy ; dont ils ne se pouuoient plus dedire sans offencer tout le party, & pour qui la vie deuoit estre trop courte ; n'est autre que le trauail de Pilmot ; c'est à dire le des-

sein qu'ils auoient coniointement pris, de trauailler sans cesse, auec toute la cabale, pour establir le Iansenisme, & faire changer s'ils pouuoient, de creance à l'Eglise.

De Louuain le dernier Feburier 1622.

L'inscription est à Monsieur l'Abbé de S. Cyran.

a Sulpice signifie Ianssenius.

b Celias signifie l'Abbé de S. Cyran.

c Pilmot; signifie les desseins du liure de Ianssenius; & ceux de toute la caballe.

d Chimeres; signifie les aduersaires, qu'il refute dans son liure intitulé, *Augustinus*; & principalement les Iesuites.

e il parle de sa regence.

f il parle du trauail de son liure.

g Boëce, signifie

MONSIEVR,

Ie vous ay escrit la derniere fois, ce qui semble à Sulpice [a] de cette charge dont on a voulu honorer [b] Celias; cõbien que ie n'en ay pas dit au fonds ce qui me semble, pourceque l'occasion ne le portoit point. C'est qu'il me semble, sauf vostre iugement, que Celias [b] ne feroit pas bien de se mesler de telle affaire; non seulement pour les destourbiers qu'elle luy donnera des affaires de Pilmot [c], qui sont euidents; mais aussi pour les grands inconuenients, au hazard desquels il se mettra, lesquels nulle industrie humaine est capable de diuertir asseurement; pourceque la foiblesse de ceux ou celles qu'il traiteroit, est plus grande, que le remede ne sçauroit estre. I'en connois icy de ceux qui estant capables de gouuerner des Eueschez, & le tesmoignant tous les iours, sont tombez en desordre, pour n'auoir eu affaire, qu'à dix ou douze de cette race. On a presenté à Sulpice [a] certains escrits, pleins de Reuelations d'vn personnage de cette sorte qui est icy; & vn Gentilhomme le vouloit porter à se mesler de cette affaire, qui a fait icy de grands debats entre les gens Ecclesiastiques de sa robe; mais il s'en garde de s'en mesler, pour de semblables raisons. C'est pourquoy ie ne voudrois point en aucune façon que Celias [b] s'en meslast; vous luy en pourrez dire en passant mon aduis. Sulpice [a] se trouue vn peu mieux; ce qui luy permet escrire à l'accoustumée: ce sont les combats des Chimeres [d] qui ont rauagé les affaires de Pilmot [c], qui estoient cause de son mal. Dautant qu'il y a trois mois ou enuiron, qu'il ne fait autre chose que de les attaquer; ne se meslant de l'exercice ordinaire de ses gens [e] que par maniere d'acquit; en sorte toutefois qu'il leur donne de la satisfaction; ce qui luy oste neantmoins plus de deux heures par iour, desquelles ayant besoin pour l'affaire la [f] plus pressante, il est resolu de tascher de la transporter peu à peu dans cinq, ou six mois, aux espaules d'vn autre domestique, auec de la grace, s'il peut, pour vacquer plus assiduëment à Pilmot [c], & veiller cependant à l'autre, afin qu'il fasse bien son deuoir. Boëce [g] a eu vn discours auec Gemer [h], en luy racontant, sans songer à autre chose, la trempe de Messieurs de [i] Pansar aux affaires de Pilmot [d], que i'auois reconnuë plus clairement deuant quelques iours. Gemer [h] auoit seulemet remarqué, qu'il luy dist quelques iours apres, qu'il luy estoit tres-euident, estre impossible, d'auancer en rien les affaires de [k] Cumar auec [l] *Domini*. Quelques iours apres il dit, que s'il partoit d'icy, qu'il luy faudroit porter vn certain liure auec luy, qui a esté fait du Gorphoroste [m], qui a mis les desordres à ces affaires, & demeure à Louuain. Parquoy Sulpice [a] entendit, que Solsty [n] auoit des pensées de passer les montagnes dont il est venu, vers [o] Alamas. Boëce [g] taschera d'en tirer tout ce qu'il pourra. Il semble à Quinquarbre [p], que Dieu luy a donné des lumieres certaines aux affaires de Leoninus [q], qui seruiront à son fait. Mais dautant qu'il y a des choses, dont il n'a iamais oüy parler dans le monde, il va à tastons, comme s'il estoit encore nuict, depeur d'offenser quelque part, la racine, raze par tout les bornes de Leoninus [q]; & souuent luy semble que Aelius [r] le veut clairement; parfois aussi, il semble reculer vn peu. Il verra ce que Dieu donnera, car c'est vne chose qui touche le fond. Quoy qu'il en soit, il faut y prendre garde; & quand Sulpice [a] l'aura batu, & rebatu de toutes part, en conferant tous les trauaux de Seraphi [s], il faudra qu'il passe par le iugement de Celias [b], deuant qu'il soit en repos. Boëce [g] vous a escrit par vne lettre latine, comme il n'auoit pas perdu l'esperance, de se ioindre encore vn iour à Durillon [t]; iugeant que cette grande affaire doit estre preferée à celles qui sont lié en ces quartiers; & qu'il sera mal-aisé qu'il se fasse autrement, quand elle se devra esclorre; ou sera [u] esclose. Dieu disposera de tout, car il se trouue bien icy de grands liens. Cependant il ne cessera point d'esclaircir, selon que Dieu l'aidera, tous les points, iusques à la composition de l'œuure principal; car alors il sera necessaire de conferer auec Celias [b], deuant que le commencer, &c. *Il n'a point signé celle cy.*

Iansenius.
[h] Gemer, signifie Conrius.
[i] Pansar, signifie l'Vniuersité de Louain.
[k] Cumar, signifie le liure de Iansenius.
[l] *Domini*, signifie le Pape.
[m] Gorphoroste, signifie vn Iesuite, qui est icy comme ie croy le P. Lessius.
[n] Solsty, signifie Conrius Cordelier.
[o] Alamas, signifie le Roy d'Espagne, d'où Conrius estoit venu en Flandre.
[p] Quinquarbre, signifie Iansenius.
[q] Leoninus, signifie S. Augustin.
[r] Aelius, signifie S. Augustin.
[s] Seraphi, signifie S. Augustin.
[t] Durillon, signifie l'Abbé de S. Cyran.
[u] Il parle de la reforme qu'ils vouloient establir en la doctrine de l'Eglise.

Il continuë de destourner l'Abbé de S. Cyran, de se charger de la direction des Religieuses; depeur que cette entreprise, ne recule les grands desseins qu'ils auoient formez pour l'establissement de leur nouuelle doctrine. Mais S. Cyran trouua bien moyen de vacquer à l'vn, & à l'autre; & visant tousiours à ses fins, se seruit de la qualité de Directeur des consciences, pour faire glisser dans les Monasteres des Filles, toutes ses erreurs ; ainsi qu'il paroistra tantost dans ceque nous rapporterons de luy ; & qu'on voit encore auiourd'huy au Monastere du Port Royal à Paris. La perplexité de Ianssenius paroist tres-grande dans cette lettre, touchant le trauail qu'il a embrassé; desirant pour se resoudre, des conferences auec son amy; & desesperant de gaignier iamais le Pape à son party.

De Louuain le 25. de Mars 1622.

L'inscription est A Monsieur l'Abbé de S. Cyran, au Cloistre N. Dame, au logis de M. le Souschantre. A Paris.

MONSIEVR,

Ie vous ay escrit de Brusselle, il y a quinze iours, & en- 26.
semble à vos deux Nepueux Barcos, & Argusbel, comme i'estois là aux funerailles du Prince. Celle cy est la premiere, apres auoir receu l'Epistre Apologetique de Rongeart [a], qui leur laue bien la teste. Et à la verité ce sont des choses estranges qu'ils alleguent, & dignes qu'on se mette en colere. Ie comprens tres-bien la consequence que vous en tirez pour l'affaire de [b] Pilmot; & ne m'en sçauriez dire tant, que ie n'en aye tousiours crû dauantage. Car il n'y a nulles bornes, qu'ils ne passeront, si on les accuse de tant de fautes, qu'ils estiment estre asseurez, comme qu'ils croyent vn Dieu; attendu particulierement l'asseurance que telles gens ont de dire toutes choses, & la ferme croyance de leur suffisance; & le naturel des gens semblables à Pacuuius [c], à susciter des troubles, comme les siecles passez l'ont veu souuent. A quel propos, il faut que ie vous die, comme Solsty [d] m'a raconté les estranges desordres, qu'il y a au lieu de la residence de Celias [e], entre les gens de la robe de Philippas [f], qui me font admirer l'excez; ie croy que vous en estes informé, puis qu'õ en fait des chansons. Ie suis marry que Blemar [g] iuge si mal de l'ouurage dernier de [h] Seraphi, que ie tiens pour si asseuré, qu'il n'y a pas presqu'vn seul de toutes ses œuures, que ie ne condamnerois plustost que celuy là. Il est tres-important pour Pilmot [b], & entierement necessaire qu'il soit corrigé, & approuué, & rimprimé; partant il faut trauailler tant qu'on peut, que [g] Blemar l'approuue, ou pour le moins ne le reiette point, pour des choses de grande importance qu'il contient. Vous luy pourrez dire, si vous le iugez à propos, que Sulpice [i], sans le nommer, ou quelqu'vn, se fait fort de monstrer si clairement qu'il est à luy, qu'on pourroit dire que ce sont des bestes qui le nient; voire de monstrer (s'il s'en vouloit donner cette peine) qu'il n'y a, peu s'en faut, vne seule sentence, ou periode dans tout le liure,

a Rongeart, c'est S. Cyran.

b Pilmot signifie les desseins du liure de Ianssenius & de toute la cabale.

c Pacuuius, signifie les Iesuites.

d Solsty, signifie Conrius qui estoit Cordelier.

e Celias, signifie S. Cyran.

f Philippas, signifie Conrius Cordelier.

g Blemar, c'est la Sorbone.

h Seraphi, c'est S. Augustin.

i Sulpice, c'est Ianssenius.

qu'on ne produira de ses autres ouurages ; & que iamais œuure n'est forty si conforme au genie de son Autheur. L'amas de k Porris l Quinquarbre l'a m leu. Boëce n m'a dit que Quinquarbre fait des extresmes efforts pour trouuer le liure du Gorphoroste o qui demeure icy, & qui est cause des desordres de p Cumar ; & & qu'il ne le peut point trouuer, pour se l'approprier, quoy qu'il en trouue assez à emprunter. C'est pourquoy il sera bon, en en tout cas, de le trouuer en quelque façon que ce soit, & le vous garder, iusques à l'occasion. d Solsti cache soigneusement, à ce que ie remarque, son voyage vers q Alamas, à i Sulpice : car il auoit fait demander au lieu de la demeure de r Solion, si les chemins estoient asseurez, à ce que ie pouuois coniecturer ; & on luy a respondu, qu'il estoit impossible de passer, à cause des insolences de s Parlas : C'est pourquoy ie croy qu'il n'en fera rien, tant que cet estat des affaires continuë. Cependant il sera à à propos de dire à r Solion, qu'il aduertisse i Sulpice, comment qu'il vueille qu'on le manie, pour faire qu'il ne soit pas à charge à r Solion. Deuant qu'il eust pris cette resolution, il estoit prest à faire entendre à Quinquarbre l, certaines pieces qu'il auoit encore ; & Quinquarbre l n'en auoit pas le loisir : maintenant il fait le rétif, & differe iusques à ce qu'il ait acheué, faisant le pas de tortuë. En cas qu'il parte d'icy, i'en aduertiray Solion r, afin qu'il soit sur ses gardes, soit en s'absentant, ou autrement. Sulpice i doute s'il seroit bon, qu'on l'inuitast, deuant que partir, pour l'accointance qu'il a eu long-temps auec luy : & toutefois d'ailleurs, i'y voy de l'inconuenient, s'il falloit rompre puis apres. Ie vous ay respondu par ma derniere, à celle qui parloit t de la reünion de e Celias auec i Sulpice ; trouuant bien bon le moyen de l'executer, & voy assez les moyens pour le faire doucement, & auec de la grace ; mais il faudroit du temps. Cela suppose cependant, que la resolution nette & peremptoire fut faite auparauant, laquelle pend encore de plusieurs circonstances, qui regardent, & l'affaire de b Pilmot, & la personne de o Boëce, &c. *Il n'a point signé celle cy.*

k Porris signifie les Iesuites.
l Quinquarbre, signifie Iansenius.
m Au lieu de dire Quinquarbre a leu l'amas de Porris.
n Boëce, signifie Iansenius.
o Gorphoroste, signifie Iesuite ; & celuy dont il parle est Lessius.
p Cumar, signifie le liure de Iansenius.
q Alamas, signifie le Roy d'Espagne.
r Solion, signifie S. Cyran.
s Parlas, signifie les Huguenots.
t Il parle de leur entreueüe.

La premiere partie de cette lettre ne contient qu'vne inuectiue contre les Iesuites, au sujet des liures que S. Cyran luy enuoyoit de Paris contre ces Peres. Il paroist ensuite, qu'vn Iesuite de Louuain, qui n'est autre, à mon aduis, que le Pere Lessius, donnoit de l'exercice à Iansenius sur sa doctrine, & le mettoit en desordre ; dequoy il se plaint en-

core ſouuent ailleurs. Enfin ſa jalouſie eſclate icy contre Conrius, qui eſtoit enfariné des meſmes erreurs que luy; & qui vouloit remporter l'honneur d'en eſtre l'inuenteur en ces derniers temps; ce que Ianſſenius ne pouuoit ſouffrir. Remarquez comme la Sorbone n'eſtoit pas de ſon aduis, touchant vn liure qu'il attribuoit à S. Auguſtin.

De Louuain le 16. d'Auril 1622.

L'inſcription eſt la meſme que la precedente.

MONSIEVR,

I'eſtois fort eſtonné, de n'auoir pas receu aucune de vos 27
lettres, depuis vn mois enuiron; comme cet honneſte homme m'a payé l'vſure de l'attente, en me donnant en meſme temps deux pour vne, auec les raiſons de l'attente. Ie ſuis merueilleuſement aiſe, que l'affaire de [a] Pilmot s'auance tellement en dormant; ce qui monſtre que Dieu y veille: car cette diſpoſition de pluſieurs hommes vers la verité; ou bien cette inquietude à ne la trouuer point, eſt tres-importante à leur faire embraſſer, comme à des affamez, ce qui les aſſouuira. De deça, elles s'auancent tout de meſme peu à peu. Boëce [b] m'a dit n'agueres, qu'il s'eſtoit apperceu d'vne racine, qui regarde vn des plus profonds, & inexplicables points qui ſe trouue; à ſçauoir de l'intelligence, & traduction [c] de Garmos: & commence à croire, qu'il ne ſe faut guere, qu'il n'a trouué la febve au gaſteau, & ſelon les principes de [d] Seraphi. Que s'il eſt vray qu'il en a ſongé, ce ſera vne choſe de grande conſequence, & rendra l'affaire du [e] Cudaro ſi clair que le iour, auec vn eſtrange conſentement auec l'affaire de [a] Pilmot. Le liure de [f] Leoninus, ne ſe devra pas rimprimer, à mon aduis, qu'au meſme temps que le principal s'eſclorra, ou enuiron. C'eſt pourquoy [g] Sulpice dit, qu'il ne ſe haſte point, quoy qu'il voye les preuues aſſez clairement. Boëce [b] eſt entierement de l'aduis de [h] Solion, touchant Helpide de [i] Galau; & à dit, deuant qu'il euſt receu voſtre lettre, qu'il trame ſa ruine, s'il recule de l'affaire; à laquelle Dieu ſeul auoit fait naiſtre ouuerture. Car ſans parler des plus hautes raiſons; quant il n'y auroit autre choſe, ſinon que, *manebit caſtris alta mente repoſtum, iudicium [i] Galau*; Parlas [k] mettra tellement ordre à ſes affaires, & dedans, & dehors, qu'il ne ſera plus ſurpris comme il a eſté. Quand à [l] Alamas, qu'il ne tiendra qu'à luy, qu'il n'eſtende ſes coudées: il eſt trop vray; & ie dis tous les iours, que les fondemens ſont iettez en diuers coſtez, depuis deux ou trois ans; &

[a] Pilmot, ſignifie les deſſeins de la cabale, & du liure de Ianſſenius.

[b] Boëce, Ianſſenius.

[c] Garmos, S. Auguſtin.

[d] Seraphi, S. Auguſtin.

[e] Cudaro, Ianſſenius.

[f] Leoninus, S. Auguſtin.

[g] Sulpice, Ianſſenius.

[h] Solion, S. Cyran.

[i] Helpide de Galau, ie ne ſçay qui c'eſt.

[k] Parlas, ſignifie les Huguenots.

[l] Alamas, le Roy d'Eſpagne.

ſemble que Dieu luy fauoriſe de tous coſtez. Peuteſtre que Dieu veut recompenſer, qu'il ſe declare par tout ennemy de [k] Parlas, & de ſes Confreres ··· Il eſt vray que ie ſuis bien aiſe, que [h] Solion s'employe à l'inſtruction de [m] Robins; mais d'ailleurs, il ne ſe peut, qu'il n'ait quelque apprehenſion, voyant tous les iours les naufrages qui ſe font en cette [n] mer. I'eſpere que la prudence de [o] Durillon, appuyée ſur celle de Dieu, l'en gardera auſſi de danger; n'eſtant pas tẽps, tandis que [p] Samer eſt petit, n'ayant pas encores des volontez abſoluës. *Il n'a point ſigné la preſente.*

m Robins, c'eſt quelque ieune Seigneur de la Cour, que S. Cyran ſe vantoit de gouuerner.
n Mer, c'eſt la Cour.
o Durillon, S. Cyran.
p Samer, c'eſt vn ieune Seigneur de la Cour.

Vous voyez, comme l'Abbé de S. Cyran, informoit Ianſſenius des diſpoſitions qu'il trouuoit dans les eſprits, pour receuoir vn iour le Ianſſeniſme, & les approches que l'vn & l'autre faiſoit pour cela, ſans ſe declarer encore ouuertement; de peur de rebuter les Catholiques, par la nouueauté de leurs principes, & leur contrarieté auec la foy. Ianſſenius appuye tous ſes deſſeins, & ceux de ſon liure ſur S. Auguſtin, cõme auoiẽt fait deuant luy pluſieurs Heretiques; l'entendant & l'expliquãt, non pas au ſens des autres Peres, des Docteurs, & de l'Egliſe; mais à ſa mode.

De Louuain le 22. d'Auril 1622.

28. MONSIEVR,

Ie vous ay eſcrit par cet honneſte homme d'Egliſe, qui m'apporta vos lettres, auec les exemplaires de l'Epiſtre Apologetique de [a] Blemar, que ie diſtribueray là où il ſera à propos ·· Ie ſuis tres-aiſe de la diſpoſition de [b] Semir, auec les ſiens à l'affaire de Pilmot [c], & le faut fomenter; & ne doute point que ce n'eſt Dieu qui prepare le chemin, à quoy aider pour le [d] peu qu'il peut. Quinquarbre [e] enuoye à Solion [f] vn panier quarré de viſmes, qui contient vingt-deux exemplaires de ce [g] Seraphi qu'il auoit demandé; c'eſt à dire quarante-quatre petits tomes. Quinquarbre [e] a pris tout le reſte, qui ſont par deſſus ceux cy qu'il enuoye. Il en euſt enuoyé par cet homme encore vingt exemplaires, mais la derniere lettre venoit vne demie heure trop tard. Le Seraphi [g] que ie diſois qu'il deuoit eſtre rimprimé, requiert neceſſairement, à mon aduis, vne collation auec l'original, quoy que vieux & corrompu, pour auoir plus d'authorité. Car ie ne doute point, que celuy qui l'a produit, ne ſe fuſt trompé en certains endroits, par faute de n'entendre pas le fonds. Perſonne n'en verra rien, que [f] Solion. Mais ſauf ſon aduis, il

L'inſcription eſt la meſme que la precedente.

a Blemar, c'eſt la Sorbone.
b Semir, ſignifie M. de Berulle.
c L'affaire de Pilmot, ſignifie les deſſeins de la cabale & du liure de Ianſſenius.
d Ce ſens eſt imparfait; & il faut qu'il y ait, Ianſſenius eſt reſolu d'aider pour le peu qu'il peut.
e Quinquarbre ſignifie Ianſſenius.
f Solion, S. Cyran.
g Seraphi, S. Auguſtin.

n'y a point de haste; dautant aussi que mal aisément se feroit cela, sans que [h] Sulpice se trouuast sur le lieu. Vrayement l'ignorance bien grosse de plusieurs, semble pouuoir seruir à faire de bons coups. I'ay attrapé l'œuure du [i] Gorphoroste de deça; non pas tant pour l'authorité qu'il a; que pour sçauoir le fonds de ses opinions, & ne vis iamais homme plus estrange en toutes ces affaires. Le cœur me croist, à mesure que les lumieres croissent: car pour dire la verité, la plus preignante cause de ma pusillanimité, a esté l'obscurité de l'affaire; car ie suis de cette trempe, que m'asseurant de la verité, *Non timebo quid faciat mihi homo.* Le grand point est de debroüiller toutes ces nuées, qui portent des difficultez, & doutes à des esprits, pour le moins comme celuy de [h] Sulpice, qui ne penetre pas encore le fonds, comme il desire. Boëce [k] est fort curieux de sçauoir le succez que Celias [l] aura auec [m] Robins, parmy le contentement qu'il prend, de preuoir, que cela peutestre occasion de grand bien. Il luy reste neantmoins vn peu de scrupule, sçachant trop bien, qu'il n'est pas en la puissance des mariniers, d'empescher, ou de dissiper ces tempestes; ny au pouuoir des sages, de se guarantir des follies d'autruy, se trouuant assez empeschez de se garder de la leur. Pour l'entreueuë de [l] Celias, & [e] Quinquarbre; ie suis de vostre aduis, qu'il faut que l'affaire de [n] Pilmot, soit plus auancé, deuant qu'ils resoluent rien absoluëment. Bien vray est qu'il pourroit arriuer, que si la santé de [e] Quinquarbre le requeroit, & sa charge le permettoit; il pourroit sur la fin de l'esté, faire vne visite furtiue, pour ne pouuoir estre long-temps absent. Solsty [o] a esté, à mon desçeu chez le vieillard [p], duquel Solion [f] lisoit icy le liure, qui est le plus vieux de [q] Latoma. Il luy dist ce qu'il sentoit de [k] Boëce, & l'a tellement enyuré, que l'espace d'vne heure ou deux, il ne se pouuoit tenir de contentement qu'il auoit; luy mandant à la sortie, de dire à [e] Quinquarbre, *Dicas ei vt adhæreat veritati, & non timeat Pacuuium* [r]; car il luy auoit dit quelque chose, que [e] Quinquarbre ne desiroit point estre declaré [s] à l'Antagoniste. Cependãt ce qu'il a dit au vieillard, a despleu à Boëce [k], pour des raisons qui luy font regarder plus loin, que l'aduancement de [t] Pansar, &c. Adieu. *Il n'a point signé cette lettre.*

[h] Sulpice, Ianssenius.

[i] Gorphoroste, Iesuite.

[k] Boëce, c'est Ianssenius.
[l] Celias, S. Cyran.
[m] Robins, c'est vn Seigneur de la Cour, que S. Cyran esleuoit dans ses maximes.

[n] Pilmot, le dessein de la cabale, & du liure de Ianssenius.

[o] Solsty, Conrius.
[p] Vieillard, c'est quelque vieux Docteur de Louuain.
[q] Latoma, ie ne sçay qui c'est.

[r] Pacuuius, Iesuite.
[s] l'Antagoniste; c'est vn Iesuiste.
[t] Pansar, l'Vniuersité de Louuain.

Cette lettre nous monstre quel estoit le motif, qui attachoit si fort l'Abbé de S. Cyran à Monsieur de Berulle, & à l'Oratoire, prenant part à toutes

toutes leurs affaires, trauaillant auec Ianssenius à les establir au pays bas; & noüant d'estroittes habitudes auec les plus considerables d'entre eux : que c'estoit, dis-je, pour les gaigner à son party, leur inspirer plus aisement ses sentimens, les disposer à seconder ses desseins, & ceux de Ianssenius; de trauailler vn iour conioinctement auec eux à l'establissement du Iansenisme, & surmonter plus aisement par leur moyen la resistance qu'il preuoyoit que feroient les Iesuites à toutes ces nouueautez. Le reste de la lettre, ou ne parle que de S. Augustin, que Ianssenius faisoit seruir de fonds, & de pretexte à toutes les erreurs qu'il meditoit; ou ne contient que des intrigues secretes, que ie n'ay pas le loisir de deuelopper maintenant; mais il est certain, qu'il est icy parlé de quelque grand, dont ils esperoient tirer vn grand aduantage pour leur party.

De Louuain le 29. d'Auril 1622.

29. MONSIEVR,

Ie viens de receuoir vostre derniere lettre du 22. d'Auril, que vous dites estre la troisiéme de suite. Ce qui me fait douter, si vne s'en est perduë, puis qu'il y a quinze iours que i'en receus vne autre du neuf d'Auril, qui me fut baillée le mesme iour que ce Prestre de France m'en liura vne autre, auec ces trois exemplaires, qui peut estre la troisiéme. I'ay esté transporté d'aise, de la victoire que le Roy a euë contre M. de Rohan, auec la prise de dix-huict nauires de guerre; ce que vous m'escriuez de [a] Diecius, qu'il se fera, a esté confirmé par vne autre lettre de delà, qui dit, qu'il sera sans doute à l'auantage de Panar [b], à cause de ce dernier changement; & adiouste que c'est l'opinion commune, qu'on ira de là contre [c] Alamas, pour le faire lascher prise; ce qui sans doute causera de grands desordres aux affaires *De Impera* [d], auec [e] Steropes. I'en suis fort attristé pour des considerations meilleures, que de l'auancement temporel de [f] Carpocre... I'entends qu'vn certain Gommariste, a refuté l'opinion des Arminiens, qui est la mesme de [g] Pacuuius, par les seuls passages de [h] Seraphi, si bien qu'il ne se peut presque rien adiouster. Ces nouuelles viennent de Paris, où le liure est. Solsty [i], à ce que ie croy, l'attend de ça, qui me le fera voir. Le liure du Confesseur [k] d'Amase, est desaduoüé de ceux de sa robe qui s'en mocquent, à cause que ce n'est autre chose que Thomisterie, qui fabrique vn autre mõde de toute eternité, & ie ne sçay quel; ce ne seront que resueries de [l] Porris, com-

L'inscription est A Monsf. l'Abbé de S. Cyran, au Cloistre N. Dame, au logis de Monsieur le Souschantre. A Paris.

[a] Diecius, ie ne sçay qui c'est.

[b] Panar, signifie le Roy de France.

[c] Alamas, le Roy d'Espagne.

[d] *Impera*, Flandre.

[e] Steropes; signifie les Hollandois.

[f] Carpocre, signifie l'Archiduc.

[g] Pacuuius, les Iesuites.

[h] Seraphi, S. Augustin.

[i] Solsty, Contrius Cordelier.

[k] Le Confesseur Damase; c'est le Confesseur de l'Empereur.

[l] Porris ce sont les Iesuites.

me vous le tenez aussi. I'ay enuoyé par les chariots de Bruxelle, vingt deux exemplaires de [h] Seraphi, comme vous en auez emporté vn, afin que [m] Solion s'en serue, envers ceux qu'il iugera à propos, sans auoir de la peine de les demander tousiours; ie ne sçay pas s'ils seront partis de Bruxelle; ils sont dans vn pasnier. Quand [n] Durillon en aura besoin d'autre, il en reste encore vingt. Mais ie croy qu'il n'y a point de haste; toutefois au iugement de [n] Durillon. Le liure de [h] Seraphi, que [o] Blemar condamnoit, n'est pas encore en estat de rimprim r; aussi crois-je, qu'il seroit entierement necessaire que [p] Sulpice vist l'original; parcequ'il croit que l'autheur qui l'a mis en lumiere, à teu force choses mal, pour n'entendre pas bien le fonds de la chose. Il y aura temps d'en escrire plus, quand les affaires s'aduanceront. Gemer [q] brusle de desir, de mettre en lumiere vn certain ouurage, *De Pœna Paruulorum post hanc vitam*, croyant qu'il fera breche aux fortifications de [l] Porris. Il touche indirectement l'affaire de [r] Pilmot, comme vous voyez bien par la lecture de [s] Leoninus. Aussi par vne transition, il dit que selon les principes d'Aelius [t], la remission des pechez, ny la congruité de la predestination, n'est point [u] Cumar, & Seraphi [h], comme on monstrera ailleurs. C'est environ en ce sens qu'il parle, à ce que Boëce [x] en a retenu. Escriuez vn peu, s'il vous plaist, le succez de [y] Celias, auec [z] Robins, afin que ie n'en sois pas en peine. *il n'a point signé cette lettre.*

m Solion, S. Cyran.
n Durillon, S. Cyran.
o Blemar, c'est la Sorbone.
p Sulpice, Iansenius.
q Gemer, Conrius.
r Pilmot, le liure de Iansenius.
s Leoninus, S. Augustin.
t Aelius, S. Augustin.
u Cumar, Ianssenius en son liure.
x Boëce, Ianssenius.
y Celias, S. Cyran.
z Robins, c'est vn ieune Seigneur de la Cour.

Remarquez comme il louë le liure d'vn Gommariste Heretique, escrit contre vn Arminien; aduoüant assez auoir les mesmes sentimens, & les defendre par les mesmes passages de S. Augustin; & accusant les Autheurs Catholiques en la personne des Iesuites, d'estre Arminiens, pour tenir la doctrine contraire. La lettre qui suit nous monstre que S. Cyran luy enuoya ce liure de Paris. Remarquez aussi le mespris qu'il fait de S. Thomas & de la Scholastique, qu'il appelle par derision, Thomisterie.

De Louuain le 27. de May 1622.

MONSIEVR,

I'ay receu vostre liure que vous m'auez enuoyé, en quoy 30.
vous auez monstré vostre industrie, & diligence pour l'auoir. Ie ne l'ay pas leu encore; seulement ay-je couru vn peu, & remarqué qu'il n'entend rien du fonds de [a] Seraphi, seulement quel-

L'inscription est A Monsieur l'Abbé de S. Cyran, au Cloistre N. Dame, au logis de Monsieur le Souschantre. A Paris.
a Seraphi, S. August.

ques choses communes; cependant il sera vtile à son temps. Ie suis merueilleusement aise du bon succez des entreprises de Solion[b], touchant l'affaire de [c] Pilmot; & commence à auoir bonne esperance du reste qui se doit faire de là; les cœurs de cet [d] Ordre, s'y disposans si bien. Sulpice [e] trauaille aussi continuellement à l'affaire, & a aduancé beaucoup. Il destourne Solsty [f] tant qu'il peut; mais il semble auoir si profondement empraints ces desirs de pousser cet ouurage, qu'à mon aduis, ie ne gaigneray guere. Il est bien vray que touchant [c] Pilmot, il ne dit rien en cet ouurage, que quelque [g] Porris de quelque secte, ne pourroit dire; tellement qu'il ne descouure rien en particulier; mais tesmoigne seulement qu'il refuteroit force [g] Porris, s'il en vouloit parler. Sulpice [e] l'a batu d'espouuantes, qu'il sera contraint d'escrire des Apologies, à cause que [h] Chimer n'endurera pas qu'on l'accuse d'Heresie, ce qu'il fait par des consequences; le temps nous monstrera sa prudence, & son dessein, &c. Vostre ------ *Il n'a pas signé celle cy.*

b Solion, signifie S. Cyran.
c Pilmot les desseins & la doctrine de la cabale.
d Cet Ordre, l'Oratoire.
e Sulpice, c'est Iansſenius.
f Solsty, Conrius.
g Porris les Iesuites, & les Autheurs des opinions communes.
h Chimer, les Iesuites, & ceux qui soustiennent les opinions de l'Eglise.

Vous voyez comme S. Cyran luy enuoya promptement le liure du Gomariste composé contre vn Arminien, afin qu'il s'en pust seruir pour faire le sien; comme en effet il promet de faire en son temps. Mais remarquez vous cōme S. Cyran se vantoit à Iansſenius d'auoir gaigné à son party les Peres de l'Oratoire de France, & que celuy-cy reciproquement se glorifie de bien trauailler de son costé pour la cause commune? Enfin voyez vous comme il craint que Conrius ne preuienne ses desseins?

De Louuain le 3. de Iuin 1622.

31. MONSIEVR...

Ie vous enuoye les Theses dont ie vous ay parlé.. Vous auez icy iointe l'approbation du liure [a] de M. de Berulle, selon que vous la demandez; ie ne sçauois pas auparauant son vray nom, ny sa qualité, le reste auoit esté oublié. Il seroit bon de prendre bien garde, comme vous auez fait sans faute, s'il n'y a rien qui touche [b] Pilmot en ce liure; car le monde qui n'est pas stilé en ce subiect, se mesprend plûtost qu'on ne sçauroit croire. La matiere de l'Incarnation y est fort proche, & la touche en force endroits, estant en quelques parts assez brouïllée, & gastée par [c] Chimer. Ie ne sçauois pas que le liure que vous auez enuoyé de Tillenus, auoit esté imprimé en Holande; je l'eusse

L'Inscription est A Monsieur l'Abbé de S. Cyran.
a C'est du liure des Grandeurs de Iesus qu'il parle.
b Pilmot, le liure & le dessein de Iansſenius.
c Chimer, les Iesuites & les Autheurs qui tiennent les opinions cōmunes.

bien eu de là, car ie croy qu'il s'y trouue aſſez; c'eſt pourquoy ſi on vous en importune, ie le vous enuoiray le plûtoſt ⋯ I'admire l'inconſtance des giroüettes de Poitiers; il faut que quelqu'autre vent chaud, a de nouueau ſoufflé, ou que la tempeſte froide a ceſſé. *Ex vno diſce omnes, & ex vno omnia.* Il n'a point ſigné celle cy.

Voila l'artifice dont vſoit l'Abbé de S. Cyran, pour gaigner à ſon party & à celuy de Ianſſenius, l'Ordre de l'Oratoire, qui paroiſt encore en cette lettre; faiſant approuuer le liure des Grandeurs de IESVS par Ianſſenius. Mais remarquez-vous comme cette approbation ſe donne ſans auoir leu le liure; ainſi qu'il paroiſt, par la crainte qu'il teſmoigne, qu'il n'y ayt dedans quelque choſe de contraire au Ianſſeniſme, qu'il preparoit dans ſon liure intitulé Auguſtinus.

De Louuain le 10. de Iuin 1622.

L'inſcription eſt A Monſieur l'Abbé de S. Cyran.

MONSIEVR,

I'ay receu hier à la meſme heure par deux meſſagers 32
deux de vos lettres ⋯ Le voyage de [a] Quinquarbre, vers [b] Solion, ne ſe fera pas, à mon aduis, de cette année, parceque le gros homme [c] Preuoſt, s'en eſt allé en Holande, & ne retournera point deuant l'hyuer, à ce que ie croy, qui pourroit ſuppléer la place de [d] Boëce, s'il eſtoit icy: ſans cela, il auroit bien enuie de prendre l'eſſort, pour y demeurer quelques iours, & ſe relaſcher de l'eſtude. Ie trouue bon que [e] Celias, ne die rien de l'affaire de Pilmot [f], à Semir [g], car ie croy qu'il n'eſt pas temps encore, quoy que les affaires ſont aucunement auancées, plus que ie n'euſſe ozé me promettre; car Sulpice [h] dit, qu'il luy ſemble d'y voir vn peu plus d'eclairciſſement. Ie vous ay enuoyé la derniere fois l'approbation du liure [i] en vne autre forme, que vous aurez receuë maintenant. *Il n'a point ſigné celle-cy.*

a Quinquarbre, Ianſſenius.
b Solion, S. Cyran.
c Le gros Preuoſt, c'eſt le docteur Fromond, à mó aduis.
d Boëce, Ianſſenius.
e Celias, ſignifie S. Cyran.
f Pilmot, ſignifie les deſſeins de la cabale, & du liure de Ianſſenius.
g Semir, ſignifie le Cardinal de Berulle.
h Sulpice ſignifie Ianſſenius.
i Liure du Cardinal de Berulle.

Vous voyez comme Ianſſenius, & l'Abbé de S. Cyran entretenoient leur amitié, & leur cabale, non ſeulement par lettres, mais encore par viſites mutuelles; afin d'aduiſer enſemble aux moyens de faire reüſſir leurs deſſeins. Vous voyez encore comme Ianſſenius apprehendoit qu'on ne vint à les decouurir, auant que toutes choſes fuſſent diſpoſées pour cela.

De Louuain le 13. de Iuin 1622.

33. MONSIEVR...
Ie vous enuoye [a] l'approbation que vous desirez de moy, vous priant de m'enuoyer vn exemplaire du liure, à quelque commodité qui s'offrira ; & alors [b] Barcos y pourra ioindre sa traduction du liure du Cardinal du Perron, qu'il dit qu'il m'enuoyra. Pacuuius [c] continuë à forger des nouueautez, & hardiesses. Il semble que [d] Pardo a eu tort, de pousser ces gens encore dauantage vers le precipice; en leur faisant cette faueur, qu'il a faite n'agueres à deux [e] de leurs Corps. (*Il y auoit de leur Compagnie, & il a effacé ce mot.*) Gorphoroste [f] a fait imprimer des Theses icy, qui contiennent soixante & sept impertinents par excellence, tendants tous à l'exaltation de la teste de [g] Cyprin, qu'il appelle au tiltre *Thelogorum plurimorum Patri, Magistro, Doctori, suo, suorumque, calamo, voce, vitâ, morte clarissimo; Academiarum protectori, Scholarum instauratori.* Entr'autres choses, ils taschent de le faire receuoir par ses Theses, comme Patron des Vniuersitez, de la Theologie, & Theologiens; des femmes enceintes; des scrupuleus de Louuain. *Cui salutis certæ ab ipso dandæ omen contigerit.* Des enfans au ventre de la mere. Ils luy ostent, *fomitem libidinis* ; *omnem deliberatam voluntatem ob memoriam continuam Dei, sicut illa beatis aufert libertatem.* Il dit que *Nestorius potuisset eum Deum asserere, ea ratione quâ Christum, Deum asseruit, ob coniunctissimum affectum cum Deo. Quod moraliter sit omnipotens, quia quidlibet Sacrificio suo impetrare potuerit* ; & d'autres choses en nombre. Somme il semble qu'il ne reste autre chose à leur opinion, sinon qu'il se mette à gouuerner le Ciel, comme Cyprin [h] tasche de le gouuerner en terre. Pacuuius [i] imprime encore deux autres Theses ; l'vne pour le second, & les autres en Philosophie, qu'on ne peut pas encore attraper ; ie pense qu'elles seront pleines de semblables niaiseries. Si Celias [k] a enuie de les auoir, ie tascheray de les trouuer toutes; on les disputera six iours durant, à ce qu'on dit. De sorte que voyant l'esprit de Gorphoroste [f], ie ne m'estonne point que [k] Celias a appris des merueilles par la longue conference auec [l] Semir. I'approuue fort la retenuë de [m] Durillon, auec [n] Robins, & sa force à se defendre, qui n'est pas peu de chose ; quoy que cela mesme leur fera plus venir l'eau à la bouche, & defendra plus [m] Durillon de re-

L'inscription est à Monsieur l'Abbé de S. Cyran.

[a] C'estoit vne Approbation du liure de Barcos Nepueu de S. Cyran.

[b] Barcos, Nepueu de S. Cyran.

[c] Pacuuius, signifie les Iesuites.

[d] Pardo, signifie le Pape.

[e] S. Ignace, & S. Xauier, canonizez nouuellement.

[f] Gorphorostes, les Iesuites.

[g] La teste de Cyprin; S. Ignace Chef & Fondateur des Iesuites.

[h] Cyprin, les Iesuites.

[i] Pacuuius, les Iesuites.

[k] Celias, S. Cyran.

[l] Semir, Monsieur de Berulle.

[m] Durillon, S. Cyran.

[n] Robins, c'est vn Seigneur de la Cour que S. Cyran esleuoit dans ses maximes.

ceuoir des affronts, en cas qu'il s'y embarquaſt. Ie ſuis voſtre.
Il n'a point ſigné celle cy.

Cette lettre fait voir, comme Ianſſenius ſeruoit à l'aueugle ſon amy S. Cyran, pour auancer par là leurs mauuais deſſeins, approuuant tous les liures que l'autre vouloit, ſans meſme les lire. De plus elle nous apprend que Ianſſenius remarquoit tout ce que les Ieſuites de Louuain faiſoient, & le mandoit à S. Cyran; qui du depuis groſſit de ces remarques ſon Aurelius. Surquoy vous remarquerez en paſſant, l'extreſme haine de cet homme contre ces Peres; qui s'eſtendoit iuſques au meſpris de S. Ignace leur Fondateur; lequel ayant eſté canonizé l'année que Ianſſenius eſcriuit cette lettre, receuoit de ſes enfans des teſmoignages extraordinaires d'honneur par tous leurs Colleges; qui ne pouuoient eſtre agreez de cet irreconciliable ennemy; lequel enuiſageoit tous ces honneurs de l'œil de ſa paſſion. Mais admirez ſur tout l'inſolence, & la rage eſtrange de cet homme, qui blaſme le Pape d'auoir canonizé S. Ignace & S. Xauier.

De Louuain le 17. de Iuin 1622.

L'inſcription eſt A Monſieur l'Abbé de S. Cyran, au Cloiſtre N. Dame, au logis de M. le Souſchantre. A Paris.

MONSIEVR... 34.

L'approbation du liure de [a] Semir, a eſté enuoyée il y a quinze iours; ſi elle ne vous contente pas, eſcriuez en vne, & ie la ſigneray; car à ce que ie voy, il y aura aſſez de temps. Ie me ſuis informé du different entre les Carmes Deſchaux, & les Carmeliteſſes; & ay entendu qu'il eſt arriué ſur la liberté de choiſir vn Confeſſeur, de quelle qualité qu'il leur pleuſt, ſeculier ou regulier, qu'elles pretendent auoir de leur Inſtitution. Car juſques à cette heure, elles ont eu, partie vn Chanoine de l'Egliſe d'icy, partie vn Profeſſeur de Philoſophie, qu'elles ont encore. Ces Religieux diſent que cette liberté leur a eſté reſtreinte par vne Bulle du Pape, laquelle elles reſpondent eſtre obtenuë par ſurreption; & ayant propoſé leur different aux Docteurs d'icy; ils ont reſpondu en faueur des Filles. Voila la ſubſtance de ce que i'ay entendu; ie m'en informeray de ceux de la Faculté meſme, à la premiere occaſion, & vous en eſcriray auec plus d'aſſeurance... Du voyage de [b] Quinquarbre, ie vous ay eſcrit l'incertitude en laquelle il eſt, à cauſe de l'abſence du [c] Preuoſt, que vous connoiſſez, qui pourroit faire ſa charge pour quelques iours; lequel ne retournant point deuant l'Octo-

[a] Semir, ſignifie Monſieur de Berulle.

[b] Quinquarbre, ſignifie Ianſſenius.

[c] Preuoſt, ie croy que c'eſt le Docteur Romond.

bre, comme ie croy, il n'y a point d'apparence de partir d'icy, combien qu'il a assez d'enuie de prendre relasche pour quelques iours vers l'vne part ou l'autre. Pacuuius [d] a disputé de nouueau des Theses en Philosophie ; il ressemble tousiours à soy-mesme. Il y a enuiron vingt ou trente impertinents; entr'autres, *Relatiuum non potest intelligi sine correlatiuo, nec Ignatius sine Xauerio, &c.* Ie les enuoiray quand il s'offrira quelque occasion. *Il n'a point signé celle-cy.*

d Pacuuius, les Iesuites.

Cette lettre confirme la precedente en toutes ses parties; & monstre encore, comme S. Cyran pour gaigner le Cardinal de Berulle, & les Peres de l'Oratoire, s'intriguoit auec Ianssenius, dans les affaires des Carmelites, qui esclatoient beaucoup en ce temps là; à cause de la direction qu'en pretendoient prendre ceux de l'Oratoire. Vous en verrez dauantage dans les lettres de Calenus.

De Louuain le iour de S. Iean vostre Patron. l'an 1622.

35. MONSIEVR,

Ie viens de receuoir vn pacquet de Monsieur de Barcos, & [a] d'Arguibel, du deux, ou troisiéme de Iuin, qui a esté plus de trois sepmaines en chemin, & cependant enuoyé par la poste. Ils feroient mieux de les enuoyer auec les vostres, lesquelles ie n'ay pas receu par deux voyages, c'est à dire aprez celles qui redemandoient ce liure, lequel ie vous ay renuoyé par la Poste, il y a 15. iours. Ie suis marry de ce desordre que vous auez eu à cause de cela; particulierement parceque ce n'est pas le liure dont ie vous auois escrit; ce que i'ay connu du depuis, par l'arriuée de ce Pere Cordelier que vous auez rencontré aux Landes de Bordeaux, qui ayant esté long-temps à Paris, durant ce debat de son General, auec le Parlement; il en auoit informé Solsty [b]. C'est donc vn petit liure composé par vn Autheur sans nom, mais Arminien, peutestre Tillenus mesme, qui auoit esté donné à ce Cordelier par l'Ambassadeur de Flandre; de qui ayant esté demandé d'en dire son aduis, il luy dit, que c'estoit sa foy (excepté crois-je la queuë au bout du liure) c'est vn liure qui ne contient pour la plusspart autre chose que la Doctrine de Pacuuius [c], mais bien racourcie, & la confirme mieux que luy,

Il n'y a point d'inscription à cette lettre.

a Deux Nepueux de S. Cyran.

b Solsty, signifie Conrius Cordelier, & Archeuesque en Hibernie.

c Pacuuius, les Iesuites, & ceux qui tiennent les opinions communes & receuës dans l'Eglise.

par les passages mal entendus de S. Augustin, cependant capable de troubler tout le monde, qui ne soit profondément versé aux liures de cet Autheur. Ie l'ay tout leu, mais il ne sera pas besoin de me l'enuoyer, seulement acheptez le, pour le garder jusques à son temps. Le tiltre est, *Disquisitio, an Pelagiana sint ea dogmata, quæ nunc sub eo nomine traducũtur.* Il est imprimé l'an 1622. *Parisijs sumptibus Hieronymi Droüart, via Iacobæa, sub scuto solari*... Le liure de Cameron est bon, ie tascheray de l'auoir de Holande bientost. Solsty[b] est resolu de mettre son petit liure *De Paruulis*, en lumiere. Les ieunes Escholiers de sa robe[d], semblent demander qu'on le lise sur le disner, & sont prests de susciter vne reuolte contre la Doctrine de Porris[e], en ce point; estant desgoustez de leurs Chimeres. C'est vn Escholier qui l'escrit, qui est amoureux de la Doctrine de [f]Seraphi, & a incité les autres. Cependant s'il le fait imprimer, ie croy qu'il sera bien batu de [e]Porris, car il l'accuse assez ouuertement de n'entendre rien en ce point, & pis encore. I'ay voulu que vous sçeussiez cecy. Ie l'ay intimidé de ce qu'il sera contraint d'escrire des Apologies; mais tout cela ne sert de rien. Vn Chanoine de Bruxelle a escrit il y a quelques sepmaines, vne harangue de S. Thomas, là où il accuse fort [c]Pacuuius; disant entr'autres choses, qu'ils enseignoient, *Gloria Patri, & Filio, & Spiritui Sancto, & libero arbitrio*, & d'autres choses, les appellant *Nouatores, &c.* Le liure a esté bruslé, plus de deux cens exemplaires à leur College. *Il n'a point signé celle-cy.*

[d] De sa robe, les Cordeliers.

[e] Porris signifie les Iesuites.

[f] Seraphi, c'est S. Augustin.

Remarquez ie vous prie, comme il parle de ce petit liure, qu'il dit estre l'ouurage d'vn Arminien, & contenir cependant la commune doctrine de l'Eglise; luy qui se iettoit en l'autre extremité. Estant cependant tres veritable que les Arminiens approchent bien plus dans la matiere de la Predestination, & de la Grace, des sentimens Catholiques; & du Concile de Trente, que tous les autres Heretiques. Remarquez encore l'intrigue qu'il auoit auec Conrius Cordelier, & Archeuesque en Hibernie, dont mesme le liure De Pœna paruulorum, *a esté imprimé à la fin du sien; & auec tous les ennemis des Iesuites, & de la creance receuë, & comme il donne auis à S. Cyran de tout ce qui se passoit contre ses Peres pour s'en seruir en France.*

De Louuain

De Louuain le 1. de Iuillet 1622.

36. MONSIEVR,

Ie viens de receuoir vostre lettre, qui parle de la dispute qui s'est leuée en Sorbone sur ce Compendium, & seray bien aise d'en voir la censure. Car on me dit icy qu'il y a de là vne bien forte faction, qui s'est commencée à former, lors que i'estois de là, & qui tasche à toute force de rauir, ou de diminuer l'authorité de [a] Gerardus, & qu'elle est apres à composer vn ou deux liures. Qu'on a aussi disputé (non pas toutefois en Salti [b]) que les Curez ont leur authorité immediatement de Dieu. Qu'il y en a aussi qui soustiennent que toutes les Confessions faites aux Reguliers, sont nulles, ou choses semblables, qui sont des principes capables de donner des desordres ... Le Superieur, ou Archeuesque des Steropes [c], qui loge maintenant chez [d] Sulpice, luy a donné charge de sçauoir, par l'entremise de [e] Celias, toutes les particularitez de la Compagnie dont [f] Semir est Chef. Sulpice [d] luy a mis cela en teste, & pousse la roüe le mieux qu'il peut; car [g] Pacuuius les tourmente assez, & plus qu'auparauant, par le changement de [a] Gerardus. C'est pourquoy se presentant cette occasion, Quinquarbre [h] voudroit bien que [e] Celias luy fist sçauoir tout ce qui regarde cette affaire par le menu, c'est à dire, leurs Regles, Loix, & Statuts; leur façon de viure, leur but, & Profession; leur dependance des Ordinaires; s'ils incorporent les Benefices, qu'on leur donne à administrer; dauantage, la façon de laquelle on les place dans les Villes; ce qu'ils demandent prealablement, soit en rentes, soit en maison, & demeure: Car i'espere auec la grace de Dieu, si les demandes ne sont excessiues, au regard des forces de ceux, qui les demanderoient bien, que ie pourray contribuer quelque chose à les placer, au lieu de la demeure de [d] Sulpice, car il faut de necessité qu'ils soient au commencement en vn lieu propre à se prouigner, par l'affluence de personnes capables. Et cela estant, si Dieu fauorise l'entreprise d'Alamas [i], contre Steropes [k], ie croy qu'il n'y aura rien de si facile, que des les introduire par tout le païs de Steropes [k], auec abõdance de moyẽs tẽporels; car il y a vn nombre d'Abbayes ruinees, qu'on appliquera en partie à meilleurs vsages, en vn païs, qui a besoin d'autres personnes, que de Religieuses. Il vous plaira donc vous en

L'inscription est A Monsieur l'Abbé de S. Cyran, au Cloistre N. Dame, au logis de M. le Souschantre. A Paris.

[a] Gerardus; signifie le Pape.

[b] Salti; c'est la Sorbone.

[c] Le Superieur ou Archeuesque des Steropes; signifie de Hollande, dont il estoit Vicaire Apostolique.

[d] Sulpice, c'est Iansenius.

[e] Celias, S. Cyran.

[f] Semir; M. de Berulle General de l'Oratoire.

[g] Pacuuius, les Iesuites.

[h] Quinquarbre, signifie Iansenius.

[i] Alamas; le Roy d'Espagne.

[k] Steropes; les Hollandois, & Steropus la Hollande.

informer, & conferer auec *f* Semir; toutefois comme vous le sçauez, auec grand secret; & me l'enuoyer particulierement le plûtost. Car ce point estant vuidé, ie croy qu'on trouueroit bien moyen d'auoir l'adueu de [l] Bauma, ou de [m] Carpocre, pour les transporter en ces quartiers. Vous pourrez aussi escrire, si vne maison cõme celle de ce nostre [n] Preuost, que vous sçauez, seroit capable pour commencer. Ie feray toute assistance à aduancer les affaires de *f* Semir en ces quartiers, & tascheray de susciter d'autres. Si *f* Semir (entre vous & moy) auec les [o] siens, vouloient embrasser vn peu particulierement les affaires de ce [p] Superieur, & des siens; quand ils seront icy, contre *g* Pacuuius; ie croy qu'ils seroient capables à luy faire de grandes faueurs, Dieu fauorisant les affaires [i] d'Alamas; car ils ont en grande partie les Villes à leur deuotion; & le païs, & peuple est tres-bon, & plein de richesses; mais ce sont des choses encore bien informes. Vous comprenez assez ce que ie veux dire, pour parler auec vous pleinement de cela, il me semble que *f* Semir ne feroit pas mal, de ne regarder à peu de chose pour ce commencement; car estant planté vne fois, & ayant commẽcé à croistre, les fueilles viendront d'eux mesmes; car nous voyons que toutes sortes de Religions, se sont transportées au lieu de [q] Quinquarbre, à petits commencements, & de maisons loüées, & à leurs propres despens, les portans du lieu dont il venoient, ce qui seroit tres-facile à semer: le païs & les gens estant riches de delà, & les despens estant petits icy. Sulpice [d] vous prie aussi d'auoir l'affaire à cœur, car il est passiõné cõtre [r] Gorphoroste, & ses menées, qu'il taschera de faire au païs de [s] Steropes, cõme il a fait en Angleterre, & occupera les meilleures places, si *f* Semir ne les deuance. Il seroit plus facile de commencer, s'il auoit des personnes qui sçeussent la langue. Voila mes pensées & souhaits, car ie n'ay pas encore le mot, ou charge, pour traiter au fonds auec *f* Semir, mais pour sçauoir ce qui doibt estre prealable. Le plûtost que vous pourrez, sera le meilleur; toutefois sans rien precipiter; car il pourroit bien s'en aller dans cinq ou six sepmaines. Solsty [t] fait lire son petit ouurage au refectoire de de ses gens, & le fait mettre au net pour l'imprimer. Il semble le vouloir enuoyer en Espagne à certains Augustins, premiers Professeurs de Salamanque, à qui il a autrefois leu ses escrits de [u] Pilmot. I'ay d'autres Theses de mesme estoffe, & pleines de vrays impertinents; si vous les demandez, on songera à quel-

l Bauma; signifie l'Archiduchesse.

m Carpocre; signifie le Conseil des Païs bas.

n Preuost; ie croy que c'est le Docteur Fromond.

o Les siens; c'est à dire les Peres de l'Oratoire de France, dont M. de Berulle estoit General.

p Superieur de Hollande, ou il estoit Vicaire Apostolique.

q Au lieu de Quinquarbre; c'est à dire au païs bas, ou estoit Ianssenius.

r Gorphoroste, signifie les Iesuites.

s Steropes; Hollande.

t Solsty, signifie Conrius Cordelier, & Archeuesque en Hibernie.

u Ses escrits de Pilmot; c'est à dire des matieres mesmes dont traitte Iansenius en son liure.

que occaſion. Il ſemble que ce Prelat que ie vous dis, ne ſeroit pas aliene de ſe faire luy meſme des gens de [f] Semir, en temps & lieu, & inciteroit les ſiens à l'imiter, ce qui ſeroit tres-facile; tout le Clergé de Cumiles, eſtant de gens de bonne vie pour la plus part, & ſous de perpetuelles perſecutions. Mais peuteſtre que ce ſont des ſonges en l'air que ie dis. *Il n'a point ſigné celle cy.*

Il fait icy eſclater la paßion qu'il a contre les Ieſuites, qu'il auouë luy meſme eſtre le motif qui le porte à pouſſer cet Archeueſque, lequel eſtoit Titulaire d'vn Archeueſché de Grece, & Vicaire Apoſtolique dans la Hollande, à faire venir en Flandre les Peres de l'Oratoire de France; à deſſein de s'en ſeruir contre les Ieſuites, & ſe vanger d'eux par ce moyen. Et c'eſt là le meſme motif qui l'obligea de faire ſon liure intitulé Auguſtinus; *aimant mieux leur eſtre contraire auec les Heretiques, que d'eſtre Catholique auec eux.*

De Louuain le 8. de Iuillet 1622.

37. MONSIEVR,

I'attends vos lettres pour auoir reſponce à voſtre loiſir, ſur ce que ie vous ay eſcrit, touchant l'Archeueſque de Steropes [a], qui a logé quelque huict iours chez Sulpice [b], qui vous a deduit au long toute l'affaire; à ſçauoir, qu'il luy a donné charge de s'informer particulierement, de tout ce qui regarde l'Inſtitution de cette Compagnie de Semir [c], ſes Regles, Couſtumes, forme de viure, de vœux, dependance de la Hierarchie, incorporation des benefices, & d'autres choſes; la forme qu'ils ſe placent quelque part, moyens, maiſon, &c. L'origine de cette ſienne volonté eſt, qu'eſtant homme de bien, il a leu de S. Borromée, qu'il auoit en ſon Eueſché vne certaine Compagnie, qui s'appelloient *Oblatos*, qui dependoient entierement de l'Ordinaire, pour les enuoyer par tout, ayants vne certaine forme de viure par deſſus l'ordinaire des Preſtres. Cette ſorte de Preſtres luy a tant pleu, qu'il a grande volonté de l'imiter; & en effet, il y en a pluſieurs des principaux qui ſont ſous luy, entre Steropes [d], qui s'y ſont enrollez; & ſemble auoir enuie d'auoir adueu de [e] Gerardus. Toutefois vn, voire pluſieurs de ces gens ſont d'aduis dont eſt Sulpice [f], que cette Inſtitution eſtant nouuelle, ſera ſubjette à pluſieurs rencontres, que peuteſtre il ne

L'inſcription eſt A Monſieur l'Abbé de S. Cyran, au Cloiſtre N. Dame, au logis de Monſieur le Sous-chantre. A Paris.

[a] Steropes; de Hollande.

[b] Sulpice, Ianſſenius.

[c] Semir, ſignifie Monſieur de Berulle General de l'Oratoire.

[d] Steropes; la Hollande.

[e] Gerardus; ſignifie le Pape.

[f] Sulpice, Ianſſenius.

sçaura pas si bien dissiper, n'estant pas homme si fort actif; & sans cela, elle n'aura pas cette authorité, qu'il est besoin. Partant Boëce g luy a proposé, que peutestre il seroit mieux, & aussi conuenable à son dessein, & plus important à rembarrer ses aduersaires Gorphorostes h, qui empietent de plus en plus sur luy, trauaillans *independenter* de luy, contre les articles d'accord qui a esté fait il y a dix ou douze années, de s'informer de la Compagnie de Semir i, pour voir si elle luy conuiendroit: & en cas que si, que Boëce g luy feroit toute assistance pour l'auoir, & la placer premierement au lieu de sa residence, qui est propre à les prouigner; & de là, par tout où il voudra. Vous entendez donc la trempe de cet homme, & de l'affaire; & ne doute point, que si cette Compagnie l'agrée, estant telle comme Sulpice f la luy a dechifrée, elle sera bien-tost au lieu de g Boëce. Quant à Semir i, qui est fort homme de bien, ie ne sçay s'il pourroit trouuer meilleure occasion, à faire faire de grands biens à ses gens. Car soit que Steropes k se reduise par armes, ou autremét, sous l Alamas, soit qu'il demeure comme il est, il aura vn grand champ pour trauailler au salut des ames, les enuoyant parmy Steropes k, comme nos Prestres y sont employez tous les iours, mais auec entiere dependance des Ordinaires; car sans cela, ils n'y seroient pas bien venus. Celias m gouuernera donc l'affaire selon sa prudence, & m'en escrira ce que Sulpice f demande, qui y fera le mieux qu'il pourra, &c. *Il n'a point signé celle cy.*

g Boëce, Ianssenius.
h Gorphorostes, signifie les Iesuites.
i Semir, signifie M. de Berulle.
k Steropes, la Hollande.
l Alamas, le Roy d'Espagne.
m Celias signifie l'Abbé de S. Cyran.

Voyla comme il poursuit sa pointe contre les Iesuites, engageant sous pretexte de pieté, ce bon Archeuesque, à vanger sa passion contre eux, par le moyen des Peres de l'Oratoire, dont il auoit dessein de se seruir pour les opprimer, mesme en Hollande; où ces pauures Peres exposent leurs vies pour la Foy dans la conuersion des ames, à laquelle Ianssenius deuoit prendre quelque part.

L'inscription est A Monsieur l'Abbé de S. Cyrau au Cloistre N. Dame, au logis de Monf. le Souschantre. A Paris.

De Louuain le 15. de Iuillet 1622.

MONSIEVR,

Ie vous ay fait sçauoir par deux de mes precedentes, 38
le desir que a Sulpice a d'entendre au fonds la fondation, & le reste de la Compagnie de b Semir, sur lesquelles attendant responce ... Ie vous enuoye la copie de la retractation de *M. Antonius Archiepisc. Spalatensis* ... Solsty c a porté son Traité *De*

a Sulpice, Ianssenius.
b Semir, M. de Berulle.
c Solsty, signifie Contius Cordelier.

Pœna Paruulorum, au censeur, pour l'imprimer, quoy qu'il doute encore vn peu. Car l'ayant fait lire aux gens de sa robe [d], sur le disner; les Lecteurs s'en sont offensez, dautant qu'il mord assez aigrement [e] Porris; ce que le censeur en iuge aussi, à ceque m'en a dit le censeur mesme. Ie croy qu'il l'adoucira plûtost, que de le laisser. I'ay entendu plus particulierement la dispute entre les Religieuses, & les Peres Discalcez: c'est que les Filles pretendent d'auoir par leur premiere Institution, de pouuoir eslire vn Confesseur, plus souuent que le Concile de Trente permet, laissant leur Confesseur ordinaire; laquelle liberté les Filles estiment beaucoup. Les Carmes ne le veulent point permettre, & ont ordonné plusieurs Constitutions, qu'elles n'auoient point auparauant, & qu'ils veulent qu'elles reçoiuent; & entr'autres choses, est celle là la plus importante, & pressent auec de grands efforts. Ils ont gaigné presque tous les Conuents de ce païs, horsmis celuy de Louuain, & d'Anuers qui resistent encore. Elles sont des femmes, & guere capables à prendre, ou à poursuiure grandes resolutions. Car les Carmes offrent, que si elles ne les veulent pas receuoir, qu'ils les abandonneront entierement, comme des rebelles; ce qu'elles craignent & apprehendent; soit que les Carmes font cela à bon escient, ou pour les intimider. Cependant Boëce [f] a suggeré à celuy qui le luy racontoit, que si elles estoient bien fondées, qu'il falloit requerir l'aide [g] d'ailleurs; car ie croy, que leurs affaires sont froidement faites icy.. Vostre. *Il n'a point signé celle-cy.*

d Robe, Cordeliers;

e Porris, les Iesuites,

f Boëce, c'est Iansenius.

g d'ailleurs; des Peres de l'Oratoire de France.

Vous voyez comme Florentius Conrius, Autheur du liure De Pœna paruulorum, *qui a esté depuis imprimé à la fin du liure de Ianssenius; estoit porté du mesme esprit que Ianssenius, c'est à dire par la haine qu'il auoit contre les Iesuites, à entrer dans cette cabale & à escrire ce qu'il a fait. Vous remarquerez aussi, s'il vous plaist, comme Ianssenius profitoit de toutes les occasions pour venir à ses fins, & faire entrer les Peres de l'Oratoire en Flandres, afin de s'en seruir contre les Iesuites; ce dessein auoit quelque rapport à ceux de Iulian l'Apostat, qui taschoit iadis de destruire les Chrestiens, les vns par les autres.*

De Bruxelle le 21. & 22. de Juillet 1622.

39. MONSIEVR,

I'ay receu la lettre qui respond à celles qui traitent de

L'inscription est A Monsieur l'Abbé de S. Cyran au Cloistre N. Dame, au logis de Mons. le Souschantre. A Paris.

l'affaire de [a] Semir, laquelle i'ay communiquée, pour autant qu'il estoit expedient, au Prelat des Steropes [b], & à ceux qu'il a en son Conseil. Ils trouuent la Compagnie à leur gré, & les ay enflammé beaucoup dauantage; iusques à me dire ces paroles, que ie vous escriuisse, que leur volonté estoit gaignée, & qu'il restoit le plus difficile, à les planter quelque part; de laquelle difficulté, ie vous veux deduire les causes, afin que vous compreniez au fonds l'estat de cette affaire. C'est que ce Prelat, est Prelat Titulaire d'vn Archeuesché de Grece, ayant puissance pleniere de Vicaire Apostolique, par tout le terroir de [a] Steropes, à cause que les Euefchez sont possedez par les ennemys d'Alamas [b]. De là vient, qu'il n'a pas en son pouuoir aucun Benefice pour leur entretiennement, ou Maison, ou Ville pour les placer. Que s'il taschoit de leur trouuer vne place au lieu de la residence de [c] Sulpice, l'Euesque du [d] lieu, y devroit consentir; qui est fort addonné à [e] Pacuuius, ou pour le moins ne le veut pas offenser. Combien que pour trouuer en ce lieu vne place, seroit assez facile; mais il y auroit outre la difficulté dite, empeschement à leur trouuer raisonnable entretien, dautant qu'il est hors de sa Iurisdiction, laquelle s'il auoit à son plein commandement, il n'y auroit rien de si facile que de les accommoder de tout ce qu'il leur faut, en plusieurs endroits. Cependant [f] Boëce leur a respondu, que si l'affaire est à leur gré, il ne doute pas, que Dieu dissipera ces difficultez, par vn moyen, ou autre. Ils desirent toutefois, que Celias [g] enuoye vn memorial particulier de tout, pour estre informé pleinement. Ils se faschét de la froideur des Prelats des quartiers de [h] Impera, qui ne se remuënt pas facilement pour peu de choses, & moins encore embrassent celles d'autruy, auec passion ··· Si Dieu faisoit vne ouuerture aux Prouinces qui sont entierement tenuës par les Estats, l'affaire de [a] Semir s'accommoderoit plus aisément, comme vous comprenez bien; & c'est cela que [f] Boëce attend, & espere que par ce moyen (si Dieu n'en presente à vous, ou à nous quelqu'autre) Semir [a] sera facilement accommodé. Car aussi bien cette affaire ne se parachеuera pas de cette année, comme ie n'en doute; dautant qu'il a sur les bras, le voyage vers Gerardus [k] en Automne, pour ses difficultez auec [e] Pacuuius. Ie croy que si cette Compagnie [l] estoit aux quartiers de ce Prelat des Steropes [b], la plus grande part de ses Prestres de ce païs, s'y rangeroient; dautant qu'ils viuent la plufpart Apostoliquemét,

[a] Semir, M. de Berulle.
[b] Steropes, la l'Hollande.
[b] Alamas, signifie le Roy d'Espagne.
[c] Sulpice, Ianssenius.
[d] Du lieu, de Louuain.
[e] Pacuuius, les Iesuites.
[f] Boëce, Ianssenius.
[g] Celias, S. Cyran.
[h] Impera, Flandre.
[k] Gerardus, le Pape.
[l] Compagnie, de l'Oratoire.

en aucune façon, sans biens, au milieu des Heretiques, & dont dé-ja quelques vns s'estoiēt enrollez en cette Societé des *Oblati*. Il sera à propos d'auoir des chiffres pour cette affaire, c'est pourquoy ie vous enuoye ce papier adioint. *Il n'a point signé celle-cy.*

Il espere tousiours que Dieu l'aidera à vanger sa passion, & à venir à bout des Iesuites, par le moyen des Peres de l'Oratoire. Ie n'ay point au reste ce papier qu'il enuoyoit à l'Abbé de S. Cyran, ou estoient leurs chiffres; nous en deuinerons ce que nous pourrons comme nous auons fait iusques icy, & en viendrons à bout, comme i'espere.

De Louuain le 5. d'Aoust 1622.

40. MONSIEVR,

I'ay receu hier la vostre qui parle de Mansfeld, qu'il est passé en France, duquel on parle icy diuersement; parceque les plus entendus tiennent presque pour asseuré, qu'il y est entré pour donner secours au Roy de France, contre ses rebelles, & mesme auec le consentement [a] d'Alamas. Quand à l'affaire de [b] Semir, Celias [c] feroit bien d'auancer ce Formulaire, afin que ces gens n'entrent pas en ombrage de quelques choses, puisque Sulpice [d] le leur a promis; car aussi bien ils n'en feront rien, qu'ils ne l'ayent premierement. Cependant ie leur escriray auiourd'huy, car ils ne resident pas icy. Le Prelat partira dans vn mois enuiron, vers [e] Gerardus; de sorte qu'il sera impossible de faire rien de cette année, à mon aduis; i'aduanceray tout, tant que ie pourray. Quant au voyage que [c] Celias voudroit faire en certain cas; ie ne sçay de quel voyage il parle, si ce n'est de venir vers [d] Sulpice; si Sulpice tarde l'Esté qui vient, comme il fait cet Esté cy. A quoy ie n'ay rien respondu, pour l'incertitude en laquelle m'a ietté l'absence du Preuost [f], lequel estant retourné cy, partira de nouueau vers Steropes [g], à cause de ses affaires. Cependant Sulpice [d] ne doute point, s'il ne fait pas le voyage de cette année, qu'il le fera de l'autre, Dieu aydant. I'ay entendu que le Cardinal, fils du Duc d'Espernon, s'en va à Rome en Septembre; ie vous prie de m'en escrire la verité à la premiere occasion; & si vn homme de la condition du Prelat des Steropes [g], pourroit l'accompagner. Toutefois, tout sous secret, entre vous & moy; car on ne sçait rien icy du voyage du Prelat susdit, à cause de ses aduersaires,

Il n'y a point d'inscription à cette lettre.

[a] Alamas, le Roy d'Espagne.

[b] Semir, Monf. de Berulle.

[c] Celias; S. Cyran.

[d] Sulpice; Iansse-nius.

[e] Gerardus; le Pape.

[f] Preuost; c'est le Docteur Fromond.

[g] Steropes; la Hollande.

Vous n'eſcriuez pas ſi vous auez trouué ce liure *De Gratia*, compoſé par vn Arminien. Ie ſuis voſtre. *Il n'a point ſigné celle cy.*

Il pourſuit ſa pointe, & trauaille touſiours à l'eſtabliſſement des Peres de l'Oratoire. De plus ils ſongent tous deux à leur entreueuë; & Ianſſenius s'employe à diſpoſer le voyage de l'Archeueſque, qui alloit à Rome ſe plaindre des Ieſuites, à ſa Sainteté.

De Louuain le 29. d'Aouſt 1622.

L'inſcription eſt A Monſieur l'Abbé de S. Cyran demeurant au Cloiſtre N. Dame, au logis de M. le Souschantre. A Paris.

MONSIEVR, 43.

Ie viens de receuoir voſtre lettre du 19. d'Aouſt, par laquelle vous me dites que vous ne pouuez encore obtenir ce Formulaire. Ie penſe que Monſieur le [a] General ne le donne pas volontiers, dautant que les gens de cette qualité ne mettent volontiers à la connoiſſance de tout le monde, les ſecrets de leurs Inſtitutions. Quoy que ce ſoit, ie me doute que cet Archeueſque [b] n'entre en quelque apprehenſion, comme ce ſont icy des gens ombrageux. Cependant ie luy ay dit ſouuent, qu'il n'en ſçaura guere d'autre choſe, que ce que ie luy en ay communiqué. Ie luy ay eſcrit auiourd'huy ce que vous m'auez dit, de ce qu'ils ſont appellez à Boiſleduc. Si i'euſſe eu le Formulaire, ie m'oſe promettre que ie les euſſe plãté à Louuain, dãs moins de 6. ou 7. mois; maintenant il ſe prepare à ſon voyage, & partira dans huict ou dix iours. Car i'auois baloté l'affaire auec le Clergé de Steropes [c], qui peuuent plus que luy en telles affaires, pour le regard des moyens temporels, & les deſirent ardemment, m'incitant à toutes forces à aduancer l'affaire; mais luy eſtant abſent, l'affaire demeurera là, comme ie croy, à cauſe de l'authorité qui y eſt requiſe. Ie voudrois que vous me fiſſiez ſçauoir, à moy particulierement, de quelle façon ils ſeruent les Ordinaires; abſoluëment, ou auec reſtriction: car on m'a dit icy, que quand l'Ordinaire demande quelque choſe, ils le raportent à leur conſeil qu'ils ont, & ſelon qu'ils trouuent la demande, la font, ou ne la font point; i'en voudrois ſçauoir la ſimple verité ··· Ie ſuis voſtre. *Il n'a point ſigné celle-cy.*

[a] Monſieur de Berulle.

[b] Archeueſque en Grece, & Vicaire Apoſtolique en Hollande.

[c] De Hollande.

Cette lettre monſtre l'impatience en laquelle eſtoit Ianſſenius, de voir les Peres de l'Oratoire eſtablis à Louuain & au Pais Bas, pour contrecarrer les Ieſuites; je ne ſçay s'il continuëra touſiours dans cette affection qu'il a pour ceux là.

De Louuain

De Louuain le 16. Septembre 1622.

42. MONSIEVR,

I'ay receu vostre derniere du 2. de Septembre, il y a quelques iours; par laquelle i'entends que vous vous estonnez, que ie ne parle point de [a] Pilmot. La raison est, non pas que l'affaire se refroidisse puisque ie m'y employe autant qu'auparauant, ayant leu enuiron huict fois les deux Tomes de [b] Seraphi, depuis l'absence de [c] Celias, auec d'autres petits ouurages appartenans à cela; mais c'est qu'il ne me s'offrent pas tant de nouueautez qu'auparauant. Cependant il semble à Sulpice [h] qu'il est aucunement stilé à ces petits Tomes de [d] Leoninus, & a enuie de passer bien tost à ses deux Disciples, l'vn de France, & l'autre du païs de [e] Seraphi, afin de passer de là à lire les opinions, & œuvres de [f] Porris, deuant que de lire [g] Aelius, pour la derniere fois. Sulpice [h] ne sçait si cet ordre agrée à [i] Durillon. Ie vous ay escrit que [l] Boëce auoit enuie d'auoir la harangue, que [c] Celias a escrit de S. Augustin; car ie me suis obligé à en dire quelque chose l'année qui vient; & me feriez plaisir de m'enuoyer ensemble les harangues de N. Dame; car ie suis asseuré que ie seray importuné d'en faire vne. De la promotion instante de Monsieur de Lusson ie suis fort aise, croyant qu'il ne nuira point à l'affaire de [m] Comir. Le Prelat des [n] Steropes est party, de sorte que l'affaire [o] demeurera acroché iusques à son retour; ie trauailleray pourtant comme ie pourray à l'auancer. Solsty [p] fera quand & quand imprimer son petit traité, que ie vous enuoyray à quelque occasion quand il sera acheué: il semble vn peu refroidy à monstrer le reste à [q] Quinquarbre; qui ne sçait pas si c'est par soupçon, ou plûtost qu'il a perdu l'esperance d'auancer ses affaires de par deça ··· il m'est suruenu vne necessité impourueuë, d'vn achapt d'enuiron 1300. liures que i'auois fait pour le College, d'autant qu'il estoit necessaire pour asseurer les biens du College; & neantmoins il m'est demeuré à moy mesme; ce qui m'a rendu vn peu necessiteux. Si sans vous incommoder, vous y pouuiez apporter vn peu d'accommodement, il viendroit bien à propos; sinon, ie tascheray d'y pouruoir le mieux que ie pourray. I'en ay cependant payé vn peu moins de la moitié. Si le College fust bien pourueu d'argent, il n'y auroit point de mal; vous prendrez

L'inscription est A Monf. l'Abbé de S. Cyran, au Cloistre N. Dame, au logis de Monsieur le Souschantre. A Paris.

[a] De son liure intitulé *Augustinus*.

[b] Seraphi, c'est S. Augustin.

[c] De S. Cyran.

[d] De S. Augustin.

[e] S. Prosper & S. Fulgence.

[f] Des Iesuites.

[g] S. Augustin.

[h] Ianssenius.

[i] S. Cyran.

[l] Ianssenius.

[m] Comir; S. Cyran & Ianssenius.

[n] Hollandois.

[o] L'establissement de l'Oratoire.

[p] Conrius.

[q] Ianssenius.

r Preuost ; c'est le Docteur Fromond, comme ie croy.

en bonne part cette liberté. Le depart de ce Preuost r en Hollande, est cause de cecy, qui y va demeurer quelque temps. Ie suis vostre. *Il n'a point signé celle-cy.*

Il auoüe luy mesme dans cette lettre que les nouueautez des opinions qu'il traitoit dans son ouurage, l'obligeoient d'en communiquer auec S. Cyran; à qui il rendoit beaucoup de defference en toute cette entreprise; & à qui librement il auoit recours en tous ses besoins, spirituels, & temporels. Remarquez vn peu la part qu'il prend à la promotion du Cardinal de Richelieu; dans l'esperance que luy donnoit de France son amy, qu'il seroit fauorable à leurs desseins; mais Dieu confondit bien du depuis leur attente de ce costé là. Au reste la deffiance de Conrius procedoit, de ce que Ianssenius entreprenoit vn ouurage, dont il auoit eu le dessein deuant luy.

De Louuain le 1. Decemb. 1622.

Il n'y a point d'inscription à cette lettre.

a Sulpice ; Ianssenius.

b Porris signifie les Iesuites.

c Celias, S. Cyran.

d Boëce, Ianssenius.

e Chimer ; ce sont les Iesuites, & ceux qui soustiennent les opinions de l'Eglise.

f De Professeur.

g Pansar ; signifie l'Vniuersité de Louuain.

h Les sentimens qu'il a couché dans son liure.

i Conrius.

k Gemer ; signifie Conrius.

MONSIEVR,

Ie viens de receuoir à cette heure mesme, vostre lettre, escrite du iour de S. Catherine ··· Sulpice a continuë à faire la guerre à b Porris, & se contente fort de la diligence que Celias c y met; esperant que Dieu fauorisera leurs bons desseins, qui s'auancent peu à peu entre les mains aussi de d Boëce, ayant commencé à lire les œuures de e Chimer. à l'occasion dequoy Sulpice a est deuenu grand Seigneur, d'autant que par dessus son valet, il a esté contraint de prendre encore vn Secretaire ou Greffier, pour l'aider à escrire leurs impertinences. Sa Charge f le charge, pour les diuertissemens qu'elle donne à ses principales intentions, & inquietudes, qu'elle apporte continuellement, s'il s'en veut acquiter dignement. Ce qui luy fait aspirer à la solitude, quoy que pas trop conuenable à son humeur; & cela d'autant plus qu'il a quité il y a long-temps tout desir & pensées de s'auancer parmy g Pansar; car leurs importunitez contentieuses, ne luy permettroient point de se taire de h Pilmot; ny le danger de sa personne, d'en parler. Dieu mettra ordre à tout auec le temps, car pour maintenant il n'en voit point de sortie; dequoy Celias c & Boëce d parleront de plus prez s'il plaist à Dieu au Printemps qui vient. Solsty i demeure Solsty enyuré de l'amour de ses petits enfans, beaux ov laids, il ne luy importe. Le traité que Gemer k a enuoyé à 43

Rome au Cardinal de Treio pour le juger, *De Pœna paruulorum*, contient sommairement, que Seraphi [l] a deffendu comme article de Foy, qu'ils estoient damnez aux peines sensibles, voire au feu; quoy qu'il n'ose pas dire cela ouuertement; & par consequent, qu'ils sont Pelagiens tous qui le nient. Voila la substance, qui porte auec soy beaucoup de traits contre [b] Porris, lesquels il croit assez adoucir, en y mettant vn peu de sucre auec vn *fortè*, ou *fortaßis*. Il se trompe grandement, ayant à faire à des esprits assez sensibles aux iniures. Cependant il y en a assez icy entre nos gens qui le signeront, car ils sont icy assez enclins à cette opinion de tout temps, pource qu'ils voyent que c'est S. Augustin, à qui ils portent icy plus de respect qu'aucune part ailleurs. Ie feray ce que Durillon [m] m'a dit enuers Philippas [n], qui semble se mesfier de Sulpice [a], pource qu'il ne luy peut arracher certains escrits pour les lire, quoy qu'en d'autres choses il communicasse. Philippas [n] a perdu toute esperance d'auancer rien à Rome auec son principal dessein, & croy que les censures qu'il a receuës sur le petit ouurage, le refroidiront vn peu; particulierement, Sulpice [a] luy ayant predit que cela arriueroit, qui luy donne encore plus la puce à l'oreille; mais il ne l'apprehende pas trop, croyant que ce ne sera que clabauderie tout ce que Porris [b] dira. Il y a plus de trois ou quatre mois qu'il ne fait rien, la maladie l'ayant batu quelque temps. I'auois presque oublié de vous dire, qu'on m'a monstré icy vn liuret fait par vn François Iesuite, à ce qu'il dit, qui contient vne longue Epistre au Roy; vne autre Requeste au Pape, en François; & vne autre à l'Empereur, au Roy de France, & au Roy d'Espagne en latin; là ou il represente au long les deffauts qui sont à l'Ordre de Pacuuius [o], demandant instamment la reformation; & disant qu'il escrit cecy à l'instance, & prieres d'vne grande partie de ses Confreres. C'est vn homme qui entend intimement toutes leurs affaires, & comportemens. Le tiltre latin est, *Protocatastasis, seu prima Societatis IESV institutio restauranda, per Theophilum Eugenium.* Le tiltre François est, *Recueil des Articles qui sont proposez par Theophile Eugene au Roy, pour la Reformation des Iesuites en France.* Il escrit à Paul V. & est imprimé l'an 1615. mais ie croy que c'est vne feinte. Sulpice [a] en a tiré le suc, si par auanture il ne se trouuoit pas delà, car il le voudroit fort auoir. Vostre au lieu accoustumé. *Il n'a point signé celle-cy.*

l S. Augustin.

m S. Cyran.

n Conrius.

o Pacuuius, les Iesuites.

Vous voyez comme il n'ignoroit pas que les sentimens qu'il auoit dans l'esprit, & que la doctrine qu'il vouloit establir dans le liure qu'il preparoit, estoit contraire à celle de l'Vniuersité de Louuain; & qu'il ne pouuoit, sans mettre sa personne en danger, entreprendre de la publier. Vous voyez encore, comme se vantant icy d'auoir predit à Conrius, que son liure De Pœna paruulorum, *seroit condamné à Rome; & racontant qu'en effet il l'auoit esté; il n'a pas laissé luy mesme de publier du depuis la mesme opinion dans son liure intitulé* Augustinus; *& beaucoup d'autres qui estoient bien pires, & plus contraires à la creance de l'Eglise. Et puis excusez ses erreurs, sur la pretenduë soûmission qu'il luy a renduë, & au Vicaire de IESVS-CHRIST. Vous voyez enfin comme il fait venin de tout ce qui est escrit contre les Iesuites.*

De Louuain le 9. Decembre 1622.

L'inscription est A Monsieur l'Abbé de S. Cyran, au Cloistre N. Dame, au logis de Monsieur le Souschantre. A Paris.

a Sulpice, Ianssenius.

b Pacuuius, les Iesuites.

MONSIEVR,

Il y a 8. iours que Sulpice [a] vous a escrit responce à la vostre du iour de S. Catherine; & entre autres choses il vous donnoit aduis, qu'on luy auoit monstré vn certain liure composé par Theophilus Eugenius sur la reformatiõ de [b] Pacuuius. C'estoit vn fort bon liure, escrit d'vn bon stile, & sens, qui contient de bonnes choses. Il s'addressoit au Pape, au Roy de Frãce, d'Espagne, à l'Empereur, cõtenant diuers petits Traittez à chacũ d'eux. Le tiltre latin estoit, *Protocastasis, seu prima Pacuuij institutio restauranda summo Pontifici Latino-Gallica ex postulatione proponitur Theophili Eugenij zelo, Pacuuij* [c] *voto.* Il estoit imprimé l'an 1615. s'addressant à Paul V. Le tiltre François est, *Recueil des Articles qui sont proposez par Theophile Eugene au Roy tres Chrestien pour la reformation des Gorphorostes* [d] *en France, an.* 1615. Sulpice [a] voudroit que vous luy escriuiez responce le plustost s'il se trouue là, ou s'il y a apparence qu'il s'y pourra trouuer; car autrement il le feroit escrire tandis qu'il l'a. Pacuuius [b] est si pouruoyant qu'il en aura estouffé tous les exemplaires, car c'est vn liure capable de faire vne mutinerie entre les Gorphorostes [d] mesmes, plustost qu'aux autres. I'ay entendu qu'vn d'eux a dit icy qu'il auoit ouy dire d'vn tel liure, & qu'ils en sçauoiẽt l'Autheur (qui estoit vn des leurs iadis) mais qu'il ne l'auoit iamais veu. Boëce [e] continuë à lire Porris [f], & marque ce qu'il trouue de leurs resueries, dont il en trouue des braues. Il a pris encore vn Escriuain, n'estant pas luy mesme bastant

c Voyez comme il se sert du nom de Pacuuij, au lieu de Societatis IESV.

d De mesme il se sert du nom de Gorphorostes au lieu de celuy de Iesuites.

e Boëce, Ianssenius.

f Les Iesuites & les Autheurs qui soustiennent la doctrine Catholique.

à marquer tout. Il en voudroit estre quite s'ennuyant de leur liberté de phantaisies. Il en espere venir au bout (pour le moins à ce qui regarde son propos) dans 4. ou 5. mois, combien que sa charge l'empesche assez par diuertissemens & inquietudes; mais patience, quand on ne peut autrement; huict cens ou mille liures de rente responderoient pour tout. Ie suis vostre. *Il n'a point signé celle-cy.*

On voit bien qu'il prend plaisir à ce liure, qui estoit fait contre les Iesuites, par quelque Apostat de leur Compagnie; & il espere bien Dieu aydant qu'il pourra produire quelque reuolte parmy eux. C'est pourquoy dans la crainte qu'il a, que leur preuoyance, n'en supprime tous les exemplaires; il fait instance pour en recouurer quelqu'vn, & s'il ne peut en venir à bout, il asseure qu'il le fera descrire, plustost que de manquer vne si belle occasion d'allumer la guerre dans leurs Maisons, & les armer les vns contre les autres; à mesme qu'il leur prepare auec S. Cyran, & toute la cabale, de l'exercice au dehors à bon escient, par ses liures; & par le moyen des Peres de l'Oratoire, s'il luy est possible.

De Louuain le 15. Decembre 1622.

15. MONSIEVR,

I'ay receu vostre lettre il y a 8. iours ··· quand à l'argent dont vous escriuez que vous voulez enuoyer vne lettre de change de cent escus de Bayone; ie suis marry d'en auoir parlé, ne sçachant pas toutes les circonstances de vos affaires; c'est pourquoy ie vous prie de ne rompre pas vos premiers moulles, & ne vous incommoder point dauantage à cause de cela; car au pis aller ie laisseray courre la debte comme vne rente, iusques à vne meilleure occasion. Les affaires de [a] Pilmot vont comme de coustume, & on auance peu à peu, non pas tant à y trauailler; car ie continuë tousiours, en y adioustant plus qu'en diminuant, qu'aduançant quelque peu à l'intelligence des difficultez; Boëce [b] ayant bonne esperance, que tout viendra à son point, quoy qu'il y restent encore bien des choses à faire. Pleust à Dieu que les autres difficultez qui se presenteront, & que vous pressentez assez de la part de Porris [c], & de Pacuuius [c], &c. se laissassent vuider auec si peu de tempestes: toutefois ie ne perds pas courage, comme Celias [d] ne fait pas aussi. De Monsieur de Lusson ie suis fort aise, estant vn instru-

L'inscription est: A Monsieur l'Abbé de S. Cyran, au Cloistre N. Dame, au logis de Mons. le Souschantre. A Paris.

[a] Le liure que preparoit Iansenius.

[b] Boëce, Iansenius.

[c] Porris & Pacuuius; ce sont les Iesuites & ceux qui soustiennent les opiniôs Catholiques.

[d] Celias, signifie S. Cyran.

ment tres propre à faire de grandes choses. Ie suis vostre. *Il n'a point signé celle-cy.*

Il apprehende à bon escient la resistance, qu'il preuoit que les Iesuites, & les autres qui soustiennent les opinions de l'Eglise, apporteront à l'establissement de sa doctrine, & au liure qu'il prepare pour cela. Et il se resiouyt de l'esperance, que luy auoit fait conceuoir son amy S. Cyran; d'attirer à son party le Cardinal de Richelieu.

De Louuain le 10. Feburier 1623.

L'inscription est de mesme que la la precedente.

MONSIEVR...

Sulpice [a] continuë à courir par les œuures de [b] Porris, 46.
& en a acheué vne partie, auec beaucoup d'ennuy, quoy qu'il luy reste encore beaucoup. Le Pere Leonard Lessius est mort au mois de Ianuier; Boëce [c] croit qu'il est allé rendre raison de [d] Pilmot, ayant traité cette affaire auec grande liberté & asseurance, qui peut estre ne le sçauroit garantir, pour grande qu'elle fust. Solsty [e] a donné son ouurage *De Pœna par.* à l'Ambassadeur d'Espagne de deçà, qui est maintenant Cardinal de la Cueua, qui luy a promis donner sa censure, ie croy fort fauorable entant que bon Canoniste ... quand à l'œuure de ce nouueau [f] Scholastique, (*il a effacé de Pilmot*) ie croy qu'il n'aura rien diuers de ces Ancestres [g], desquels i'ay assez recueilly. I'attens à vostre loisir ce que [h] Celias a fait sur [i] Seraphi, pour m'en seruir au iour de sa Feste, à quoy ie me suis engagé; & aussi le liure de [l] Semir, quand il sera acheué. Ie ne desire pas moins sçauoir ce qu'ils ont fait à auancer [m] Durillon à la charge de sept lieuës prez du lieu de sa naissance; car quand à la resolution de [m] Durillon, ie la pense presque sçauoir par cœur. Ie me suis approprié le liure de la reformation de [n] Pacuuius, & dit on qu'on en a fait encore d'autres, ie ne sçay point s'il est ainsi. Ie suis vostre [o] Quinquarbre. *C'est ainsi qu'il a signé la presente.*

[a] Sulpice, Ianssenius.
[b] Porris; les Iesuites qui soustiennent la doctrine Catholique.
[c] Ianssenius.
[d] D'auoir combatu les opinions de Ianssenius.
[e] Solsty; Conrius.
[f] Il entend l'Augustinus de Ianssenius.
[g] Baius & autres semblables.
[h] S. Cyran.
[i] S. Augustin.
[l] Mons. de Berulle.
[m] S. Cyran.
[n] Iesuites.
[o] Remarquez comme il se donne luy mesme ce nom.

Lessius, & Ianssenius, sont maintenant tous deux deuant Dieu; & on ne peut douter que celuy des deux qui a troublé l'Eglise, apres en auoir mesprisé les jugemens, & la doctrine; à plus de conte à rendre que l'autre. Et c'est ce que continuë encore de faire Ianssenius ouuertement; ne se promettant, à l'exemple du traitement fait à Baius, & aux autres, que les Papes, & l'Eglise ont condamné pour leurs erreurs, & qu'il a raison d'appeller ses Ancestres; ne se promettant, dis-je, autre chose qu'vne pareille condemnation pour vne semblable doctrine, recueillie dans leurs liures. Apres quoy, qu'on me dise vn peu, ceque c'est qu'estre Heretique; & vouloir passer pour tel; si ce n'est, penser, & parler de la façon? Et qui ne s'estonnera en suite, de l'estrange aueuglement de cet homme, qui veut faire passer pour criminel deuant Dieu, le P. Lessius; à cause qu'il s'estoit tousiours Chrestiennement, & genereusement opposé, à toutes ses erreurs?

De Louuain le 24. Feburier 1623.

47. MONSIEVR,

Ie viens de lire vn liure curieux, imprimé à Paris an. 1623. chez Nicolas Buon, d'vne histoire des possedées de là, où il y a des choses admirables; qui m'a empesché de ne pouuoir escrire à temps. I'ay donc receu vostre lettre, qui parle de l'entreueuë de [a] Celias, & [b] Sulpice; qui espere qu'à ce Printẽps elle se pourra faire au mois de May, si Dieu n'y met point de l'empeschement. Cette entreueuë me semble estre necessaire pour ce changement de dessein; car à cela, il faudra rapporter toutes choses. Ie tiens fort veritable, que *Omnes quæ sua sunt quærunt*; & qu'il y a peu de gens qui se comporteront en telle affaire, auec la resolution qu'il faudroit. Ie voudrois que vous l'eussiez ce liure dessus dit, qui parle fort de l'Antechrist, & quelle estime vous en auez. Il semble bien qu'il soit veritable, & authentique; que les depositions ont esté veritablement faites; mais la question est, si elles sont vrayes. I'admire la proportion de ces choses, auec le concept que vous vous pouuez souuenir, que nous en auions, touchant la marque qu'il seroit Sorcier, & Prince des Magiciens, &c. Ie suis vostre SVLPICE. *C'est ainsi qu'il a signé la presente.*

L'inscription est de mesme que la precedente.

[a] S. Cyran.
[b] Iansenius.

Ie ne puis deuiner quel fut le changement de dessein, concerté entre Iansenius, & l'Abbé de S. Cyran; mais puis qu'à cela il falloit rapporter tout le reste, il faut que la chose ait esté fort considerable; & qu'il y ait eu du changement dans quelques vns de leur party, qui probablement auront fait scrupule de s'engager en vne si mauuaise affaire.

De Louuain le 4. de Mars 1623.

L'inscription est de mesme que la precedente.

MONSIEVR, 48.

La grande haste que i'auois la derniere fois, fist que ie ne vous dis pas tout ce qu'il faloit, touchant que vous auiez proietté en vostre derniere lettre, pour nostre entreueuë à Peronne. Ie trouue cela bien bon, s'il n'incommodoit point à vos affaires; principalement pour le peu de temps, & cõmodité que i'ay de m'absenter de ma charge; laquelle ne permet point en aucune façõ que i'en sois long temps absent, sans la quiter du tout, ce qui ne seroit pas encore à propos. C'est pourquoy ie trouuerray cela bon, & si vous le trouuez de mesme, ie vous escriray à temps, le iour precis que cela se pourroit faire. Car ie croy que vers le mois de May ce sera le meilleur, à cause du Printemps. De [a] Barcos, & de vostre [b] amy que vous consolez; & du changement de la superintendance en la Cour; vous me parlez trop briefuement, & en general, sans que i'y entende rien. Le changement de dessein merite bien que nous en conferions, afin de sçauoir à quel but il nous faudra viser. Ie vous ay escrit d'vn certain liure françois, imprimé de cette année à Paris, de trois filles possedées, &c. que i'ay leu; il contient des choses estranges, & comme des songes. Ie voudrois sçauoir ce qu'on en iuge là, & vous particulierement; parceque vous y trouuerez vn estrange accord, à ce que nous auons dit autrefois de l'Antechrist. Ie suis vostre. *Il n'a point signé celle cy.*

[a] Barcos; c'est le Nepueu de S. Cyrã.
[b] Vostre amy; c'est le sieur d'Andilly Arnauld.

Il parle encore du changement de dessein qui merite leur entreueuë, afin de sçauoir à quel but il leur faudra viser. Il y a bien de l'intrigue la dedans; & c'est asseurement vn ouurage de tenebres, que celuy-cy; & qui auoit quelque liaison auec les intrigues de la Cour, où estoit à mon aduis, engagé le Sieur d'Andilly Arnauld.

De Louuain le 7. d'Auril 1623.

L'inscription est de mesme que la precedente.

MONSIEVR, 49.

Ie vous ay escrit il y a 15. iours, que selon vostre aduis, ie m'estois resolu d'auancer iusques dans Paris, pour nous voir, selon le desir que i'en ay eu, il y a long temps : mais du depuis, ayant receu vostre derniere lettre, & reconnu l'offre

que vous

que vous faites, de vous transporter iusques à Peronne; ie me laisseray aller hors de mon deuoir, qui seroit de venir là, pour reprendre la premiere conception que nous auions de choisir Peronne pour cet effet. A quoy m'induisent les raisons que ie vous ay dites en partie, & diray le reste de bouche. I'ay opinion que ie prendray la poste, pour les mesmes raisons; n'ayant pas aussi de cheual qui soit propre. Ce sera donc, s'il vous plaist prendre cette peine, le Samedy apres l'Octaue de Pasques, qui est le 29. du present mois d'Auril, le iour de S. Pierre Martyr, & de Saincte Catherine de Siéne; que ie me trouueray, auec l'aide de Dieu, vers le soir, à Peronne; pour entrer auec le mois de May en France, & nous entretenir quelque temps. Ie croy que vous aurez encore temps de respondre, auant que ie parte, si vous le jugés. Ie m'arresteray donc à ce que i'en ay dit, & me transporteray, Dieu aidant, au lieu, & iour assigné. Ie suis vostre, SVLPICE.

Ce voyage se concerte, comme vous voyez, long temps auparauant, & le temps, & le lieu de l'entreueuë, varie bien souuent; pour des raisons que Ianssenius ne dit pas; mais que les desseins d'vne cabale qui se formoit, & que la crainte d'estre decouuerts, nous fait assez iuger.

De Louuain le 13. d'Auril 1623.

56. MONSIEVR,

Ie vous ay escrit, il y a six iours, la resolution derniere que i'auois prise, sur vostre derniere lettre; de partir d'icy, pour estre le 29. du present mois d'Auril à Peronne, qui est le Samedy apres l'Octaue de Pasques. Ie persiste en la mesme resolution; vous priant, de ne trouuer pas mauuais, de prendre l'essort jusques là; car ie croy, qu'aussi bien, nous serions mieux en allant aux champs, qu'en demeurant fermés dans la Ville de Paris. Les raisons de ce changement que i'ay pris sur vostre offre, ie les vous ay dites: cependant si vous le trouuez mauuais, vous le pourrez signifier encore; car ie ne partiray point deuant le 29. d'Auril, qui est le Vendredy, que vos lettres de huict iours auparauant, pourront aisément estre icy; ou pour le moins à Peronne, chez les PP. de l'Oratoire, pour disposer de mon voyage, comme vous le iugerez; soit que vous viendrez, ou ne viendrez point là. Ie croy que ie prendray la poste, pour de certaines rai-

L'inscription est la mesme que la precedente.

sons · · Faites, s'il vous plaist, que i'aye les Sermons de Nostre Dame, auec celuy de S. Augustin. Ie suis vostre, SVLPICE.

Il vse de grande ciuilité & defference à l'endroit de l'Abbé de S. Cyran, touchant le lieu de leur entreueuë; & il continuë d'auoir recours à luy en tous ses besoins. Remarquez en passant le lieu de leur rendez-vous en la ville de Peronne, chez les Peres de l'Oratoire.

De Louuain le 19. de May 1623.

L'inscription est la mesme que la precedente.

MONSIEVR,

Ie vo⁹ ay escrit auiourd'huy il y a huict iours, c'est à dire Ieudy passé, de Perõne, auec l'hõme qui ramena le cheual, lequel m'auoit bien mené au pas. Ie fus fort las venant à Peronne, tellement que i'auois de l'horreur de la poste; neantmoins, pour ne perdre pas temps, ie monté le mesme iour à quatre heures apres disner à cheual, & fis si bien, que i'arriuay le lendemain, c'est à à dire, le Vendredy deuant disner, à Bruxelle; & au soir auec les chariots à Louuain. Lequel voyage ie fis auec vne si grande facilité, que ie puis dire auec verité, que i'estois mieux disposé en descendant à Bruxelle, qu'en montant à Peronne. Ie pense que les deux iours d'auparauant, auoient seruy de disposition pour y introduire aisément la forme. Cependant [a] Sulpice à recommencé à fueilleter de nouueau le reste des [b] Porris, qui luy ennuyent fort, & en voudroit auoir la fin. On a fait des estranges Almanachs du depart de [c] Boëce; les vns disant qu'il estoit allé à Paris, les autres ailleurs. I'ay donné charge de chercher Seraphi [d] à Anuers, de l'edition de Plantin, & le feray chercher icy de mesme, ou bien l'edition de Paris la premiere; car il faut, à mon aduis, qu'on marche seurement. Souuenez-vous, s'il vous plaist, du catalogue des liures de Monsieur Scinchelin, qui a trouué bon, ce qui en a esté fait · · Le Commentaire sur Iob du bon vieillard est acheué; ie vous l'enuoiray si ie trouue la commodité. Ie suis vostre, QVINQVARBRE.

a Sulpice, Ianssenius.
b Les liures des Iesuites, & des autres qui suiuent en ce temps les opinions receuës.
c Boëce, c'est Ianssenius.
d S. Augustin.

Le secret est si bien obserué entre eux, que nous ne sçaurions apprendre ce qui c'est passé à Peronne; les suites nous feront cependant assez voir, les effets de toutes ces allées, & de ces venuës.

De Louuain le 27. de May 1623.

52. MONSIEVR,
Ie vous ay escrit hier vne longue lettre des affaires des Carmes Deschaussez ; à sçauoir que les Religieuses de Bourges, excommuniées, sont arriuées à Bruxelle; & que les Carmes ont dressé vn cas pour ces Religieuses, qui craignent d'estre excommuniées ; là où ils font le narré ; qu'elles sont sorties du Conuent, sçachant par le Prince de Condé, qu'elles pouuoient aller en Flandre, ou obeïr au Bref du Pape ; & que craignant du scandale, comme il estoit arriué à Bordeaux, elles sont sorties ; demandent donc si elles sont excommuniées, estant sorties du Conuent sans Mandement du Superieur ; & ne font aucune mention d'vne autre excommunication iettée par le Doyen de Nantes. Sulpice [a] a informé les Docteurs de Louuain, dont vne partie a refusé de signer, d'autres ont signé. Vn Docteur, entr'autres, leur ayant leu le liure, a fait tant d'obiections contre leur narré, & de ces Religieuses, qu'ils demeurent muets, sans responce ; & neantmoins ils passent outre, auec toute instance. Ie vous ay raconté aussi, que [a] Sulpice a dressé vn escrit en latin, qu'il a enuoyé au Confesseur de l'Infante, qui estant pressé à signer, n'a nullement voulu ; & a fait lire l'escrit deuant tout le Conuent, afin qu'ils ne fussent pas trompez. Aussi luy a esté enuoyé le liuret qui raporte le fait, fait par Monsieur de Marillac ; mais les Carmes feront exception, que c'est vn escrit fait à la main, sans nom d'Autheur. Ils disent aussi qu'ils entendent, qu'il y a vn certain [b] homme à Louuain, qui par tout où ils vont, les suit, ou deuance, & donne des aduis [c] contraires : & s'ils en peuuent sçauoir l'Autheur, qu'ils l'accuseront deuant l'Infante. Ie vous escris donc celle cy, afin que (puisque [a] Sulpice à affaire auec des gés contentieux, & qui ont tres-grand credit icy entre les Espagnols, & en la Cour ; & qui sans faute, sçauront l'Autheur de ces informations) de luy enuoyer ce qui sera besoin pour sa deffence, en cas de necessité. Il seroit bon d'auoir quelque liure, ou liures de Mõsieur de Marillac, auec attestation authentique, que c'est luy qui l'a fait ; & s'il y eust adjousté cela des le commencement, il eust eu plus de credit entre les Estrangers, qui ne sçauent rien de l'affaire, ny de l'Autheur, qui est assez connu de delà. Ie vous ay escrit aussi qu'il seroit peut estre

L'inscription est la mesme que la precedente.

[a] Sulpice ; Iansenius.

[b] Vn certain homme ; c'est Ianssenius.

[c] C'estoit Ianssenius qui agissoit contre eux selon les ordres qu'il receuoit de S. Cyran, en faueur des Peres de l'Oratoire.

bon, que le Nonce d'icy, fust informé par le Nonce de delà; car on dit qu'il les veut fauoriser. Cependant l'Infante ne veut pas qu'elles soient receuës au Conuent des Theresiennes de Bruxelle. L'affaire est en bon estat, & le Confesseur de l'Infante, tres-bien instruit, par le moyen de l'escrit de [a] Sulpice, & du liure. S'il y a quelque autre chose, qui puisse seruir à cecy, vous le pourrez enuoyer à [a] Sulpice. Mais ie croy que ce ne sont que des mines, & qu'ils n'auront pas la hardiesse de comparoistre deuant ceux qui sçauent la verité. Si vous enuoyez rien, il faudra que ce soit auec toute diligence. Vostre, BOECE.

Remarquez vous comme l'vn & l'autre s'intriguent dans toutes les affaires de M. de Berulle, & des Peres de l'Oratoire; à dessein de les disposer par leurs seruices, à entrer dans leur party, & à appuyer vn iour le Iansenisme. Nous en auons veu les preuues iusques icy, & nous continuerons de les voir à l'auenir.

De Louuain le 2. de Iuin 1623.

L'inscription est A Monsieur l'Abbé de S. Cyran demeurant au Cloistre N. Dame, au logis de M. le Souschantre. A Paris.

MONSIEVR,

Ie vous ay escrit deux lettres la sepmaine passée, l'vne 53
par la poste, l'autre par l'ordinaire, touchãt nos affaires, & particulieremẽt celle des Carmes, qui ont fait vne telle diligẽce icy, qu'ils ont obtenu la signature d'enuiron huict Docteurs, tant en Droict, qu'en Theologie, à qui ie n'en auois pas pour la pluspart parlé: car les plus eminents se sont soustraits, disant le bon vieillard, qu'il ne vouloit point troubler sa conscience, pour appaiser celle d'autruy, qui craignoient d'estre excommuniez. D'auantage, ils ont obtenu plus de douze, ou quinze signatures des Lecteurs; voire de tous, excepté [a] Solsty, auec tout son Conuent, qui ont combatu à toute outrance, pour [b] Semir, jusques à ce que [a] Solsty, sur l'impertinente menace d'vn Frere; luy dist, qu'ils ne se soucioient pas de sa cholere, ny de celle de son Prouincial, ou de tout son Ordre, non plus que d'vn festu. Ils ont dit de grandes impertinences sur ce liure de M. de Marillac. Entr'autres, vn impertinent Frere, dist, que c'estoit vn Heretique, pour asseuré, & qu'il auroit la teste trenchée; que tout estoient mensonges, qu'ils ne se soucioient point de Monsieur de Bourges, &c. Ie croy qu'ils ont les signatures de tout le Païs bas; cependant auec tout cela, ils trauailleront en vain; car le

[a] Solsty; signifie Conrius Cordelier. [b] Semir; M. de Berulle.

Confesseur de son Altesse, est si bien instruit, que ie croy qu'ils n'aduanceront rien. Le Nonce à veu le liure du P. Bauny latin, & dist à vn Gardien, qui le raporta icy, que c'estoit *Pestilens liber.* Ils n'ont peu sçauoir l'Autheur, qui leur auoit fait cette trousse en l'Vniuersité, & ont dit à [a] Solsti, & d'autres; qu'vn des leurs auoit veu icy deux de la Compagnie de [b] Semir asseurement, & qu'ils les auoient cherchez par tout les recoins de la Ville, pour les en chasser; & que l'Infante auoit mandé, que tous ceux de cette sorte de gens, fussent chassez de tout le païs; je vous asseure que [a] Solsti, & [c] Sulpice, en ont bien ry. Le Conuent de [a] Solsti, est autant passionné pour les menées de [c] Sulpice, que les Carmes sont pour les Religieuses. C'est ce qui me fait voir, que telles gens sont estranges, quand ils espousent quelque affaire; & iuge par là, que ce ne seroit pas peu de chose, si [d] Pilmot fust secondé par quelque Compagnie semblable; car estans embarquez, ils passent toutes les bornes, *pro*, ou *contra*. Sulpice [c] vous a escrit, comme la Veille de l'Ascension, on luy offrit vn certain Benefice de grand reuenu, si on en pouuoit joüir; & qu'il l'à accepté, attendant, si on luy conferera en Hollande. Cependant, quatre iours apres sa nomination qu'il auoit pendante à l'Isle, est escheuë, par la mort d'vn Chanoine; & [e] Boëce a accepté la Chanoinie, & elle luy a esté conferée; on prend possession pour luy. Ie verray si quelque [f] Sathan Romaniste, ne luy fera pas guerre, comme ils font souuent. Mais Boëce [e] a mis tant d'empeschemens, qu'il croit que les Romanistes perdront leur peine. Voila comme Dieu, en vn moment, accommode les affaires de [c] Sulpice, & [g] Celias, & contre tout ordre, & opinion; car [c] Sulpice n'estoit que le deuxiéme en nomination; & cependant Dieu en a fait mourir deux Chanoines, l'vn vingt quatre heures apres l'autre. Il a enuie de la changer en simples Benefices; on luy en offre dé-ja 600. florins, & vn Benefice; mais il requiert la residence en vn lieu priuilegié; le temps esclorra les occasions. L'affection enuers la Compagnie de [b] Semir, se nourrit icy au cœur de plusieurs gens de bien, & de sçauoir, qui se sont declarés à [c] Sulpice par hazard, & confirmez, ayant entendu qu'on pouuoit retenir son Benefice, sans le faire commun, comme [g] Celias autrefois l'auoit escrit. Toutefois, ce ne sont point des personnes pour les pouuoir appeller. Ie suis vostre, QVINQVARBRE.

[c] Sulpice; c'est Ianssenius.

[d] Pilmot, c'est le dessein du liure de Ianssenius, & de la caballe.

[e] Boëce, Ianssenius.

[f] Satan Romaniste, ce sont à mon aduis les Iesuites.

[g] Celias, S. Cyran.

Vous voyez comme Ianssenius, & Conrius, joüoient si bien leur personnage à Louuain, par la direction qu'ils receuoient de l'Abbé de S. Cyran, qui estoit à Paris; qu'ils seruoient vtilement Monſ. de Berulle, sans estre descouuerts: & par ces seruices, & autres semblables rendus aux Peres de l'Oratoire; Ianssenius vit ses desirs accomplis en partie; d'estre secondé par vne Compagnie dans la publication de son nouuel Euangile. Ie ne doute point que ce ne soient les Iesuites qu'il appelle Satan Romaniste, veu qu'il les auoit tousiours deuant les yeux. Mais vn Heretique, n'vseroit pas de termes plus insolens en cette occasion, pour tesmoigner son mespris enuers l'Eglise Romaine, & le Pape. Il faut croire pieusement, quoy qu'il n'en dise mot; qu'il refusa d'accepter les six cens florins qu'on luy offroit pour sa Chanoinie; car n'ayant point voulu de Benefice en eschange, qui l'obligeast à residence, se pourroit il faire qu'il eust ouuert l'oreille à vne Simonie?

De Louuain le 9. Juin 1623.

Il n'y a point d'inscription à cette lettre.

MONSIEVR,

Ie vous ay escry deux ou trois lettres de suite; tant sur les affaires des Carmelines, que des miennes. Du depuis, leurs sollicitations ont cessées à Louuain; mais ie n'ay encore peu entendre ce qu'ils ont fait à Bruxelle, auec les Carmelines [a] fugitiues; je vous l'escriray quand i'en auray des nouuelles. Au reste, les affaires de [b] Pilmot, s'auancent lentement, depuis deux ou trois sepmaines, à cause des destourbiers. Ie voudrois que vous addressiez cette lettre adjointe, à Bordeaux, le plutost; c'est vne lettre de l'homme, qui tasche de placer mon Nepueu à Bordeaux auec vn Flamen. Ie suis vostre, SVLPICE. 54.

[a] Fugitiues de Bourges.

[b] Pilmot, signifie les desseins du liure de Ianssenius, & de la caballe.

Il ne se lasse point d'escrire, ny d'agir en l'affaire des Carmelites, pour obliger l'Ordre de l'Oratoire. Son Nepueu dont il parle s'appelloit Iean Ianssen, & il sera parlé de luy plus d'vne fois. Les lettres de l'année 1624. & 1625. nous manquent, comme vous voyez, & il nous faut passer à l'année 1626.

On n'a point recouuré les lettres des années 1624. & 1625.

De Bruxelle le 17. d'Auril 1626. 55.

L'inscription est A Monsieur de S. Cyran.

MONSIEVR,

Il y a huict ou dix iours que ie suis arriué icy heureusement. Ie vous demande pardon, de la faute que vous m'attribuez, de vous auoir chassé si toit. I'aurois veritablement plus de tort, si l'euenement ne me fournissoit de l'excuse; car ie fus bien pres de deux heures encore apres vostre depart, au logis du messager, auec mon traistre cheual, qui rua contre le vostre. Ie suis fort aise que l'approbation est venuë à la parfin; mais vous n'y adioustez rien du seau. C'est vn mauuais augure que celuy d'Auxerre, car c'est vn exemple qui trouueroit facilement des imitateurs. Quelque puissance qu'ils ayent icy, l'on dit qu'ils n'ont pas vn seul vray amy; mais seulement de tels qui ont besoin de leur assistance. On a choisi icy des arbitres, deux Archeuesques, & le Duc d'Arscot, & d'autres; pour voir si l'on pourra accommoder les Iesuites, auec l'Vniuersité: mais il n'y a nulle apparence, que rien se fasse qui vaille. Voila pourquoy l'Vniuersité, auoit chargé l'homme que vous a sçauez, de partir demain, mais ils n'ont peu auoir prest tout ce qui est requis; c'est la raison pourquoy, il se pense mettre en chemin apres 8. iours. L'on a opinion que tout ne sçauroit durer vne année, à cause que le procez ne sera que communicatoire; toutefois le cours que prendront les affaires, & les incidens qui peuuent interuenir, ne permettent point d'en porter vn iugement asseuré: le reste ie le garde pour l'entreueuë. Ie suis vostre, SVLPICE.

a L'homme que vous sçauez, c'est Ianssenius.

Cette lettre nous apprend leur entreueuë à Bruxelle, (pour ne rien dire de celle qui se fist à Paris l'an 1625. ainsi que nous apprenons par vne lettre de Ianssenius au sieur d'Andilly, datée du 16. d'Aoust de la mesme année à Paris.) La difficulté qu'eurent les Iesuites à Auxerre, & les contradictions qu'ils y rencontrerent, n'auoient garde d'eschapper à l'Abbé de S. Cyran: & Ianssenius, qui deslors trenchoit du Prophete, ne manque point d'en tirer vn mauuais augure pour leurs affaires. Cet homme au reste, qui estoit chargé de partir pour Madrid, afin d'empescher leur vnion auec l'Vniuersité de Louuain, n'est autre que Ianssenius luy mesme; connu de longue main dans tout le Païs, pour leur plus grand ennemy: aussi se porta-il contre eux auec le succez que vous verrez en suite.

De Madrid le 1. de Iuin 1626.

56. MONSIEVR,

Estant parti de vous, & de Paris, auec l'ordinaire de Bordeaux; i'arriuay le Vendredy, à trois heures enuiron à Bor-

Il n'y a point d'inscription à cette lettre.

deaux, où m'eſtant amusé iuſques au ſoir, pour auoir congé de Monſieur d'Eſpernon; ie party encore le meſme iour en poſte, vers Bayone, ayãt laiſſé voſtre lettre à l'Image de S. Iean, à cauſe que, ny Monſieur de Goubert, ny de la Clau, n'y eſtoient pas logez, mais ailleurs, où le peu de temps qui me reſtoit, ne me permiſt pas d'aller. Le lendemain Samedy, i'entray de bonne heure dans Bayone, où m'eſtant acquité de mon deuoir, de voir Monſieur de la Salle, i'allay deſcendre chez Mademoiſelle, & Monſieur [a] d'Arguibel, où ie fus tres-bien venu, & me firent toutes les careſſes poſſibles. Le Dimanche de grand matin, ie party en poſte vers l'Eſpagne, où i'entray deuant midy, ayant oüy Meſſe à S. Iean de Lus, & veu en paſſant Monſieur de [b] Lana. En Eſpagne, faute de cheuaux de poſte, ie me reſolus de parachever le reſte du chemin auec des mules, & par ce moyen ie n'arriuay à Madrid, que le Dimanche ſuiuant, qui eſtoit le 17. de May. Deux ou trois iours apres, ie m'en allay voir le Preſident, qui doibt traiter noſtre affaire, auquel ma venuë ſembloit eſtre fort agreable; car comme il me vit de loing dans la ſale, il me vint au deuant auec ſon baſton, & cõmença à rire bien haut, en diſant, *Ya Sabe il Camini d'Eſpana*. Au païs, le Traité d'accord qu'on auoit [c] cõmécé, a eſté rompu auſſi toſt qu'õ a entendu que les noſtres ne vouloient point bouger des Articles que ie vous ay leus: de ſorte, qu'on m'a donné aduis de commencer à entamer l'affaire icy, ceque i'ay fait, ayant pris ſeulle vne requeſte, pour tirer l'affaire en Eſpagne; ie verray bien-toſt ce qui en arriuera: mais ie preuoy que l'affaire ſera de durée, & que deuant l'Hyuer, il n'y a nulle eſperance de retour; ce qui me donnera auſſi beaucoup de loiſir d'eſtudier, veu la lenteur de cette Cour. Ie ſuis dé-ja bien auãt dans les liures de noſtre [d] Maiſtre. Ie ſuis fort aiſe de ceque l'Oratoire, eſt ſi auancé, & vous puis aſſeurer qu'ils ſeront les bien venus en Flandre ··· I'ay compaſſion du malheur de l'amy de [e] Celias, qui eſt rendu particulier, & voy veritablement que vos propheties ſe ſont accomplies, en la perſonne du priſonnier. I'ay receu trois de vos lettres en deux pacquets ·· Ie ſuis voſtre, SVLPICE.

[a] La Sœur & le Beaufrere de l'Abbé de S. Cyran.

[b] C'eſt vn autre Beaufrere de S. Cyran.

[c] Auec l'Vniuerſité de Louuain, & les Ieſuites.

[d] S. Auguſtin.

[e] Celias, S. Cyran, & l'amy, c'eſt à mon aduis, le ſieur d'Andilly, qui receut quelque diſgrace à la Cour.

Voila Ianſſenius dans vn employ, qui ne luy peut eſtre deſagreable, puis qu'il eſt contre les Ieſuites: en effet, au lieu de ſe plaindre du tracas, où il eſt engagé; il y trouue ſon repos, & ſe plaiſt à raconter à ſon amy, le bon ſuccez de ſon voyage, & tous ſes deſſeins pour l'aduenir.

De Madrid

De Madrid le dernier de Iuin 1626.

57. MONSIEVR,

Ie vous ay enuoyé par l'ordinaire passé, la deduction de l'affaire des Vniuersitez, que i'auois emporté par mesgard; afin que vous y trauailliez, comme vous [a] sçauez. Il viendra assez à temps, si vous l'enuoyez, en respondant à celle cy; car l'estat de mes affaires ne presse point. I'ay presenté vne Requeste, comme ie vous ay escrit, afin que l'affaire soit, ou renuoyée en Flandre, afin de l'instruire deuant son Altesse; ou bien demander que toutes les pieces fussent enuoyées icy. On a ordonné sur cela, que les deux parties, auront à produire le plutost tout ce qui touche l'affaire, & que l'Infante en donne Sentence finale, si elle veut; sinon, qu'elle la renuoye deuant sa Majesté. L'on m'a dit qu'asseurement le mesme procez a esté esmeu, il y a quatre ans par la Compagnie contre l'Vniuersité d'Alcala, & que la Compagnie fut condamnée; ce seroit vn grand preiugé; ie suis apres pour auoir vne copie de la Sentence, si aucune a esté donnée. L'Ambassadeur de France m'a inuité à disner, & veut que i'y vienne souuent: ça esté à l'occasion du Pere de l'Oratoire, qui est tres-souuent à sa maison; il m'a offert toute assistance en mon affaire;mais i'ay peur de la gaster par son entreueuë; c'est pourquoy ie ne suis pas resolu de l'employer, ny de me familiariser en sa maison. Ie continuë tousiours à lire nostre [b] Maistre, quoy que i'aye eu peu de loisir ce mois, à cause des sollicitations: d'oresnauant il semble que i'en auray dauantage. Ie suis fort aise que l'affaire du [c] Plagiaire, est tant auancée. Enuoyez moy l'Epistre, s'il vous plaist, auec ce qui a esté fait contre la Sorbone, s'il n'est pas trop grand. Ie suis vostre, SVLPICE.

L'Inscription est A Monsieur l'Abbé de S. Cyran, au Cloistre N. Dame, au logis de M. le Souschantre. A Paris.

[a] Aupres de l'Vniuersité de Paris, où il agissoit contre les Iesuites.

[b] S. Augustin.

[c] Plagiaire; c'est le P. Garasse contre lequel S. Cyran escriuoit en ce temps là.

L'Abbé de S. Cyran n'auoit garde de manquer de prester l'espaule à Iansenius en cette occasion, où il y alloit de l'interest de son amy; du desauantage des Iesuites; & d'vn obstacle à l'establissement de leur cabale, dans la Flandre qu'il falloit leuer. Aussi non content d'agir par luy mesme, vous voyez comme les Peres de l'Oratoire, en reconnoissance des communes obligations qu'ils auoient à l'vn & à l'autre, s'emploient en cette affaire [illegible], à la recommandation de S. Cyran.

De Madrid le 25. Iuil. 1626.

L'inscription est A Monsieur de S. Cyran.

[a] Celias ; c'est S. Cyran, qui auoit fait l'Epistre liminaire du liure composé contre celuy qu'il nomme Plagiaire.

MONSIEVR,

L'escrit de [a] Celias, est veritablement vne excellente 58
piece, & au delà, comme le restaurateur de l'eloquence Françoise disoit ; & ne croy pas que l'affection qu'il auoit à la personne à qui il est dedié, ait emporté son iugement. Il n'y manque qu'vne chose, à sçauoir, de n'auoir pas trouué vne maison, qui meritast d'estre ornée d'vn tel frontispice, qui seruira neantmoins à ce que le monde y entrera plus volontiers, pensant que le reste du bastiment luy ressemblera. Celuy qu'il porte sur le front, sera insensible, s'il ne fait vne recherche curieuse de l'Autheur. Les [b] Iuges qui deuoient censurer le [c] Plagiaire, se sont à la verité signalez en lascheté ; ils ont esté trop en nombre pour faire quelque chose qui valust. Ie sçay bien que si on l'eust manié icy, il eust esté autrement accommodé. Voila pourquoy, ie croy qu'il sera plus hardi à respondre, & donnera de nouueau des affaires, à ceux qui se sont meslez de montrer sa honte à toute la France. S'il met rien en lumiere, vous iugerez s'il merite qu'on luy responde, & le pourrez enuoyer à [d] Boëce. Ie trouue le tiltre d'vne œuvre nouuelle que vous m'auez enuoyé, furieux, & capable d'estonner le plus resolu du monde ; principalement ayãt ensuite vne piece, qui montre qu'il n'a point à faire à des enfans. I'estime qu'il se trouuera bien en peine, se sentant pressé de la verité, & doutant d'irriter contre soy-mesme, le stile d'vne si eloquente lettre. Si parauanture l'imprimeur ne vouloit pas continuer, à cause que la piece que vous sçauez ne se vend pas bien ; Boëce [d] ne manquera pas de payer tout ce qui luy sera promis par [a] Celias. I'ay receu l'escrit aux Vniuersitez ; mais à à ce que ie voy, il ne sera pas besoin de m'en seruir si tost, car l'affaire est enuoyée au païs, auec authorité de la decider finalement, si le Iuge le veut.. I'ay attrapé la Sentence qui a esté donnée contre [e] Pacuuius, il y a trois ans, en sa pretension qu'il auoit sur les chaires d'Alcala, & de Henarez (I. *Complutum*) elle ne nuira point aux affaires de [d] Boëce. Au reste, ie croy, que pendant que l'on trauaillera au païs, i'auray bien du loisir à estudier à [f] Seraphi, que i'ay acheué vne fois, & commenceray bien-tost de nouueau. Ie m'estonne que vous ne m'escriuiez pas vn mot de l'Oratoire, on le desire fort en Flandre ; je vous prie

[b] Les Iuges ; c'est la Sorbone.

[c] Plagiaire ; c'est le Pere Garasse.

[d] Boëce, Ianssenius.

[e] Pacuuius, les Iesuites.

[f] Seraphi, c'est S. Augustin.

pouſſez la roüe, tant que vous pourrez. Vous auez entendu, à ce que ie croy, comme l'Eueſque d'Arras, qui eſt mort, à laiſſé deux cens mille, les autres diſent trois cens mille liures, pour la fondation de l'Oratoire. Ie ſçay qu'il y en a encore en d'autres Villes, qui ſont preſts de donner de bonnes ſommes pour le meſme effet; il n'y reſte que commencer; trauaillez y, je vous en prie. S'ils gardent cet eſprit, de n'eſtre pas deſireux du bien, de ſe tenir fermes aux Eueſques, ſans ſe meſler trop des affaires ſeculieres; ils ſeront adorez en ce païs là, où le Clergé ſeculier eſt aimé. Le papier que les fins ont [g] ſupprimé, peuteſtre qu'il ne ſeroit pas hors de propos, de le faire tomber entre les mains du Nonce du païs. Ie ſuis voſtre, SVLPICE.

[g] Les fins, il entend les Ieſuites.

Il paroiſt que Ianſſenius eſtant à Madrid, ſongeoit à plus d'vne affaire; & qu'il auoit commerce auec l'Abbé de S. Cyran, pour l'edition de diuers liures, qu'ils faiſoient occultement contre diuerſes perſonnes, dont la pluſpart eſtoient Ieſuites. Il n'oublioit pas auſſi les Peres de l'Oratoire [illegible]; s'employant pour leur eſtabliſſement en Flandre: non plus que des Ieſuites, à qui par tout il donnoit de l'exercice auſſi bien que S. Cyran, & qu'ils faiſoient gloire d'offencer iuſques au vif par leurs eſcrits. Au reſte c'eſt le Pere Garaſſe, qu'il nomme Plagiaire.

De Madrid le 21. d'Aouſt. 1626.

59. MONSIEVR…

L'inſcription eſt de meſme que la precedente.

Le retardement de mon affaire, me fait iuger, que ie demeureray icy tout l'hyuer, & peuteſtre dauantage: c'eſt pourquoy, il faudra que vous reſoudiez, ſi voſtre ſanté, & vos affaires vous permetteroient de venir en ça, puiſque ie ne bougeray point d'icy. I'ay fort peu eſtudié depuis quatre ou cinq ſepmaines, à cauſe des perpetuelles ſollicitations que i'ay faites; neantmoins i'ay commencé à recueillir vne partie, quoy que petite, des petits liures de [a] Seraphi… I'ay receu l'eſcrit à la main, que vous m'enuoyez; ie n'ay pas encore eu la commodité de le lire tout, mais ce que i'en ay leu me contente. Quant à l'impreſſiõ, ie verray ce qui ſera à propos d'en faire icy, où on apporte force formalitez à imprimer le moindre fueillet, & mal-aiſément peut-il eſchaper les mains de [b] Pacuuius… Ie ne ſçay pourquoy vous ne m'eſcriuez rien, ſur l'affaire de l'Ora-

[a] S. Auguſtin.

[b] Pacuuius; ce ſont les Ieſuites.

toire, que ie desire sçauoir auec passion, & pourquoy il se differe tant; car on m'escrit de Flandre, qu'ils ne sont pas encore venus. Veritablement vous m'auez fait rire, par le recit que vous faites de la procedure de ce t Porris, qui deuoit approuuer le liure contre le Plagiaire, *Multæ litteræ videntur ad insaniam illos adigere.* Vous auez bien fait de tenir en suspens le reste. Ie suis vostre, SVLPICE.

t Porris, c'est vn Iesuite.

Cette lettre fait voir, que Ianssenius, & S. Cyran, ne pouuoient estre long temps sans se visiter. De plus que cet escrit enuoyé par S. Cyran pour imprimer en Espagne, estoit vn escrit contre les Iesuites. Enfin que la meilleure partie des entretiens qu'ils auoient par lettres, estoient aux despens de ces bons Peres, que celuy-cy taxe de folie, auec le mesme esprit & les mesmes paroles que celuy là faisoit S. Paul.

De Madrid le 12. d'Octobre 1626.

L'inscription est A Monsieur l'Abbé de S. Cyran demeurant au Cloistre N. Dame, au logis de M. le Souschantre. A Paris.

MONSIEVR, 60.

Il est arriué à la parfin changement à nos affaires, à mon aduantage; car les Iuges, choisis par le Roy, ont octroyé tout ce que i'auois demandé. La resolution est, que l'affaire principal, c'est à dire, le procez commencé, il y a sept ou huict ans, soit instruict incontinent en Flandre; & que cependant la leçon extraordinaire, demeure au croq, qui est ceque portoit ma requeste. C'est vn point tres-important pour nostre affaire, dautant que la leçon extraordinaire, depend quasi toute de l'issuë de l'affaire principal, laquelle nous pensons gaigner. Ca esté aussi la cause, à mon aduis, que les aduersaires, ont fait tant d'instance pour venir incontinent à l'execution; quoy que ce fust contre l'aduis mesme de l'Archeuesque de Cambray, qu'eux mesme auoient choisi pour arbitre. Mais ils se ressemblent par tout, ayãt voulu que la fin fust semblable au cõmencement; car vous sçauez qu'ils ont impetré cette leçon, auec vne importunité extraordinaire, par l'instance de l'Archiduc Carlos mourant, qu'on dit, a mis mesme cet article en son testament. Cependant ie ne perdray pas le temps, comme ie ne l'ay pas perdu iusques à cette heure; ayant plus auancé l'affaire a dans peu de mois, que vous ne sçauriez croire. Mon mulet me pensa tuer, il y a quelques iours, mais i'en suis eschapé bon marché, quoy que i'en porte encore les marques. Ie suis apres à le

a Cette affaire sans queuë; n'est autre que l'affaire de Pilmot, c'est à dire de son liure.

vendre, veu que ie m'en sers fort peu; sortant quelquefois plus pour l'amour de luy, que luy pour l'amour de moy ·· On m'escrit de Bruxelle, que les trois [b] Peres sont arriuez, & qu'ils ont esté receus de l'Infante, & de [c] l'Archeuesque, auec grand contentement, & que leur modestie luy agrée fort; l'on cherchera vne maison, au lieu que vous sçauez. I'ay escrit qu'il seroit bon de leur procurer vn lieu, s'il se peut, au milieu de l'Vniuersité; sans dire les raisons: car ie songe à leur faire tomber entre les mains toute la ieunesse auec le temps. Ie suis, Monsieur, Vostre, SVLPICE.

[b] Il parle des Peres de l'Oratoire.
[c] De Malines.

Nous apprenons, qu'outre les soins qu'il prenoit de son procez, il trauailloit encore au dessein de son liure; qu'il qualifie par excellence, du nom d'affaire: aussi bien qu'à placer auantageusement les Peres de l'Oratoire à Louuain; afin qu'ils peussent vn iour, comme il parle ailleurs, mettre les Iesuites en chemise. Au reste ne remarquez vous point combien le mulet de Ianssenius estoit obligé à son Maistre?

De Madrid le 3. de Nouembre 1626.

61. MONSIEVR,

Ie respons à vostre lettre du quatorziéme de Septembre, escrite de Forge ·· I'attends responce de l'Vniuersité, pour voir ce qu'ils ordonneront de moy. Lon a instalé les PP. de l'Oratoire à Louuain, le dixiéme d'Octobre. Ie continuë tousiours [a] à Seraphi, quoy que ie n'auance pas tant comme ie voudrois. Ie suis vostre, SVLPICE.

L'inscription est de mesme que la precedente.
[a] S. Augustin.

Les soins & les pensées de Ianssenius, pour le present, & pour le futur, sont exprimées icy.

De Madrid le 7. de Decembre 1626.

62. MONSIEVR,

Ie suis si las d'escrire diuerses lettres, que ie n'en peux plus; c'est pourquoy vous m'excuserez, si ie suis plus court que de coustume. Mon affaire est remise en Flandre, ce qui fait que l'Vniuersité me mande de demeurer encore icy. Ie m'en soucie peu, veu que i'ay force temps, pour auancer celle de [a] Pilmot. Ie trouue tant de choses à recueillir, que i'en suis presque mort de trauail. Ie suis vostre, SVLPICE.

L'inscription est de mesme que la precedente.
[a] Pilmot, c'est le dessein du liure de Ianssenius, & de la caballe.

Il ne s'oublie nulle part de ſa principale affaire, qu'il appelle ſon Pilmot, dont tout le reſte n'eſt qu'vn acceſſoire & ne ſert que de moyen pour la faire reüßir, & ſur le papier & dans la pratique. Et il ſçait bien que c'eſt le moyen de plaire à S. Cyran, que de luy dire que cette affaire auance touſiours.

De Madrid le 30. Decembre 1626.

L'inſcription eſt A Monſieur de S. Cyran.

MONSIEVR, 65.

Ie voy bien les raiſons maintenant, de ceque ie n'ay pas receu deux ou trois fois de vos lettres. Quand à [a] Boëce, ie mettray ordre, comme i'ay mis auparauant, que ſa vie ne ſoit pas troublée par la decouuerte de l'œuvre que vous [b] dites. Cõbien qu'à dire la verité, vous ne me ſçauriez dire tãt de venin, que vous auez reconnu en cette affaire; que ie n'en ay crû autant, & plus, des le iour qu'elle fut entrepriſe, dautant que i'ay touſiours iugé, que l'Autheur qui oſeroit faire vn tel ſcandale à des innocens (comme ils croyent) ne ſçauroit eſtre tenu par les bleſſez, que pour vne furie de l'Enfer, & plus abandonné de Dieu, que ceux que le [c] Plagiaire à combatus, & partant digne d'eſtre perſecuté, iuſques à l'eſtouffer. Mais cela n'empeſche pas, qu'on faſſe tout ce qu'on peut, à éuiter les inconueniens. Les affaires du païs, donnent tres-grand loiſir à [a] Boëce, à vacquer à [d] Pilmot, qu'il a autant auancé, ou plus, qu'il n'euſt peu faire de là: car il s'en faut bien peu, que les petits Tomes ne ſoient releus quatre ou cinq fois, & tous recueillis. Dieu ſçait les peines qu'on a eüës à ramaſſer tant de matiere; ce qui a fait, que [a] Boëce, eſt preſqu'au bout de ſon halaine, veu qu'il l'a fait la pluſpart de ſa main. Ie vous ay eſcry que l'affaire [e] a eſté renuoyée pardeuant le Iuge ordinaire, il y a enuiron trois mois. Cela eſt cauſe, que les noſtres ne ſçhachants point, s'il y ſera iugé, ou non; me laiſſent icy, ſans rien faire, que ce qui me touche à moy-meſme. Si cela continuë, ie diſpoſeray le reſte qui touche à [f] Seraphi, de façon qu'il n'y manquera rien, que mettre la main à l'œuvre, au retour; car i'ay deſſein, Dieu aidant, d'entreprendre dans vn mois enuiron, les deux [g] Diſciples de Seraphi, & d'autres, ſi le temps m'eſt prorogé. I'ay fait inſtance qu'on me reuoque le pluſtoſt qu'on pourra; ſans doute, ils n'y manqueront point; car ils ſe ſentent bien greuez des

[a] Boëce, Ianſſenius.

[b] Dieu y a mis ordre; car il eſt mort auant ſa publicatiõ.

[c] Plagiaire; c'eſt le P. Garaſſe, qui eſcriuoit contre les Athées.

[d] Pilmot; c'eſt le deſſein du liure de Ianſſenius intitulé *Auguſtinus*, & celuy de la cabale.

[e] Il parle de ſon procez.

[f] Seraphi; c'eſt S. Auguſtin.

[g] S. Proſper & S. Fulgence.

frais. I'ay leu l'Epiſtre que Monſieur [b] d'Arguibel m'a enuoyée: elle traite comme il faut le bon homme ſur les calomnies qu'il a vomies contre le mort. I'auois penſé auparauant qu'il ſeroit expedient, d'en faire mention, ou repreſentation au frontiſpice de la Maiſon; mais on l'a preuenu, & mieux accomply ma penſée. Les Peres de l'Oratoire ſont en grande eſtime au païs, & tout le monde les affectionne fort, particulierement [i] l'Archeueſque; ils n'ōt pas encore choiſi place aſſeurée, de pluſieurs qui s'offrent à achepter. Ie ſuis voſtre, SVLPICE.

b D'Arguibel; c'eſt vn Nepueu de S. Cyran.

i L'Archeueſque; c'eſt celuy de Malines, dont plus bas nous raporterōs les lettres.

Remarquez vous l'eſprit de Ianſſenius, & de S. Cyran; de troubler tout le monde par les libelles ſanglans qu'ils faiſoient en cachette, contre les vns, & les autres, & nonobſtant, de ſe pleindre touſiours de la paßion, & du venin de leurs aduerſaires? remarquez vous encore, comme les Nepueux de [a] S. Cyran, eſleuez en Flandre ſous la conduite de Ianſſenius, imitent fort bien l'exemple de leur oncle, & de leur Maiſtre, qui donnent approbation à leurs ouurages, & loüent le fiel de leurs plumes, & l'aigreur de leurs eſcrits? remarquez vous enfin, comme les Peres de l'Oratoire, au raport de Ianſſenius; depuis le 10. d'Octobre, ſe ſont mis en grande eſtime dans toute la Flandre? nous verrons combien cela durera meſme au jugement de Ianſſenius, qui en dira ſes ſentimens l'an 1633.

a Arguibel & Barcos.

De Madrid le 4. Feburier 1627.

64. MONSIEVR,

I'admire la Prouidence de Dieu aux affaires de [a] Sulpice; car ayant trauaillé prés de ſept mois, à recueillir les petits Tomes de [b] Seraphi, auec vne peine tres-grande; iuſtement le iour apres que i'euſſe acheué ce penible trauail, ie reçoy des nouuelles du païs, d'y retourner: car les affaires de delà vont ſi lentement, que ſi ie deuois attendre icy juſques a eſtre acheuées, ie mangerois tous les moyens de ceux qui m'ont enuoyé. De ſorte que i'eſpere eſtre pardelà, enuiron demy Careſme, auec la faueur de Dieu, pour voir comme vous vous portez; car ie n'ay pas perdu l'eſperance, que la fiévre quarte vous quittera cependant; le Printemps quaſi commençant dé-ja à poindre. Quant à [c] *Lauerruncus*, il eſt impoſſible de le faire imprimer icy, à cauſe de tant de formalitez qu'on y apporte. Car il faudroit tellement le reformer, qu'il perdroit toute ſa force; & quand il ſe-

L'inſcription eſt A Monſieur l'Abbé de S. Cyran, au Cloiſtre N. Dame, au logis de Monſ. le Souſchantre. A Paris.

a Sulpice, c'eſt Ianſſenius.

b Seraphi; c'eſt S. Auguſtin.

c C'eſt vn papier qu'il luy auoit enuoyé de Paris pour faire imprimer; il en eſt parlé bien au lōg dans les lettres de Calenus qui ſuiuent celles-cy. Il eſtoit faict contre la Sorbone & les Ieſuites, roit imprimé, ie ne sçay s'il y auroit trois personnes qui le liroient, & si les deux l'entenderoient; ils disent que c'est vn stile de Budée ··· I'ay pris plaisir à lire la Sentence du [d] Plagiaire; & de voir que ceux qui l'ont accusé, n'ont pas crié en vain: c'est vne grande consolation, & appuy pour eux, en cas qu'ils fussent descouuerts; dequoy ie croy qu'il n'y aura pas de danger. Ie suis, Monsieur, Vostre, SVLPICE.

[d] Plagiaire; c'est le Pere Garasse.

La reforme qu'on l'obligeroit d'apporter au liure que S. Cyran luy auoit enuoyé pour faire imprimer secretement en Espagne, & qui luy feroit perdre sa force; nous fait assez iuger, que c'est vn liure iniurieux; comme sont tous ceux qui sont partis de son eschole, & qui ont esté faits par ceux de sa cabale; quoy qu'il fut fait contre la Sorbone qu'il n'espargnoit pas. Voyez plus bas la 10. *lettre de Calenus.*

De Louuain le dernier d'Auril 1627.

L'inscription est la mesme que la precedente.

MONSIEVR ··

Ie vous escris celle cy, la premiere apres mon arriuée; 65
pour vous dire, que la lettre que i'escriuis de Paris, à veritablement esté escrite fort à propos, & a operé beaucoup en toutes sortes de personnes. Car elle a esté cause, que le courage de toute l'Vniuersité a esté rehaussé grandement, pour continuer le bon dessein, dont i'ay jetté les fondements; & tous ceux, grands, & petits qui nous fauorisoient, en ont esté extrememẽt resiouys. Il semble que quasi tout le païs en est dé-ja tout plein; car on a donné diuerses copies de ma lettre, particulieremẽt aux grands; cequi m'a obligé d'escrire en Espagne, pour preuenir quelques mauuais raports, qui pourroient estre faits par ma partie, à ceux d'Alcala; dautant que ma lettre fait mention de certaines choses, que ie ne pensois point qu'elles seroient publiées. I'ay esté receu auec grande ioye, & contentemens de tous; cependant nous continuons de nous lier plus fortement auec celles d'Espagne ·· Les PP. de l'Oratoire sont enuiron sept en nombre, par dessus trois Lais. Ils sont en fort bonne estime: on les desire placer à Anuers ·· Il y en a icy qui sçauent, que le Plagiaire [a], a esté condamné, & croyent qu'vn Cordelier à escrit contre luy. Ils ont achepté ses liures pour leur recreation, l'estimant vn boufon; particuliairement en son premier ouurage. Ie suis, Vostre, SVLPICE.

[a] Plagiaire; c'est le P. Garasse.
[b] Ce liure s'intituloit, *Doctrine curieuse des beaux esprits.*

La lettre

La lettre dont il se vante, & qui eut tant d'effet, à ce qu'il dit, contre les Iesuites; ayant esté faite à Paris, & concertée entre l'Abbé de S. Cyran, & luy; n'auoit garde qu'elle n'eust toutes les conditions requises pour cela. Et puisque celuy cy fait gloire, d'auoir ietté les fondemens de la diuision de l'Vniuersité de Louuain auec les Iesuites; ce n'est pas merueille qu'il triomphe d'vne lettre, qui deuoit acheuer ce qu'il auoit si heureusement commencé.

De Louuain le 14. de May 1627.

66. MONSIEVR...

Il semble que Dieu vueille, que par tout où ie me trouue, mes trauaux se tournent contre [a] Gorphoroste. L'aduis de [b] Celias me demeure tousiours en la teste, que ie suis obligé d'escrire ce liure de ses actions, en suite de ma negotiation; ce qui fait, que ie n'ay pas encore seulement touché à [c] Seraphi. Ie suis des-ja bien auant en cette entreprise; & si elle reussit, comme Boëce [d] le voudroit, elle seroit d'importance, (*il a effacé terrible*) & a des-ja de bons commencemens. Quant aux iambons, puisqu'il vous plaist de me les enuoyer, ie ne voy autre moyen, que de les mettre dans vn panier bien fermé de toutes parts, & mettre en haut, vn ou deux liures qui ne valent rien, ou vn exemplaire des tomes contre le [e] Plagiaire... Souuenez vous d'escrire à Toulouze sur les affaires de [a] Gorphoroste. Ie suis Monsieur, vostre, SVLPICE.

L'inscription est la mesme que la precedente.

a Gorphoroste ce sont les Iesuites.

b Celias; c'est S. Cyran.

c S. Augusti n.

d Boëce, c'est Iansenius.

e Plagiaire, c'est le Pere Garasse Iesuite dont il parle, S. Cyran ayant fait la Preface d'vn liure qui parut contre luy vers ce téps là.

Apres cette declaration signée de sa main, & escrite à son confident, d'vne haine mortelle, & d'vne guerre eternelle contre les Iesuites; qui s'estonnera des suites d'vne si horrible passion, qui les a tous deux portez à se ioindre aux Heretiques; & à quiter plustost la creance, & la foy Catholique, que d'auoir rien de semblable à eux; rien qui ne leur fust contraire, & qui ne les obligeast à vn diuorce pour iamais en ce monde, & en l'autre?

De Louuain le 8. de Iuin 1627.

67. MONSIEVR..

Ie n'ay eu aucun loisir, pour lire les nouuelles du Superieur que vous m'escriuez : le peu que i'en ay veu, me fait iuger, ou que la verité a esté bien forte; ou que le personnage

Il n'y a point d'inscription à cette lettre.

est bien impertinent, qui fait estat de respondre. L'autre affaire contre [a] Gorphoroste, qu'il a maniée deux ans ; occupe Sulpice [b] tout à fait, de sorte qu'il ne peut pas vaquer à ces nouuelles, &c. Ie suis Monsieur, vostre, BOECE.

a Gorphoroste ; ce sont les Iesuites.
b Sulpice, Ianssenius.

Vous voyez comme il n'a que les Iesuites en teste, & ne pense qu'à leur nuire ; tout autre soin luy estant importun, horsmis celuy d'escrire, d'agir, & de parler contre eux.

De Bruxelle le 16. de Iuillet 1627.

68.

MONSIEVR...

Sulpice [a] a dé-ja grandement auancé l'œuvre des actes de Gorphoroste [b], auquel [c] Celias l'incita : les commencements monstrent que ce sera vn terrible ouvrage, voire plus que contre le [d] Plagiaire. Car outre les actes, qui comprendront enuiró deux de ces pieces, cõme cõtre le [d] Plagiaire; il s'y adjoustera vne autre piece, qui ne tiendra que le suc de tout le narré, compris en vn seul Tome entier, & en succera les proprietez. Quant aux nouuelles de deçà, ie n'en sçaurois dire grand chose ; sinon que Ianssenius a terriblement offensé sa [e] partie: c'est chose asseurée qu'elle a escrit d'Espagne, pour prendre information des conditions de ce personnage; car toute la tempeste d'Espagne est imputée à luy, laquelle n'est pas petite; par où paroist aussi qu'il n'y a point de doute, qu'on luy eust fait vn affront en Espagne, s'il y estoit encore; en le mettant, à tort, & à trauers, à l'inquisition ; ou par quelque autre façon. Cela est vn assez grand, & peremptoire motif de n'y retourner iamais plus. Sulpice [a] est en peine *De vulgandis gestis Pacuuianis* ; la fidelité de celuy qui imprima *Plagiaria*, y seroit fort propre ; & ie croy que [a] Sulpice, ne regarderoit à cent Florins. Il y auroit au moins deux pieces ; mais c'est vn tel ouurage, que si [f] Boëce, & Celias [c] estoient ensemble, quelque part qu'ils fussent, il y auroit danger qu'ils ne fussent saisis, & leurs maisons visitées, comme Calenus (à qui i'en ay fort communiqué) le tient pour asseuré; car on l'imputeroit sans aucune faute à ces deux. C'est cela qui luy donne de l'apprehension, quoy qu'il n'y ait quasi rien d'aigreur dedans ; mais les choses, & la force de la verité & preuues, offense; ie croy que [c] Celias, en dira son aduis. *Il n'a point signé celle cy.*

Cette lettre est inscrite A Monsieur de Haitze, elle s'adresse neantmoins à l'Abbé de S. Cyran.
a Sulpice, Ianssenius.
b Gorphoroste, ce sont les Iesuites.
c Celias ; c'est S. Cyran.
d Plagiaire ; c'est le P. Garasse.
e Sa partie; ce sont les Iesuites.
f Boëce, Ianssenius.

Cette lettre descouure bien des Mysteres, que ie laisse aux personnes intelligentes, à expliquer. Ce qui m'estonne, c'est cette hayne estrange qui est le principe de tous les desseins de ces cabalistes; au nombre desquels il faudra desormais adiouster Calenus; puisque Iansenius nous apprend icy qu'il entroit dans ses intrigues, aussi bien que Conrius; & que plus bas nous produirons de ses lettres escrites à l'Abbé de S. Cyran; pour ne rien dire de l'opiniastreté qu'il a monstrée dans ce party qui luy valut la perte d'vn Euesché auquel il estoit nommé.

De Louuain le 31. de Decembre 1627.

69. MONSIEVR.

Ie suis tres aise, que ie vous puis escrire à l'ancien stile. Sulpice [a] poursuit sa pointe, & est par la grace de Dieu, à la parfin arriué à la composition de [b] Pilmot, aprez tant d'années de preparation. Il a commencé par l'Histoire, dont il a fait enuiron deux cahiers, en trois Semaines; où il decouure plusieurs fautes d'vn certain Escriuain qui s'en est meslé. Il luy semble qu'il a veu chez Celias [c] vn petit liuret *De Ecclesijs suburbicarijs*, auquel est par accident traitté des Canons du Concile Mileuitain, il prie qu'on luy en coupe les fueilles qui en traittent, pour s'en seruir; combien qu'il ne s'en seruira point, qu'aprez qu'il aura tenté *Extremum Potentiæ*, pour corriger, s'il se trouue par aprez auoir failly, ou n'auoir pas dit assez. Sulpice [a] fait descrire vn grand œuvre, qu'il a fait contre [d] Gorphoroste; il voudroit que [c] Celias l'auroit veu, car il ne se peut resoudre à le publier, à cause qu'il seroit descouuert; c'est cequi fait qu'il ne se haste point. I'ay commencé à faire voir la question du Trisagion (que vous m'auez enuoyée) & semble, qu'ils n'y trouueront pas de la difficulté. Quelques vns trouuent fort mauuais, qu'on vueille faire changer les liures d'vne Nation, qui vit parmy, ou prés des Grecs; estant danger, qu'ils diront, que les Romains errent plustost qu'eux, quant on leur veut oster cequ'ils ont tenu de tout temps. Il est à craindre qu'il ne sera pas acheué si tost, à cause qu'il y en a plusieurs, & chacun le voudra voir quelque temps. Ie serois bien aise si vous me pouuiez faire auoir les constitutions de la Maison de Sorbone, leur façon de viure, gouuernement, exercice &c. pour en prendre ce qui sera conuenable icy; ou l'on tient que c'est vn dessein de grandissime importance, pour le bien public, & qui ne sera pas

Il n'y a point d'inscription à cette lettre.

a Sulpice, c'est Iansenius.

b Pilmot; c'est son liure intitulé *Augustinus*.

c Celias; c'est l'Abbé de S. Cyran.

d Gorphoroste, ce sont les Iesuites.

e Pacuuius ; ce ſont les Ieſuites, au regard deſquels il meſure tout ſon mal & tout ſon biē. f Les Monts ; c'eſt des Pirenées qu'il parle.

à l'auantage de e Pacuuius. On ne ſçait pas d'où cela vienne, qu'il eſt ſi mortifié, depuis 8. ou 10. mois, en ces quartiers, plus que de couſtume. On m'a eſcrit de dela les Monts f, d'vne perſonne de qualité ; que l'inquiſition a eſté ſuſcitée contre vn Docteur de Louuain, qui a eſté en Eſpagne ; & s'eſt addreſſé à Salamanca, au logis de ſon hoſte, qui eſtoit le premier Docteur de delà, & de l'Vniuerſité, appellé *Baſilius de Leon* ; pour prendre information contre luy, comme contre vn Hollandois, & par conſequent Heretique : qui leur reſpondit tant à l'auantage de ce Docteur, que le nez leur ſaigna. Auſſi diſent ils icy, que ce Docteur, *eſt acerrimus hoſtis ſuus.* Ce qui fait, qu'auſſi ce Docteur ne ſe ſoucie pas de ſe declarer contre eux, quand la neceſſité iuſte le requiert ; ſçachant bien, que iuſques au Sepulchre, il ne doit attendre bon traittement d'eux. Cependant l'Infante en a eſté aduertie, afin qu'elle ſçachant cette antipatie, elle ne ſoit pas preuenuë par d'autres calomnies. Par là vous voyez, s'il ſe doit ſoucier beaucoup d'eſtre connu en la pourſuite de la queſtion du Maronite, particulierement ne ſe pouuant bonnement faire par aucun autre. Ie ſuis voſtre, BOECE.

Cette année eſt remarquable, pour auoir donné commencement, à la compoſition de ce fameux liure, intitulé Auguſtinus, *dont nous n'auions veu iuſques icy que les preparatifs, & les deſſeins depuis tant d'années ; & qui auoit eſté retardé par tant d'incidens ; & particulierement à l'occaſion de pluſieurs liures, que Ianſſenius eſcriuoit contre les Ieſuites ; dont le dernier duquel il parle, comme d'vn liure terrible, & qu'il qualifie en la precedente lettre,* De geſtis Pacuuianis ; *le met en grand ſoucy : non pas pour la crainte de bleſſer ſa conſcience par des detractions publiques, & par des actions de vengeance, & d'animoſité, mais pour l'apprehenſion qu'il a d'eſtre deſcouuert. Iugez au reſte par la lecture de cette lettre, & des precedentes ; s'il eſt poßible de monſtrer plus de haine, & de paßion contre quelqu'vn, que Ianſſenius fait contre les Ieſuites : & ſi vn homme qui trouue mauuais que l'Egliſe oſte aux Maronites des liures pleins d'erreurs, qui ne ſeruent qu'à les rendre opiniatres dans leur ſecte (pour ne rien dire des autres raiſons) a ſubiet de ſe plaindre qu'on ſonge à le mettre à l'inquiſition, & qu'on a deſſein de luy faire à iamais la guerre, à cauſe de ſa mauuaiſe doctrine.*

De Louuain l'vnzies. Feb. 1628.

0. MONSIEVR.

Ie vous enuoye le Trisagion signé par ceux de nostre Vniuersité, comme vous voyez. Les signatures n'ont pas esté faites en Conclaue, c'est pourquoy elles sont si diuerses ; Ce qui est peut estre mieux, car elles tendent toutes à vn mesme but. I'ay parlé à tous auparauant, & les informay du fait, & de l'importance ; c'est pourquoy ils ont aussi touché les considerations de ne changer rien. Ie vous enuoye aussi vne Antiphone qu'on chante quasi par tout à l'honneur de Nostre Dame, contre la Peste ; là ou formellement on l'appelle trois fois Sainte ; vn des Docteurs des plus sçauans me l'a suggerée, pour faire inserer ce passage dans les preuues. Sulpice [a] trauaille peu à peu à [b] Pilmot, & sera bien tost au bout de l'histoire, qui est le moins principal. On a receu icy vne lettre, depuis que ie vous ay escrit, par laquelle on fait sçauoir à l'amy de [c] Celias, de quelle façon on traite Ianssenius en Espagne. I'aurois bien enuie d'auoir vos Sermons de Nostre Dame, & tous ceux que vous auez faits sur d'autres matieres. De toutes parts, on dit que Gorphoroste [d] est fort alteré contre Sulpice [a], à cause de l'Acte de l'année passée ; ce qui fait croire qu'il ne faut rien esperer de bon d'eux par toute sa vie. Ie suis vostre, SVLPICE.

L'inscription est A Monsieur de Haitze.

[a] Sulpice ; c'est Ianssenius.

[b] Pilmot ; c'est le dessein de son liure.

[c] Celias ; c'est S. Cyran.

[d] Gorphoroste, ce sont les Iesuites.

Il est manifeste que cette lettre s'adresse à l'Abbé de S. Cyran, quoy que sous le nom d'vn de ses Nepueux, nommé Haitze. C'estoit son recours pour auoir des approbations pour soy, & pour les autres, que Ianssenius ; ainsi que nous auons veu, & que nous continuerons de voir à l'aduenir : & en eschange, le recours de Ianssenius en ses besoins, nommément pour les harangues, & les Sermons, c'estoit S. Cyran. Au reste, il n'a garde d'attribuer à sa mauuaise Doctrine, la recherche qu'on en faisoit en Espagne, où il auoit trop parlé, & il aime bien mieux attribuer à son ordinaire, tout son mal aux Iesuites, qu'il auoit tousiours en teste, & qui luy troubloient continuellement l'imagination.

De Louuain le 17. de Mars 1628.

1. MONSIEVR,

Ie viens de receuoir vostre lettre, par laquelle vous estes

Il n'y a point d'inscription à cette lettre.

en peine d'vne autre que i'ay escrit, d'estre perduë ; mais du depuis elle m'a esté enuoyée par Calenus. I'ay cõpris assez les raisons de [a] Celias, pour lesquelles il ne faut pas que Sulpice [b] pẽse à mettre au iour, ce qu'il a pensé sur [c] Gorphoroste. Aussi n'est pas besoin de force persuasions ; car il voit assez les dangers ou il se metteroit, & n'a nulle enuie de se hazarder de nouueau, si ce n'est à bonnes enseignes ; de sorte qu'en tout cas, il n'en sera rien fait en tout, sans auoir communiqué prealablement auec [d] Durillon. L'affaire de la Maison, à l'imitation de la Sorbone, est fort auancée, & ne reste rien que de l'ackepter, l'argent estant desia prest. On croit icy que ce sera vne œuure signalée pour le bien public. Gorphoroste [c] n'en sçait rien encore, qui ne s'en contentera guere. Voicy vne lettre que le Pere Bourgoing m'a addressée : il me prie de vous escrire vn mot sur le sujet qu'elle traite, lequel il m'a expliqué il y a quelques iours, mais ie l'ay quasi oublié. Il me semble qu'il tendoit à cela, qu'il vous pleust traiter auec Monsieur le Cardinal de Berulle, que le Pape luy permist, que ce pouuoir qu'il a d'eriger des Maisons en France, & ailleurs, auec dependance de luy ; luy fust donné aussi, sans cette dependance ; ou vne declaration, que le deffaut de cette dependance, qui ne peut pas estre obseruée en tous endroits, ne fist point de prejudice à l'Institut, qu'il ne fust tenu par tout le mesme. Ie vous prie d'y contribuer ce que vous pouuez, veu que l'Archeuesque [e] se trouue icy en peine sur ce sujet, car l'Infante ne luy a donné permission d'appeller les Peres de l'Oratoire, que sous cette condition ; & neantmoins la Bulle requiert la dependance expressement ; & de faire vne autre sorte d'Oratoire, ou d'impetrer vne autre Bulle, contient plusieurs difficultez. Aussi est il grandement besoin, d'auoir vn autre Pere icy qui soulage le P. Bourgoing, accablé par trop d'affaires. Vostre, Boece.

[a] Celias ; c'est S. Cyran.
[b] Sulpice ; c'est Ianssenius.
[c] Gorphoroste ; ce sont les Iesuites.
[d] Durillon ; c'est S. Cyran.
[e] L'Archeuesque ; c'est celuy de Malines, qui a suiuy le party de Ianssenius, depuis mesme qu'il a esté condamné ; on dit toutefois que depuis peu il est venu à resipiscence.

Les Iesuites sont deliurez, au moins pour vn temps, de la crainte de ce liure si terrible ; & ils en ont vniquement l'obligation, à l'apprehension qu'auoit Ianssenius, d'estre descouuert. Le reste de la lettre, monstre les soins qu'il prenoit pour l'establissement des PP. de l'Oratoire, & l'affection qu'il auoit de les obliger, pour les considerations qu'il a luy mesme declarées, dans quelques lettres precedentes, & que nous auons remarquées.

De Louuain le 28. d'Auril 1628.

MONSIEVR,
I'ay esté destourné quelques sepmaines de la poursuite de a Pilmot, qui est cause que depuis auoir acheué le narré historique, ie n'ay quasi rien fait ··· I'attends les Regles, ou les pratiques de cette celebre Maison b de delà; car pardeçà, vne partie de la Maison est dé-ja acheptée; on estime icy fort ce dessein, combien que bien peu de monde en soit imbu. Le bon Pere Bourgoing auroit bien besoin de quelque bon secours, estant seul à supporter tout ·· Ie suis, Vostre, BOECE.

L'inscription est A Monsieur de Haitze au Cloistre de N. Dame, chez Monsieur le Souschantre. A Paris.

a Pilmot; c'est son liure *Augustinus*.

b Il parle de la Sorbone.

Le nom de Haitze, est le nom d'vn Nepueu de l'Abbé de S. Cyran, sous lequel il luy addresse la presente, laquelle ne dit rien d'extraordinaire, & nous marque seulement que les soins de Ianssenius estoient pour son liure, & pour les Peres de l'Oratoire.

De Louuain le 15. de Septembre 1628.

MONSIEVR,
Le papier de la Sorbone m'a esté rendu, il y a long-temps, & vous remercie beaucoup du soin, & de la peine. Aussi on a achepté par prouision vne Maison: la forme qu'on y pense establir, sera toute autre que celle de delà, dautant que ce ne sera pour aucuns Escholiers; mais séulement pour ceux qui seront Docteurs de fait, ou bientost apres; & pour pas dauantage que huict ou neuf, auec toute liberté, comme chacun viuoit à part ·· Les affaires de Pilmot a ont reposé long-temps, à cause de mon procez, & d'autres empeschemens, lesquels feront que i'y pourray fort peu trauailler cette année. Ie suis fort instamment prié, & reprié de faire quelque exhortation en vn des principaux Monasteres du Païs bas, où l'Archeuesque de Malines est allé. Si vous auez entre vos Sermons quelque chose, qui puisse seruir à cela, je vous prie de me l'enuoyer la prochaine fois. Ie suis, Monsieur, Vostre, C. I.

L'inscription est A Monsieur l'Abbé de S. Cyran. A Paris.

a Pilmot; c'est son liure.

La presente vous fait voir que non seulement les desseins, les humeurs, & les passions; mais qu'aussi les biens estoient communs entre Ianssenius & S. Cyran.

De Louuain le 22. Decemb. 1628.

L'Inscription est A Monsieur l'Abbé de S. Cyran, au Cloistre N. Dame, chez Tacon Chanoine. A Paris.

MONSIEVR,

Vostre absence de Paris a esté cause que ie ne vous ay pas escrit, il y a long-temps. Ceque vous m'auiez enuoyé l'autrefois, touchant l'Ordre des Benedictins, est venu trop tard; cequi fut cause que i'ay fait la harangue comme il a pleu à Dieu, sur la reformation des mœurs, suiuant la Doctrine de [a] Seraphi. Le Prelat [b] que vous connoissez, y estoit present, & y prist grand plaisir: il a esté fort incité à cette occasion, à tascher de faire Euesque, vn certain qui s'appelle [c] Sulpice, jusques à souhaiter qu'il fust son Coadiuteur, *Cum successione*, mais il n'a pas pouuoir de faire tout ce qu'il voudroit. Cependant ie n'ay pas voulu vous cacher, comme à tout autre, cette particularité. I'ay bien compris ceque vous m'auez escrit de l'affaire du [d] Plagiaire; cequi m'auoit donné quelque apprehension pour vn semblable affaire de [e] Boëce, qui a, comme vous auez oüy, fait vn ouvrage de trois liures contre [f] Gorphoroste, sur le subjet de l'affaire des Communautez, dont il est membre. Il a quelquefois eu des pensées de le ietter tout au feu: neantmoins depuis peu, il semble que Dieu a donné quelque ouuerture de le faire voir sans danger; si cela pouuoit reüssir, à sçauoir, en le reformant vn peu, pour le faire parler au nom des Communautez, & en le faisant approuuer & subsigner par aucunes d'elles, pour l'offrir à leur nom au Pape, qui seul y peut mettre ordre. Car toutes sont au mesme danger, & extremitez, & crient au meurtre, depuis le Septentrion le plus reculé, iusques au midy. Il vous plaira escrire vostre aduis sur cela à [e] Boëce, car ie sçay quelques vns de ces corps, qui le feront tres-volontiers; si celuy du cartier de [g] Celias, y vouloit contribuer, ce seroit vn grand coup. Il y a quelques mois, que deux Docteurs de la Sorbone sont venus voir l'amy de [g] Celias, à sçauoir Monsieur Scot, Professeur du Roy, & celuy qui a manié les affaires des Vniuersitez de France contre les Iesuites. Ie luy demandé certains escrits sur les choses qu'il a maniées: mais l'autre luy respondit, que si luy, comme commis, où la Faculté des Arts, ou Theologie les demandoient de l'Vniuersité, ou Faculté de Theologie, qu'on leur enuoyroit tout ce qu'ils ont: quand mesme ils le voudroient publier ou imprimer, ils ne luy ont pas encore escrit.

[a] Seraphi; c'est S. Augustin.
[b] L'Archeuesque de Malines.
[c] Sulpice, c'est Ianssenius.
[d] Plagiaire; c'est le Pere Garasse.
[e] Boëce; c'est Ianssenius.
[f] Gorphoroste; ce sont les Iesuites.
[g] Celias; c'est S. Cyran.

L'Archeuesque

L'Archeuesque de Malines est celuy qui vit encore auiourd'huy, & qui estoit lié d'affection, & de party auec Calenus, & Ianssenius, & qui a refusé long temps d'obeyr aux Decrets des Papes Vrbain VIII. & Innocent X. contre Ianssenius. Au reste l'animosité de celuy cy n'est elle pas estrange; de chercher par tout les moyens d'opprimer les Iesuites, & de se ioindre pour cet effet à tous leurs ennemis?

De Louuain le 12. Ianuier 1629.

75. MONSIEVR...

I'ay bien compris vostre intention, & desir touchant l'aduancement de [a] Pilmot; aussi vous puis-je asseurer que la necessité a esté cause de m'estre engagé icy. Il est vray que cela differera vn peu l'ouvrage, mais il meurira dauantage; & combien que [b] Boëce, ne pourra passer outre durant quelques mois, à la composition; il ne laissera pas pourtant de lire tous les iours quelque chose de [c] Seraphi, pour rafraischir & raffermir la memoire.. Ie suis, Vostre, SVLPICE.

Cette lettre manque d'inscription.

[a] Pilmot, c'est l'ouvrage de Iansenius.

[b] Boëce, c'est Iansenius.

[c] Seraphi, c'est S. Augustin.

Vous voyez comme il s'excuse du retardement que ses affaires l'obligent d'apporter à la composition de son ouvrage, & comme l'vn & l'autre estoit dans l'impatience de le voir acheué; & c'estoit là le sujet de tous leurs entretiens, & l'vnique but ou visoient leurs desseins, que l'establissement de leur nouuelle doctrine.

De Louuain le 2. Febur. 1629.

76. MONSIEVR..

Les escrits de Gorphorostes [a] ne sont pas encore acheuez pour les enuoyer; ce que ie feray, aprez que ie les auray corrigez, & peut estre adiousté quelque chose, car i'ay laissé arriere beaucoup de points importans. Il m'est venu en l'esprit, qu'il y auroit vn moyen facile, & asseuré de publier les escrits de Boëce [b] contre Pacuuius [c], en les traduisant eloquemment en la langue de Celias [d]: car il n'y a ame du monde qui songeroit alors à [e] Sulpice, ce qui autrement seroit difficile, & par aprez on pourroit faire suiure l'original, comme si ce fust vne traduction; mais cela, & d'autres choses seront mieux jugées par [d] Celias.. Il s'en faut bien peu, que ie ne sois engagé aux Filles Carmelines de leur preicher quelquesfois en François;

L'inscription est A Monsieur de S. Cyran, au Cloistre N. Dame, chez Monsieur le Chanoine Taron. A Paris.

[a] Gorphorostes, ce sont les Iesuites.

[b] Boëce, Ianssenius.

[c] Pacuuius, les Iesuites.

[d] Celias, c'est S. Cyran.

[e] Sulpice; c'est Ianssenius.

ie le ferois peut estre, si i'auois le secours des Sermons de [d] Celias, mais ie ne les luy ose pas demander · · Vostre, QVINQVARBRE.

Ces escrits qu'il promet à S. Cyran, sont ceux qu'il auoit composez contre les Iesuites, à son retour d'Espagne; & qu'il intituloit dans la 68. lettre De vulgandis gestis Pacuuianis, *ou il nous asseuroit encore, que ce seroit vn terrible liure; & il ne se lasse point, quoy qu'il eust dit cy dessus au contraire, d'en presser l'impression, cherchant tous les moyens de le faire impunement.*

De Louuain le 4. Febur. 1629.

Il n'y a point d'inscription à cette lettre.

a Pacuuius; ce sont les Iesuites.

MONSIEVR · · · 77.

Hier on a acheué les escrits contre [a] Pacuuius, il y en a neuf grands cahiers de 5. fueilles : mais d'autant qu'ils sont pleins de fautes, ie ne les puis enuoyer par vne si bonne commodité. Ie suis Monsieur, vostre, SVLPICE.

Tous les entretiens de ces deux hommes, ne sont que des Iesuites; & toutes leurs pensées, & leurs desseins, n'aboutissent qu'à leur nuire, & à troubler l'Eglise.

De Louuain le 23. Mars 1629.

L'inscription est A Monsieur de S. Cyran au Cloistre N. Dame, chez Monf. le Chanoine Taron. A Paris.

a Pilmot; c'est le dessein de son liure.

b Semiriste; c'est le Pere Gibieuf de l'Oratoire.

MONSIEVR, 78.

Il y a quelques sepmaines que ie vous ay escrit en grande haste, pour vous supplier de vouloir prendre la peine de prier Monf. le Cardinal, ou celuy qui a l'authorité de le faire; de vouloir enuoyer par deça vn des Peres de l'Oratoire pour soulager le R. P. Bourgoing, qui veritablement en a tres grand besoin, tant est il accablé de tous costez. Ie pense que M. Calenus vous en a aussi escrit · · Quant aux Sermons dont ie vous auois parlé, ie n'y suis pas encore resolu: i'ay peur que cela me pourroit destourner de l'affaire principal de [a] Pilmot. Ie voudrois sçauoir si ce liure du Semiriste [b] qui s'imprime, embrasse toute la matiere de [a] Pilmot, tellement qu'il pust suffire à tout : car cela estant, pour le vous dire sincerement, i'en serois aise, & me deporterois du grand trauail que ie voy qu'il faudra prendre, deuant que d'acheuer la composition. Il y a enuiron vn mois que i'auois recommencé les petits liures, & les acheuray dans 8. ou 10. iours, pour rafraischir la memoire, & poursuiure la composition, ce qui ne seroit pas besoin, si l'autre a satisfait assez; veu principalement que ie voy vn si grand chaos, que ie ne sçay quasi par ou commencer. Ie trouue que i'ay fort peu d'empeschemens, pour continuer l'entreprise : car ie suis resolu d'y employer tousiours deuant disner 3. heures, & l'apres disnée à d'autres choses; & estant deschargé du soin de gouuerner les autres, ie ne suis gueres interrompu ··· Le P. Bourgonius & moy, auons accommodé toute l'affaire de l'Oratoire, & auons enuoyé le proiet, & concept au Prelat, qui en est aussi content ·· Ie suis occupé grandement par les affaires de l'Vniuersité contre [c] Pacuuius, qui veut occuper vne Eschole la plus ancienne du Païs Bas ··· Ie suis, Monsieur, Vostre, SVLPICE.

c Pacuuius ; ce sont les Iesuites.

*Il paroist icy, quelle part il prenoit aux affaires des Peres de l'Oratoire ; au mesme temps qu'il agissoit, & de viue voix & par escrit, contre les Iesuites. On voit aussi comme S. Cyran luy donnoit aduis, du liure que faisoit imprimer le P. Gibieuf ; comme d'vn ouurage qui deuoit seruir à leurs communs desseins, & qui touchoit vne partie des matieres qu'il traitoit dans son Pilmot ; c'est à dire dans le liure qu'il preparoit, sous le nom d'*Augustinus *pour troubler l'Eglise.*

De Louuain le 25. de May 1629.

79. MONSIEVR ·· Sulpice [a] est fort occupé, depuis enuiron six sepmaines, à digerer les opinions des aduersaires de [b] Pilmot. Il le fait tres exactement, & peut estre trop, car l'ouurage en deuient fort long. Il croit que l'Historique, & Dogmatique de ces [c] Pilmotaires, reuiendra bien à prez de deux de ces Tomes contre le [d] Plagiaire. Il voudroit vous le pouuoir monstrer, pour voir si vous le trouuerriez bon, &c. Ie suis, Monsieur, Vostre, BOECE.

L'inscription est A Monsieur de S. Cyran.
a Sulpice, Iansenius.
b Pilmot ; c'est son liure *Augustinus*.
c Pilmotaires, ce sont les Pelagiens.
d Plagiaire ; c'est le P. Garasse.

Voyla comme il rend compte à S. Cyran, de la continuation de son ouurage ; luy deduisant le detail d'vn trauail, qu'il n'auoit entrepris que de concert auec luy, & pour l'auancement de la reforme qu'ils vouloient establir en la doctrine de l'Eglise.

De Louuain le 29. de Iuin 1629.

L'inscription manque à cette lettre

a Sulpice, c'est Janssenius.

b Pilmot; c'est le dessein de son liure.

c Seraphi; c'est S. Augustin.

d Solsti, c'est Florentius Conrius.

e Quinquarbre; c'est Janssenius.

f Celias; c'est S. Syran.

MONSIEVR..

Sulpice [a] est occupé à poursuiure la matiere de [b] Pilmot, comme il vous l'auoit escrit dernierement. Il ramasse les opinions des Aduersaires de [b] Pilmot, & les explique fort particulierement, & amplement par leurs propres paroles. Mais l'ouurage deuient si long que i'en ay peur; il sera bien aisé de le racourcir, si on le juge conuenable. L'homme qui a mis en lumiere vn liure de Theologie, est vn Professeur du Roy le plus estimé, qui a escrit in 1. 2. S. Thomæ. Sulpice [a] ne l'a pas encore veu, à qui l'on auoit fait instance souuent de le vouloir lire pour en tirer son jugement, s'il accordoit auec [c] Seraphi; mais Sulpice [a] a tousiours esquiué, pour ne tomber point en disputes, & contradictions; dont l'autre s'est formalizé. Quand les principes sont diuers, il est mal aisé qu'on s'accorde; combien qu'il a veu ces Theses, que ie vous enuoyay autrefois, imprimées par [d] Solsty. Quinquarbre [e] trouue par experience, que la composition de [b] Pilmot, sera tres penible à cause d'vne infinité de passages qu'il faut alleguer à chaque bout de champ; & qui embarasse fort le chemin, & la course. On ne sçait icy point du tout à quoy s'employe [a] Sulpice, sinon en general, qu'il se rompt la teste à [c] Seraphi; & par consequent, qu'il medite quelque chose sur luy, ce qui est mal aisé d'empescher... Ceux du païs de [a] Sulpice ont proposé à la compagnie du mesme Sulpice, vn cas; s'il est loisible aux Confesseurs, d'absoudre les gens du païs de [f] Celias, qui portent les armes sous les Estats, & particulierement en ce Siege de Boisleduc: & fut resolu que non, *Ne quidem in mortis Articulo*; si ce n'est sous promesse de quiter cette Milice.. Vostre, BOECE. 80

Il ne se lasse point de parler du liure qu'il a entrepris; & il monstre assez la peine que luy donne ce dessein; & que c'est plustost l'engagement de parole qui l'oblige à le continuer, que l'esperance de trouuer la verité; voyant bien que tout le monde luy est contraire, & que mesme le seul soupçon qu'on auroit de son liure, attireroit sur luy la haine publique. Pour ce qu'il dit, touchant la resolution de l'Vniuersité de Louuain; il paroist assez dans son Mars Gallicus, qu'il y auoit bonne part; & on sçait fort bien que S. Cyran estoit de cet aduis, & qu'il le publioit hautement.

De Louuain le 30. d'Aoust 1629.

1. MONSIEVR... I'ay receu n'aguere le liure du [a] Semiriste, *De libertate*, mais ie n'en ay guere leu encore; ie le feray à loisir. Quinquarbre [b] passe auant en la composition des opinions [c] Pilmotaires, & est des-ja fort auancé; il espere acheuer Dieu aidant dans trois mois, car l'œuure grossit, & le detient plus qu'il n'auoit creu... Ayant escry cecy ces iours passez, ie reçoy vostre lettre, auec vn Sermon fait en François, dont ie vous remercie beaucoup. Ie ne desire point que vous fassiez aucun Sermon exprez pour moy; mais seulement de faire descrire ceux que vous auez. Quant au liure seellé de dix seaux; ie ne sçay quel il est, si ce n'est celuy du [a] Semiriste, qui m'a esté donné sans couuerture, ny lettre. L'amy de Bruxelle [d] escrit auiourd'huy à [e] Sulpice, que le Prelat [f] luy a parlé des conditions de Boëce [g] pour le faire substituer en la place d'vn, qui est mort en Flandre, si ie ne me trompe à Bruges. Le [h] Gorphoroste, ne le supporte pas bien. Le messager part le mesme iour que ie reçois vostre lettre, ce qui ne me permet point de respondre à Messieurs de Barcos & Haitze. Ie suis, Monsieur, Vostre, BOECE.

L'inscription est A Monsieur de Haitze au Cloistre N. Dame, chez M. le Chanoine Taron. A Paris.

[a] Semiriste; c'est le P. Gibieuf.

[b] Quinquarbre; c'est Iansenius.

[c] Pilmotaires; ce sont les Pelagiens.

[d] L'amy; c'est Calenus.

[e] Sulpice, Iansenius.

[f] Le Prelat; c'est l'Archeuesque de Malines.

[g] Boëce, Iansenius.

[h] Gorphoroste; ce sont les Iesuites.

Quoy que l'inscription de cette lettre soit au Nepueu de S. Cyran, le contenu fait voir que c'est à l'Oncle qu'elle s'adresse, veu nõmement qu'il rẽd raison de ce qu'il n'escrit point à l'autre. Il nous fera sçauoir plus bas, le iugement, qu'il portoit du liure du P. Gibieuf; pour maintenant il se contente que nous sçachions qu'il aduance beaucoup dans son grand ouvrage, & que l'Archeuesque de Malines qu'il auoit, auec Calenus, gaigné à son party, songeoit à le faire Euesque: mais il n'eut pas alors assez de credit pour cela, & ce fut vniquement à son Mars Gallicus, que puis apres il en eut l'obligation.

De Louuain le 21. de Septembre 1629.

2. MONSIEVR... Mon Nepueu, est entré à l'Oratoire, depuis deux iours. Le R. P. Bourgoing, l'enuoira apres cinq ou six iours en France, pour estre façonné de delà en lettres, Philosophie, & en la pieté en quelqu'vn de leurs Colleges. Sulpice [a] a leu vne grande

L'inscription est A Monsieur de S. Cyran.

[a] Sulpice; c'est Iansenius.

b Semiriste; c'est le P. Gibieuf.

c Porristique ; c'est l'Eschole des Iesuites.

partie du liure du [b] Semiriste : il est vray, qu'il a des bonnes choses; mais il est fort philosophique, ressentant grandement eschole [c] Porristique, selon ce qui luy en semble maintenant. Il ne sçauroit approuuer plusieurs choses qu'il contient ; mais neantmoins pour contenter l'Autheur, il luy donnera bien quelque approbation moderée sur le point qu'il desire. Il l'a vous enuoyra deuant, afin de voir si elle pourra passer, ou sera au contentement de celuy qui la desire. Ie suis, Monsieur, Vostre, BOECE.

Il porte à peu prez le jugement du liure du P. Gibieuf, que feroit vn Heretique, blasmant le raisonnement en vne matiere qui en despend tout à fait. Aussi auoit il bien dans l'idée vne autre liberté que celle de ce Pere, & qu'il pretendoit establir dedans son liure, contre le sentiment de toute la Philosophie, & Theologie, selon les principes de Luther & de Caluin. Vn Catholique eust dit de ce liure du P. Gibieuf, qu'il se departoit de l'opinion commune, & qu'il se mettoit en danger de tomber par là dans l'Heresie.

De Louuain le 18. Octobre 1629.

L'inscription est A Monsieur de Hairze au Cloistre de N. Dame, chez Monsieur le Chanoine Taron. A Paris.

a Pacuuiens; ce sont les Iesuites.

b Semir; c'est Monsieur de Berulle.

c Semiriste d'icy ; c'est le P. Bourgoing.

d Quinquarbre; c'est Ianssenius.

e Pilmot; c'est le dessein & les sentimens de son liure.

MONSIEVR,

Mon Nepueu est enuoyé par le P. Bourgoing en France, pour y estre exercé en lettres, & pieté : il le tient pour homme de bon iugement, & bonne volonté. Ie l'ay resigné entre ses mains, dautant plus volontiers, qu'il y auoit danger, qu'il ne fist autre chose moins à mon gré, en se iettant parmy les [a] Pacuuiens. I'eusse bien voulu qu'il eust peu estre dressé de la main du P. Bourgoing, à cause qu'il inspire à sa famille l'esprit Hierarchique, beaucoup dauantage qu'on ne fait chez Semir [b], de delà ; ce que le Semiriste [c] d'icy m'a confessé luy mesme; mais il a dit qu'il prendra soin de luy, la part où il sera. La mort de Monseigneur le Cardinal de Berulle, m'a fort attristé, pour les raisons tant publiques, que particulieres. Car ie sçay combien il est difficile en vn siecle entier, de trouuer vne telle vertu, conjointe auec telle authorité, pour faire du bien. Le P. Bourgoing a fait vne Harangue funebre, moy estant absent; en laquelle il a produit de grandes raretez, à ce qu'on m'a dit. Quinquarbre [d] auance tousiours en ce qu'il a commencé : il croit auoir la fin des resueries de ceux qui combatent [e] Pilmot, enuiron Noël ; car l'ouurage est deuenu beaucoup plus gros qu'il n'eust creu. Il m'a dit, qu'il enuoyra à f Celias, s'il le trouue bon, les Tiltres, ou Chapitres de tout ce qui s'y traite, afin qu'il en puisse juger en gros, & s'il a esté à propos de le faire à part. Ie suis, Monsieur, Vostre, BOECE.

f Celias ; c'est l'Abbé de S. Cyran.

Il n'auoit que faire de dire, ce qu'on jugeoit assez ; que celuy eust esté vne chose moins agreable, de voir entrer son Nepueu chez les Iesuites que dans l'Oratoire : mais il falloit qu'il prist cette occasion de declarer encore à son amy sa hayne contre ces Peres. Les raisons particulieres qui obligeoient Ianssenius de s'attrister de la mort du Cardinal de Berulle, ne sont pas difficiles à deuiner, à ceux qui ont leu les lettres precedentes, & qui sçauent comme S. Cyran croyoit l'auoir gaigné à son party, & aliené des Iesuites. Quand aux resueries qu'il attribuë à ceux qui combatent ses erreurs, personne ne s'en estonnera, qui connoistra l'orgueil de cet esprit qui s'esleuoit au dessus des six derniers siecles, & qui prenoit pour des clabaudeurs tous les Theologiens de l'Eschole. Au reste l'inscription de sa lettre, n'empesche pas qu'on ne voye que c'est à S. Cyran qu'elle est escrite, ainsi qu'en fait foy le contenu ; & dé-ja nous auons reconnu qu'il se sert du nom du Nepueu, pour parler plus ouuertement à l'Oncle.

De Louuain le 8. Nouemb. 1629.

34. MONSIEVR,

L'inscription est A Monsi. l'Abbé de S. Cyran.

Le bon accueil que vous auez fait à mon Nepueu, l'a mis en estonnement, de ceque ie pouuois auoir de si bons amis en France. Aussi auez vous voulu tesmoigner en partie, jusques ou vostre amitié ; car quant à moy, ie sçay assez qu'elle va encore va plus loing. I'estois vn peu estonné, de ce qu'il auoit peu auoir besoin si tost d'argent, veu que ie luy en auois donné honnestement pour son voyage ; mais sa lettre m'en a esclaircy vn peu : car il se plaint de ceque le P. Superieur d'icy, luy en auoit osté vne grande partie, sur le point de son partement, disant qu'il en trouueroit par tout. Quelle consideration il a eu en cela, ie ne le sçay point... Sulpice a passe tousiours outre au dessein commencé, quoy que les occupations l'en diuertissét quelquefois vn peu. Il est venu aux mœurs des ennemis de b Pilmot ; qui ressemblent grandement à celles dont on accuse c Pacuuius... Ie suis, Vostre, BOECE.

a Sulpice ; c'est Ianssenius.
b Ennemis de Pilmot ; il entend les Pelagiens.
c Pacuuius ; ce sont les Iesuites.

Ce seroit miracle, si les Iesuites n'entroient tousiours dans ses lettres. C'est au reste des Pelagiens qu'il pretend parler, & dont en son liure il a descrit les mœurs, qu'il dit icy ressembler grandement à celles des Iesuites; mais ils ne sont Dieu mercy, ny Heretiques, ny condamnez comme tels, ny ennemis du S. Siege: & n'ont d'ailleurs iamais enseigné que la grace fust deuë à l'homme deuant le peché; ny, qu'il n'estoit pas au pouuoir de Dieu de la luy refuser, ou de le créer autrement qu'il fist, ainsi qu'a enseigné Ianssenius.

De Louuain le 7. de Decembre 1629.

Cette lettre n'a point d'inscriptiõ.

MONSIEVR,

Apres auoir receu vostre derniere lettre du 18. Nouembre, i'en ay receu d'autres du R. P. Bourgoing, par lesquelles, conformément à ceque vous m'en escriuez, il ne veut pas permettre que ie me mette en peine de riẽ, de ce qui regarde mon Nepueu ··· I'escris vn mot de responce au R. Pere Perrin qui m'a escrit. Au R. P. Bourgoing ie n'escris point, croyant qu'il sera bien tost icy, ou qu'il est en chemin. Monsieur l'Archeuesque [a] l'estime de plus en plus, & desire grandement son retour. il se sont ouuert de grandes portes, pour aduancer les affaires de l'Oratoire, apres son depart, mesme en Hollande. Mon Neueu sçait fort peu de latin; ie ne sçay si pendant ces premiers exercices spirituelles de sa premiere année, il ne pourroit vn peu s'aduancer en cela, mais ie laisse tout à leur prudence. Sulpice [b] à leu tout le liure du [c] Semiriste; il en a escrit l'approbation pour l'enuoyer, quand [d] Celias le trouuera bon. Et combien que [e] Quinquarbre approuue beaucoup de choses qui y sont dedans, & qu'il donne de grandes ouuertures; neantmoins il croit, qu'il n'a pas atteint l'affaire comme il faloit, mesme selon la philosophie, dont il est remply. Il vous en parleroit plus amplement, si les occasions estoient à cela fauorables. Que le General de Rome luy ait escrit des lettres si fauorables; ie ne m'en estonne point, voyant les predeterminations maintenuës à toute outrance, ausquelles cependant il donne assez peu, en certains endroits, & autant que les aduersaires les recevront bien. Sulpice [b] est apres les opinions des demy [f] Pilmotaires, qui le detiendront bien, à ce qu'il iuge, deux ou trois mois. Il n'eust pas crû qu'on mist le monde [g] comme cela en prison, au païs de [d] Celias, sur delations en matiere de

[a] L'Archeuesque; c'est celuy de Malines.

[b] Sulpice; c'est Ianssenius.

[c] Semiriste; c'est le Pere Gibieuf.

[d] Celias; c'est S. Cyran.

[e] Quinquarbre, c'est Ianssenius.

[f] Demy Pilmataires; ce sont les Semipelagiens.

[g] Ie ne sçay s'il ne parle point du Philosophus Miles, qui fut emprisóné pour sa mauuaise doctrine à Paris.

85

de Doctrine •• [b]Sulpice vient de receuoir vne lettre d'vn General de Rome, tres-courtoise, qui luy offre tout son pouuoir, à l'aider en toutes choses, quoy qu'il ne sçache rien de ses affaires; les affaires [h] d'Espagne, ont donné occasion •• Ie suis, Monsieur, Vostre, BOECE.

[h] D'Espagne, contre les Iesuites.

Il loüe les ouuertures que donne le liure du P. Gibieuf; qui en effet, estoit escrit pour seruir d'auancoureur, à la nouuelle Doctrine que S. Cyran & luy, preparoient en suite. Il dit neantmoins qu'il n'a pas atteint l'affaire comme il faloit: parcequ'il n'auoit pas leué le masque si ouuertement qu'il eust desiré; & comme a fait du depuis Ianssenius dans son liure, touchant la liberté. Que s'il est vray, ce qu'il dit, que le P. Gibieuf, a maintenu à toute outrance les predeterminations; il n'est pas moins veritable, que Ianssenius les a combatus à toute outrance: & si celuy là a merité des loüanges, & des remercimens d'vn General d'Ordre, pour les auoir soustenuës: celuy cy asseurement ne deuoit attendre rien de semblable, si ses desseins pour lors eussent esté connus: mais bien plutost des reproches de tous les Catholiques; & des prisons des Magistrats; aussi bien que ceux dont il s'estonne dans sa lettre, & que du depuis merita, pour s'estre trop declaré, l'Abbé de S. Cyran, qui estoit complice de toutes ses erreurs.

De Louuain le 4. de Ianuier 1630.

86. MONSIEVR ••

Nous sommes aises icy du retour du R. P. Bourgoing, qui est bien necessaire encore icy, en ces commencemens de l'Oratoire •• Quant à ce que pensez à prendre mon Nepueu, en passant, auec vous, en vostre Abbaye; ie voy bien qu'il luy seroit fort bon, pour apprendre ce dont il manque en toute chose, & pour estre formé. La censure du liure que vous demandez, ie ne la sçaurois enuoyer; pour ne sçauoir pas le nom du liure; car le mien n'a pas de tiltre, ny aussi de l'Autheur. Ie suis Monsieur, vostre, BOECE.

Il n'y a point d'inscription à cette lettre.

Nous voyons par cette lettre, comme l'Abbé de S. Cyran, se seruoit de Ianssenius, aussi bien pour tirer de luy des censures, des liures qu'il ne goustoit pas, que des approbations pour ceux de son party.

De Louuain le 16. de Mars 1630.

[a] L'inscription est A Monsieur de Haitze au Cloistre N. Dame, chez Mons. le Chanoine Taron. A Paris.

[a] Boëce, c'est Iansenius.

MONSIEVR,

Boëce [a] m'auoit donné charge de vous prier, qu'il pleust à Monsieur d'Arguibel, ou de Barcos, de voir, s'ils peuuent trouuer le *Chronicon Prosperi*, qu'a mis en lumiere Pythœus; & de voir cequ'il dit, enuiron l'an 415. ou pour le moins, entre 410. & 490. des Heretiques qu'on nomme *Prædestinati*. Le Chronicon ordinaire, que i'ay, n'en dit rien; mais Thomas Vualdensis cite vn Chronicon de Prosper, qui en parle; & l'on croit que c'est celuy que Pythœus a mis en lumiere. Aussi voudrois-je qu'il annotast la suite des Papes, dez Innocent I. enuiron l'an 400. jusques à Leon le Grand: car Pontacus dit, qu'il syncope trois, ou quatre Papes. Cecy est necessaire au dessein, & suite de l'ouvrage de [a] Boëce; & ce Chronicon ne se peut trouuer icy. Les P.P. de l'Oratoire commençent à se prouigner: ils sont placez fort honnestement à [b] Malines, il n'y a que deux ou trois iours, ayant receu la direction du College entre leurs mains. Boëce [a] vous prie de luy escrire responce sur ce premier point; car il y a quatre sepmaines que faute de cela, *Iacent opera interrupta, minæque murorum ingentes*. Ie suis, Vostre, SVLPICE. 87

[b] Par la faueur de l'Archeuesque de Malines; intime amy de Ianssenius, & qui a tenu ses opinions aprez sa mort & s'est rendu long temps opiniastre à les maintenir contre les Bulles des Papes.

Cette lettre s'addresse à l'Abbé de S. Cyran, quoy que sous le nom de son Nepueu, ainsi qu'il est manifeste par le contenu des autres affaires dont elle traitte, & que i'ay omises comme peu dignes d'estre raportées. Le doute ou il est touchant les Predestinatiens, luy est demeuré tant qu'il n'a point eu connoissance de la dispute qu'a composé la dessus Iacobus Vsserius Caluiniste, & qui a pour tiltre, Gotescalci, & Prædestinatianæ controuersiæ ab eo motæ historia, *laquelle il a copiée mot à mot dedans son liure, sans en faire aucun semblant, n'y rendre l'honneur au Maistre qui l'auoit tiré de ce doute, & luy auoit fourny des argumens pour appuyer son erreur, & combattre la doctrine Catholique en cette matiere.*

De Louuain le 27. de Mars 1630.

L'inscription est la mesme que la precedente.

[a] Boëce, c'est Iansenius.

MONSIEVR,

Ie vous enuoye à la parfin, le catalogue des matieres traitées par [a] Boëce, quoy que le dernier tiltre n'a pas esté 88 traité encore. Vous iugerez à peu pres, par les questions qu'il y a, des choses qui meritoient d'estre recherchées, & mises en auant. Il luy semble que dans le dernier liure, il a bien donné sur les doigts aux [b] Pacuuiens, & qu'il leur sera bien difficile de se deffendre de certaines choses qu'il leur impose. Il voudroit que [c] Celias eust veu tout, mais Dieu fera que ce sera à son temps. L'ouvrage est deuenu beaucoup plus long qu'il n'eust creu, & plus difficile. Il y a employé vn an, quoy que seulement trois heures par iour assiduëment, non par faute de plus de temps; mais parceque le trauail de composer continuellement, estoit trop pesant.. Le Professeur Royal de l'Escriture Sainte est mort.. Cela a fait que contre mon gré, ie me suis transporté à Bruxelle; là ou le Prelat [d] a fait à son Altesse vne telle recommandation, mesme par escrit, que i'en fus honteux, & ay emporté Samedy passé la leçon. Ce n'est nullement auec intention de diminuer rien de nos affaires commencées, mais de tenir le mesme train. La profession est bien de toute l'année, mais tellement qu'il y a enuiron 220. iours qu'on n'enseigne point; par ou vous voyez, comme il me sera facile d'y satisfaire. Les gages sont enuiron auec la Chanoinie incorporée, de sept à huit cens Florins. Ie me doute bien que vous trouuerez mauuais cette mienne resolution, mais les circonstances font quelquefois changer d'auis. Cette mienne sollicitation a esté cause que [e] Sulpice, a esté plus connu à la Cour; & semble que certaines gens puissants, & qui ont le pouuoir de le faire, ont esté fort inclinez à son aduancement. Le Prelat [d] y fait les extremitez, jusques là que la derniere fois, dont ie vous ay escrit quelque chose, il a esté sur le point, & le bruit courut qu'il estoit fait.. Ie suis, Monsieur, Vostre, C. IANSSENIVS.

[b] Pacuuiens; ce sont les Iesuites.

[c] Celias; c'est S. Cyran.

[d] Le Prelat; c'est l'Archeuesque de Malines son affidé.

[e] Sulpice; c'est Iansseniús.

Nous voyons par cette lettre, comme par toutes les autres; que l'Abbé de S. Cyran estoit le conseil, & l'arbitre des escrits, & des affaires de Iansseniús. Nous apprenons aussi que ce fut à l'Archeuesque de Malines, qui estoit deslors engagé dans son party, & qui estoit de sa cabale, qu'il fut obligé de sa chaire, & qu'il ne tint pas à luy, que deslors il ne fust fait Euesque. Nous en verrons de nouuelles preuues dans les lettres de Calenus.

De Louuain le 8. d'Auril 1630.

L'inscription est A Monsieur l'Abbé de S. Cyran.

MONSIEVR..

Vous ne m'escriuez rien *De Prædestinatis Hæreticis*; i'en iuge que vous n'y auez rien trouué. Cette syncope des Papes, me semble fort estrange au vray Prosper; veuque luy mesme fait souuent mention d'autres Papes.. Ie ne serois nullement estonné si les Docteurs de delà, fissent quelque esclandre contre le liure du [a] Semiriste, car leurs principes les y mesnent, & contraignent. S'il y arriuoit quelque mauuais coup, Pacuuius [b] le trouueroit en son temps contre [c] Quinquarbre; duquel il ne se contente guere, quelque mine qu'il fasse. Vn nouueau subjet y a aidé: car comme [c] Quinquarbre a donné vne resolution par escrit, sur la fuite d'vn soldat de la compagnie de [b] Pacuuius, qui se plaignoit d'estre persecuté de son Capitaine; on plaide sa cause sur cette resolution de là les Monts. Il s'en tient fort offensé, ie croy parce qu'elle est trop veritable. Ie vous ay escri, de quelle façon, la leçon de l'Escriture Saincte a esté donnée, & à qui: il espere que cela n'empeschera pas, qu'il ne paracheue le [d] commẽcé. Il sera bon que [e] Semir rompe la glace, & pour la grace de la nouueauté, porter aussi le mauuais gré.. Ie suis, Vostre, SVLPICE. 89.

[a] Semiriste; c'est le P. Gibieuf.
[b] Pacuuius; ce sont les Iesuites.
[c] Quinquarbre; c'est Ianssenius.
[d] Le commencé c'est son liure intitulé *Ianssenius*.
[e] Semir; c'est le General de l'Oratoire, qui estoit le Pere de Condran.

Il monstre bien qu'il ne suit pas les sentimens des Docteurs de France, parlant comme il fait, de leurs principes, qui les obligent d'escrire contre le liure de la liberté du P. Gibieuf: & c'est ce qu'il apprehende de peur de se voir engagé dans les refutations qu'on en feroit, à cause de l'Approbation qu'il luy auoit donnée. Il monstre en suite son extrême passion contre les Iesuites, & son peu de pieté; d'auoir donné vne resolution fauorable à vn Apostat, qui se plaignoit, comme ces gens là font d'ordinaire, de quelque mauuais traitement de ses Superieurs. Les dernieres lignes de sa lettre donnent sujet de croire, qu'il exhorte S. Cyran, d'engager le nouueau General de l'Oratoire, à entreprendre quelque chose contre les Iesuites, ou contre la doctrine de l'Eglise.

De Louuain le 3. de May 1630.

L'inscription de cette lettre est deschirée.

MONSIEVR,

I'ay receu deux de vos lettres, par lesquelles vous me 90.

tesmoignez tenir pour bonne, ma resolution, de me soûmettre à cette charge nouuelle. Ie suis aise que vostre aduis s'accorde auec le mien; non pas tant pour aucun contentement que la charge me donne; mais parceque le bien de conformité en iugemens & volontez, est assez desirable de soy-mesme, entre des personnes comme nous. I'ay commencé à me preparer vn mois, ou enuiron, & trouue qu'elle est plus penible que ie n'eusse pensé: car quasi tout ceque ie puis faire, c'est de faire vne leçon par iour; ie suis cependant bien auancé trente leçons, & fus hier installé, ne pouuant commencer deuant la sepmaine apres l'Ascension. Si ie pouuois venir à quatre-vingt leçons, ou enuiron, ie reprendrois [a] Pilmot. Ie vous remercie fort du secours que vous m'offrez à m'acquiter plus facilement de mon deuoir: si vous auez, ou trouuez quelque chose qui puisse seruir, il sera tres-bien venu; ie commenceray par la Genese, & poursuiuray tout le Pentateuche ··· Pacuuius [b] s'est declaré en la poursuite derniere contre [c] Quinquarbre, & crois qu'il le feroit dauantage, si les occasions s'en presentoient; car il n'attend rien de luy que des trauerses. L'œuvre des [d] Vniuersitez, est au mesme estat qu'auparauant: vn Medecin, que vous connoissez, l'a voulu publier en son nom; mais [e] Sulpice ne le trouue pas bon; il le gardera pour la venuë de [f] Durillon. *De Pradestinatis*, [c] Quinquarbre voudroit sçauoir les paroles qui se trouuent dans Prosper, auec citation de l'année; ce n'est pas pour en rien prouuer, mais pour renuerser, & ce Prosper, & ces Predestinez ·· La conduite de mon Nepueu, ie la vous laisse, & apprehende son rafroidissement. Vostre, C. I.

[a] Pilmot; c'est le trauail de son liure.

[b] Pacuuius; ce sont les Iesuites.

[c] Quinquarbre; c'est Ianssenius.

[d] L'œuure; contre les Iesuites.

[e] Sulpice, c'est Ianssenius.

[f] Durillon; c'est S. Cyran.

Si les Iesuites trauerserent cette promotion de Ianssenius, dont plusieurs cõmençoient dé-ja à connoistre les pernicieux sentimens en matiere de doctrine, ils firent ce qu'ils deuoient: mais pour luy, qui ne songeoit qu'à publier des liures diffamatoires contre leur Compagnie, il n'y pouuoit estre porté que par vne passion extrême, & par vn interest de cabale, qui en vouloit à toute l'Eglise, & à ses deffenseurs. Ne voyla pas au reste vn beau dessein, & tout à fait conforme à celuy des Heretiques; de vouloir renuerser les preuues que tous les Docteurs Catholiques ont apporté, pour monstrer qu'il y a eu des Predestinatiens au monde, reconnus dedans l'Eglise pour Heretiques.

De Louuain le 6. de Iuin 1630.

Il n'y a point d'inscription à cette lettre.

a Celias : c'est S. Cyran.

b Curé à Bruxelle, c'est Calenus Archidiacre de Bruxelle.

c Boëce; c'est Ianssenius.

d De lettres; i'ay eu peine à lire ce mot, & ie ne le donne pas pour asseuré.

MONSIEVR.... 91.

Vous pourrez conter à Celias [a] vn certain accident, qui ne se peut dire qu'à luy, depeur qu'on ne le prenne autrement. L'amy de [a] Celias, Curé à [b] Bruxelle, a parlé grandemét à l'aduantage d'vn certain [c] Boëce, au Nonce; qui respondit, qu'il le faloit mettre sur le chandelier de là les Monts de Sauoye, & monstra grande affection en son endroit. Du depuis, il m'a escrit encore qu'il luy a parlé, & qu'il songe de grandes choses à l'aduantage de ce [c] Boëce; mais ie ne sçay pas ce que c'est, si c'est quelque dignité de lettres [d] au Vatican, ou autre chose. Il semble que des Conseillers d'Estat songent aussi à luy ie ne sçay quoy.. Ie suis, Vostre, C. I.

Ce Curé qui taschoit de rendre de si bons offices à Ianssenius, en suite des precedens, qui auoit tant d'accez auprez du Nonce, & qui d'ailleurs estoit amy de S. Cyran; estoit Calenus, de qui ie produiray plus bas des lettres escrites à cet Abbé; & qu'on sçait auoir esté l'vn des plus ardents à porter le party & les interests de Ianssenius, aussi bien que Conrius, & le Docteur Fromond; tant y a que toutes ces esperances flatent doucement l'esprit de Ianssenius, qui en veut bien faire part à son bon amy. Le Nonce, aura bien depuis changé de pensées, s'il a assez vescu pour voir le jugement que l'Eglise & le Pape ont fait de la doctrine de Ianssenius, & de ses desseins.

De Louuain le 14. de Iuin 1630.

Il n'y a point d'inscription à cette lettre.

a L'Archeuesque de Malines.

b Pilmot; son liure.

MONSIEVR, 92.

I'ay receu il y a quelques iours, les deux iambons de Bayone, qu'il vous a pleu m'enuoyer. Ie vous remercie grandement de ceque vous auez voulu me donner cette rareté.. L'Archeuesque [a] m'a fait venir à Bruxelle, là où il a esté resolu par le Nonce & luy, qu'il faut venir aux mains *auec les Ministres de Boisleduc*; & on m'a choisi pour cela auec vn autre... Ie m'imagine que l'affaire n'en demeurera pas là, & qu'il faudra escrire contre ces Clabaudeurs beaucoup, & long-temps. Les affaires de [b] Pilmot seront bien reculées. Ie suis, Monsieur, Vostre, C. I.

Remarquez que tous les auantages de Ianssenius, luy viennent par la faueur de l'Archeuesque de Malines, qu'il auoit gaigné à son party, & imbeu de toutes ses erreurs. Voyez aussi l'honneur qu'il fait ailleurs aux Theologiens Catholiques, de les qualifier du nom de Clabaudeurs, dont il traitte icy les Ministres.

De Louuain le 21. Iuin 1630.

93. MONSIEVR,

Par ma derniere ie vous ay escri, qu'on m'a choisi auec vn autre pour rembarrer le caquet des Ministres de Boisleduc, & accepter la dispute; ce qui a esté fait par vn escrit adressé à eux. On y a joint vn petit escrit en latin, que ie vous ay enuoyé le voyage passé; on dit que tout le monde l'estime fort, grands & petits, & est dé-ja imprimé deux fois. On le veut tourner en toutes langues, & particulierement en Flaman; mais il y en a peu qui en peuuent venir à bout, ne pouuant exprimer la force, & vigueur, qui paroist au latin. Si Monsieur de Barcos [a] vouloit prendre la peine de quelque iour, pour le tourner en François, il seroit de profit pour le païs d'icy. I'ay tourné le placard en François, & se vend fort, estant estimé par dessus le latin; le R. Pere Bourgoing l'auoit corrigé. Ie ne me trouue pas assez fort, pour tourner le liuret de telle façon, que *Vigor ille & acrimonia, quæ laudatur hîc, ita emineat in Gallico.* On ne doute point que les liurets vôleront contre moy, à cause qu'ils sont si mal traitez; cela me chargera encore mes occupations, & mostera mon tẽps. I'ay receu les iambons, & vous en remercie beaucoup; c'est vne rareté grande en ces quartiers. Ie suis Monsieur, vostre, C. I.

Il n'y a point d'inscription à cette lettre.

[a] Barcos, est neveu de S. Cyran.

Bien en prist à Ianssenius que le sujet de la dispute entre les Ministres, & les Catholiques, ne regardoit, ny la Predestination, ny la Reprobation, ny la Grace: car il eust fallu, où qu'il se fust declaré de leur party, où qu'il eust refusé cette honorable occasion de paroistre. Ie n'ay pas veu le liuret dont il parle, comme d'vne piece pleine de vigueur; mais ie crains fort que cette force, & cette acrimonie, ne fust plustost dans ses paroles picquantes; & dans les mots iniurieux, comme elle paroist dans ses autres liures, que non pas dans le sens. Et en effet dans la lettre du sixiesme de Iuin, dont i'ay rapporté cy dessus quelque chose; il paroist que S. Cyran luy auoit voulu conseiller de traiter les Ministres plus doucement; car voicy la responce que Ianssenius luy fait là dessus.

Depuis que le Caluinisme est entré au Païs bas, on n'a veu vne telle fastueuse insolence. Cequi me fait grandement douter, si cette douceur dont vous parlez, eust esté à propos. Car [b] Seraphi, qui est le modelle de modestie, ne les a pas traitez tous de mesme façon; mais à quelques vns superbes, & outrageux; les a traitez plus rudement, qu'on a fait, iusques à les appeller chiens, enragez, asnes, insensez; qu'ils ont menty; qu'ils sont Heretiques, &c. Ie croy que deça, on eust prist cette modestie pour marque de defiance. *La lettre suiuante nous confirmera cette pensée.*

b Seraphi; c'est S. Augustin.

L'inscription est A Monsieur de Haitze au Cloistre de N. Dame, chez Monsieur le Chanoine Taron. A Paris.

a Sulpice, Ianssenius.

b Celias; c'est S. Cyran.

c Liuret, contre les Ministres.

d Composé par S. Cyran contre la Sorbone & les Iestes.

De Louuain le de Iuin 1630. 94

MONSIEVR...

Il y a long-temps que [a] Sulpice, a iugé le mesme que Celias [b], du petit [c] liuret; à sçauoir, qu'il eust esté bon de les traiter vn peu plus doucement; mais la pierre est iettée... Ie suis bien aise de vostre trauail *De Concilijs*, car cela pourra seruir en occasions. I'ay peur que l'Autheur de l'*Alexipharmacũ* [d], sera combatu par des liurets en quantité, & que le temps le manquera pour satisfaire à tout; car sa charge ordinaire luy est assez pesante. Les liurets populaires, dont [b] Celias parle, pourront seruir, s'il vous plaist les enuoyer. Ie suis, Monsieur, Vostre, C. I.

Si Ianssenius, & S. Cyran ont jugé qu'il falloit traiter doucement les Ministres; comment est-ce, qu'escriuant contre des Catholiques & des Religieux, ils se sont emportez à tant d'excez, & de violences?

L'inscription est A Monsieur de Haitze au Cloistre N. Dame, chez Monf. le Chanoine Taron. A Paris.

a Pilmot; c'est le trauail de son liure.

De Louuain le 28. Septemb. 1630. 95

MONSIEVR...

Ie n'ay peu rien faire jusques à maintenant dans [a] Pilmot, tant à cause de la charge ordinaire, que pour l'empeschement extraordinaire qui y est interuenu; & crains que ie n'en pourray rien faire, dedans trois ou quatre mois; car ie voudrois bien gaigner du païs, par la composition de soixante ou quatre-vingt leçons par auance, afin de pouuoir continuer à l'autre ouvrage; car il requiert la continuité d'vne année ou deux. Ie suis, Monsieur, vostre, SVLPICE.

Pleust

Pleust à Dieu que les empeschements suruenus à Ianssenius, eussent arresté pour iamais l'ouvrage qu'il medite depuis tant de temps; nous serions maintenant plus dans le repos, & l'Eglise aussi.

De Louuain le de Ianuier 1631.

36. MONSIEVR,

Que l'ouvrage du Semiriste [a] a esté combatu en cachette, ie ne m'en estonne point, & admire comme ils tardent tant. Ie ne doute point que si les affaires alloient mal auec le [a] Semiriste, [b] Quinquarbre ne fust poursuiuy pour le mesme sujet, dautant qu'il ne trouueroit pas en ses quartiers, des arcboutans pour le soustenir, qu'ailleurs; car ils ne sont pas guere satisfaits de luy. Ie ne sçay par quelle destinée il arriue à [c] Boëce quasi tousiours, d'estre aux mains auec [d] Pacuuius. Il y a vn an, ou enuiron, que [b] Quinquarbre se mesla d'aider à faire vne consulte, sur vne protestation de certains Prestres Anglois, en l'an 1602. promettant obeissance ciuile à la [e] Royne; & entr'autres choses, qu'eux ne sçauroient estre exemptez de rendre ces deuoirs, à Elle, & à la Couronne. Le Prestre qui l'a proposa, est Champueus, qui a demeuré long-temps à Paris, & semble fort homme de bien; estant appellé de Paris par le Prelat de deça, pour estre Confesseur des Filles nobles Angloises. Certaines gens le poursuiuent à toute force, pour le faire declarer Heretique, ou Schismatique, à cause de cet acte qui est passé, il y a trente ans. La Consulte est refutée à enseignes deployées, & chargez ceux qui l'ont faite, comme deux Heretiques, & fauorisans le serment d'Angleterre, à laquelle la protestation approche vn peu ... Voila les occupations de Quinquarbre, comme il me les a racontées, bien loin de son dessein, ausquelles il a esté enuelopé, ayant pitié d'vn homme de bien persecuté, &c. Vostre, SVLPICE.

L'inscription est A Monsieur de Haitze au Cloistre N. Dame, chez M. le Chanoine Taron. A Paris.

[a] Semiriste: c'est le P. Gibieuf.

[b] Quinquarbre; c'est Ianssenius.

[c] Boëce, Ianssenius

[d] Pacuuius, les Iesuites.

[e] Royne, c'est Elizabeth Reine d'Angleterre.

Cette lettre aussi bien que la precedente, est escrite à l'Abbé de S. Cyran, ainsi que le monstrent la suite des choses presentes & passées, & les chifres, font assez connoistre [illegible] elles n'ont quasi toutes la mesme addresse, c'est à dire le nom du [illegible] au lieu de celuy de l'Oncle. Nous auons veu plus haut, la raison pourquoy Iansenius ne s'estonne [illegible] que les Docteurs [illegible] de France [illegible] le liure du [illegible] [illegible] ses [illegible] sont [illegible] à ceux qu'il auance; lesquels ayant approuuez au moins en partie, & donné en suite son approbation au liure, il apprehende que le contrecoup des refutations ne tombe sur luy. Mais il y a de quoy s'estonner, de l'estonnement de Ianssenius, pour se voir tousiours aux mains auec les Iesuites de Flandre; luy qui par tout, ou en cherchoit, ou en donnoit les occasions; tesmoin l'affaire dont il s'agit, & qu'il raconte luy mesme; ayant bien ozé approuuer, & authoriser vne protestation contraire aux Declarations du Pape, & mesme du Roy d'Espagne son Prince, dans les Païs bas.

De Louuain le 31. Ianuier 1631.

Cette lettre n'a point d'inscriptiõ.

MONSIEVR...

Ie vous enuoye les propositions, qu'on nous a donné, tirées d'vn liure Anglois, nommé, *il laisse le nom en blanc*, elles sont pires que celles que vous m'auez enuoyées. Elles sont veritablement estranges; & m'estonne comme les gens se detraquent tant. Vos propositions sont tirées de la premiere edition du liure Anglois; de depuis il a esté imprimé autrefois, & contient la mesme Doctrine du premier, à ce qu'on dit: mais il est signé d'vn grand nombre de Professeurs Religieux (car i'ay le liure entre les mains) lesquels menacent d'escrire à l'encontre, si on censure leur liure. De sorte, qu'il semble estre vne ligue formelle contre le Clergé seculier, comme ie l'ay dit à vn de ces signateurs. Icy ie croys qu'ils ne seroient pas mal contents, si le Nonce de Paris (en cas qu'il se mesle de cette affaire de delà) escriuist pour inciter celuy de Bruxelle, à embrasser cette cause, (car ils touchent aussi bien le Pape, que le reste du Clergé) mais non pas que la Sorbone, ou le Clergé, escriuist immediatement à eux. En ces propositions que ie vous enuoye, vous trouuerez vne, qui dit assez ouuertement, que le Pape n'est pas vne partie necessaire à l'Eglise; contre laquelle dispute fort, à ce qu'on m'a dit, Monsieur du Val en ses liures du Pape, & la tient pour vne Heresie. Ie suis, Monsieur, Vostre, SVLPICE.

C'estoient là les entretiens ordinaires, & les communications de ces deux amis, que de parler, & de s'exciter l'vn l'autre contre les Religieux; de s'enuoyer mutuellement les liures où ils estoient interessez, sur tout quand ils croyoient que les Iesuites y auoient part: & de liguer & engager tout le monde contre eux, ainsi que nous voyons dans cette lettre de Ianssenius à S. Cyran. Et n'est-ce pas à vostre aduis, vne chose tout à fait ridicule, qu'vn homme qui se mocquoit de l'authorité du Pape, en matiere de doctrine, & de ses Decrets; fasse icy le zelé pour la deffense de sa dignité, prenant toute forme, & se mettant de tout party pour mieux combattre ses ennemis. . . .

De Louuain le 14. de Feburier 1631.

98. MONSIEVR...

Mon Nepueu se plaint, de ce qu'ayant receu de vous, bien la moitié plus d'argent qu'il ne luy faloit, on ne luy en a pas donné quasi la moitié: ie vous enuoye sa propre lettre, car auec vous, il n'y a rien de caché, afin de pouuoir mieux donner ordre, selõ que vous iugerez estre àpropos. I'ay receu les propositions [a] censurées, que vous m'auez enuoyées, elles sont veritablement estranges; je vous en ay enuoyé aussi d'autres, que peut-estre vous n'auez pas encore veuës. Ie suis, Vostre, SVLPICE.

L'inscription est la mesme que la penultiesme.

[a] Il parle des liures des Anglois.

Nous verrons tout maintenant, ce que l'Oncle iuge de la detention de l'argent de son Nepueu. Pour les propositions des liures Anglois, attribuées à quelques Iesuites, il les trouue fort estranges; luy qui auoit des sentimens bien plus estranges en toute sorte de matieres, aussi bien que l'Abbé de S. Cyran, & qui prenoit à tasche de faire reuiure dans ses liures les erreurs de Caluin, & des ennemis du S. Siege, & de l'Eglise.

De Louuain le 27. de Feburier 1631.

99. MONSIEVR....

Quant à mon [a] Nepueu, il me semble que ie connois assez, les causes pour lesquelles on luy retient l'argent. Si vous le iugez, ie le retireray bien icy au païs, pour le faire demeurer dans l'Oratoire icy, & payer ses despens, ou chez moy, ou bien de luy enuoyer de l'argent pour payer ses despens de là; car ie seray doresnauant, estant entré aux suites de ma leçon, vn peu plus à mon aise. Ie n'ay pas encore receu le liure que vous me demandiez, à sçauoir, de *Daniel à Iesu*, mais seulement les propositions qui en sont tirées. Deuant hier, on m'enuoya le premier, *Modesta discussio*, qui a tant de signatures. Il est traduict en latin, & imprimé à Anuers chez Moretus. Ils font icy grande instance, afin que la Faculté ne se mesle de cette affaire; mais sçachant que

L'inscription est la mesme que la precedente.

[a] Ce Nepueu estoit de l'Oratoire en France.

les Espagnols, qui sont tous Religieux, ne respondent, & il semble, qu'ils voudroient bien que le Pape, imist silence aux parties (sauf croist-je l'edition & permission de leurs liures.) ils ont fait icy vne longue declaration sur toutes les propositions choisies, ou offertes à la Sorbone, mais ie ne l'ay pas leuë encore. Ie suis, Monsieur, Vostre, SVLPICE.

Ce n'est pas sans dessein que l'vn & l'autre, parlent si souuent de ces liures Anglois, & que Janssenius mande la dessus tout ce qu'il en peut descouurir : d'autant que S. Cyran s'employoit, non seulement à les faire censurer par la Sorbone; mais encore à preparer contre eux son Aurelius, *qui deuoit seruir d'auancoureur à l'*Augustinus *de son affidé. Laissons venir l'année 1632.*

De Louuain le 14. de Mars 1631.

L'inscription est la mesme que la precedente.

MONSIEVR, 100.

Ie viens de receuoir vostre lettre, auec la censure de la Sorbone, & la lettre circulaire du Clergé. Quant au liure de Smitheus, i'en ay eu vn exemplaire, mais l'ay donné à vn autre; ie tascheray d'en auoir vn autre, & l'enuoiray. L'autre n'est pas à trouuer iusques à cette heure ··· Quant au [a] Cardinal, i'en ay dé-ja fait mention, & la feray aussi de l'ouvrage qui a esté faite pour sa deffence; i'ay enuie d'enuoyer tout à Celias [b], pour le juger, & corriger tout·· Ie ne suis nullement d'accord auec les censures, du desir de l'Episcopat, quoy que ie ne l'aye pas leu encore. Ie suis, Monsieur, Vostre, SVLPICE.

[a] Cardinal; c'est le Cardinal de Richelieu.

[b] Celias; c'est S. Cyran.

C'est la suite des diligences que faisoit Janssenius, pour enuoyer à S. Cyran les liures des Anglois, pour le dessein que i'ay remarqué cy deuant. Mais considerez pourquoy S. Cyran recommandoit à Janssenius de loüer dans son liure le Cardinal de Richelieu, & l'ouvrage fait pour sa deffense; & comme celuy cy, quoy que sujet du Roy d'Espagne, & ennemy de la France, embrasse auidement cette commission; croyant par là s'insinuer dans son affection, & auancer par ce moyen le dessein du nouuel Euangile qu'ils alloient publier conjointement.

De Louuain le 21. de Mars 1631.

101. MONSIEVR,

Ie viens de receuoir vostre lettre derniere, par laquelle vous me demandez de nouueau, que ie vous enuoye ces liures censurez à Paris. L'vn n'est pas à trouuer en ce païs, à sçauoir celuy de *Daniel à Iesu* : l'autre est imprimé à Anuers, mais on ne le vend pas encore icy, i'en ay fait recherche, & ne le puis trouuer. Ie suis occupé à la refutation de l'escrit de Hollande, & y trouue estrangement de la besongne : il me detient beaucoup plus que ie n'eusse pensé·· Quant aux Apostilles de la Synode de Dordrecht, ie me doute s'il sera à propos que ie m'en mesle ; ie me susciteray de nouuelles difficultez·· Ie feray diligence pour auoir le liure que vous demandez pour le prochain voyage. Ie suis, vostre, SVLPICE.

L'inscription est comme la precedente.

La presse que fait S. Cyran d'auoir tous les liures des Anglois censurez à Paris, venoit de la resolution qu'il auoit prise, de se seruir de cette occasion, pour monstrer aux Euesques, & à la Sorbone, le zele qu'il auoit pour leur defence ; & aduancer cependant les desseins de la caballe : faisant couler dedans son liure, les maximes capitales du Iansenisme. Voyez vous cõme Iansen. à de la peine à se resoudre de faire des Apostilles sur le Conciliabule de Dordrecht, de peur d'estre obligé de dire ce qu'il en pense, & ce qu'il en a escrit en sa lettre douziesme, que i'ay raportée cy dessus, sçauoir est, qu'ils suiuent presqu'entierement la Doctrine des Catholiques, au fait de la predestination & reprobation.

De Louuain le 28. de Mars 1631.

102. MONSIEVR,

Le liuret que ie compose *contre les Ministres de Boisleduc*, m'arreste plus que ie n'eusse pensé, à cause de tant de matiere·· Ie voudrois que Celias[a] fist, & fenrrée, & l'Epistre en François. Monsieur de Barcos[b] le tournera bien en latin, en s'approchant au stile de[c] Sulpice, tant qu'il se peut ; car i'ay si peu de temps, qu'à peine puis-je vaquer à ce qui est de ma charge. Ie vous enuoye à la parfin le liuret que vous m'auez demandé. Vn Prestre Anglois fait instance, que les exemplaires ne se puissent vendre à Anuers, cela est cause, qu'on n'en a peu auoir ; celuy

Il n'y a point d'inscription à cette lettre.

a Celias ; c'est S. Cyran.

b Barcos ; c'est le nepueu de S. Cyran.

c Sulpice ; c'est Iansenius.

cy est emprunté, mais ie tascheray d'appaiser celuy là à qui il appartient, qui est vn de ceux qui l'a signé·· Ie voudrois bien enuoyer tout à [a] Celias, mais ie trouue vne tres grande difficulté, à auoir des Escriuains qui puissent lire ma lettre·· Ie suis, Monsieur, Vostre, Boece.

Cette lettre continuë de monstrer que tout estoit commun entre Ianssenius, & l'Abbé de S. Cyran; & qu'ils ne faisoient rien que de concert, l'vn auec l'autre. Elle monstre aussi, combien Ianssenius se sentoit pressé d'enuoyer à S. Cyran le liure des Anglois, puisqu'il auoit recours aux moyens qu'il dit. Enfin l'on voit comme le Nepueu Barcos entroit dans le party.

De Louuain le 11. d'Auril 1631.

L'inscription est A Monsieur de Haitze au Cloistre de N. Dame, chez Monsieur le Chanoine Taron. A Paris.

MONSIEVR,

Il y a quinze iours que ie vous ay enuoyé par la poste, le liuret que vous auiez demandé, imprimé à Anuers. L'autre de *Daniel*, ie ne l'ay pas veu encore, ny ne croy pas qu'il soit mis en latin. Ils font toute l'instance possible, pour empescher qu'ailleurs on ne le censure point, & pour auoir d'autres approbations; car on m'a dit qu'ils l'ont fait approuuer par les Vniuersitez d'Ingolstat, & de Prague, lesquelles ie croy qu'elles fauorisent les [a] Gorphorostes; aussi, dit-on, qu'ils font la mesme diligence en Espagne, là où tout le gros des Docteurs, est Religieux, qui seront aisez à porter la censure. I'ay opinion que Celias [b], trauaille à escrire quelque chose sur les articles: si cela est, Sulpice [c] voudroit bien qu'il luy enuoyast quelques Sommaires des raisons, ou authoritez, pour lesquelles il les condamne; afin que si parauanture, on met les propositions icy sur le tapis, il puisse en iuger plus promptement, car il n'a pas du tout le temps pour les examiner··· On attend pour le mois de May en ces quartiers, le Frere du Roy le Cardinal Infante: si cela arriue, il y a de l'apparence que [d] Quinquarbre sera deputé de tout le Corps d'icy, pour luy congratuler de sa venuë, & luy offrir leur seruice. Il seroit bien aise qu'il pleust à [a] Celias de luy enuoyer vn petit discours sur cela, les circonstances luy sont connuës, car elles ne sont que generales. Ayant fermé ma lettre, i'ay receu la vostre ·· Ie suis venu au dernier point de l'Eglise [e]; s'il vous plaisoit aussi, faire vn petit Epilogue court,

[a] Gorphorostes; ce sont les Iesuites.

[b] Celias; c'est S. Cyran.

[c] Sulpice, Ianssenius.

[d] Quinquarbre, c'est Ianssenius.

[e] Il parle d'vn liuret qu'il faisoit contre les Ministres de Boisleduc.

vous m'obligerez ·· I'ay escrit que le Cardinal de Richelieu, a reduit les Huguenots à petit pied. Escriuez moy vn peu, en quel estat ils sont, quant à la Religion, Villes, & Offices, pensions, & Ministres ·· Ie suis, Monsieur, Vostre, Boece.

Toutes les recherches que l'Abbé de S. Cyran prioit Ianssenius de faire des liures Anglois, censurez par la Faculté de Theologie de Paris; donnent subjet à celuy cy, aussi bien qu'à nous, de soupçonner qu'il composoit sur les articles de ses liures condamnez; & il ne se trompe pas, car en effet, il preparoit là dessus son Aurelius. *Le reste de cette lettre fait voir comme Ianssenius auoit tousiours recours en ses besoins à son amy S. Cyran, & comme il auoit deferé à ses inclinations, touchant les loüanges du Cardinal de Richelieu, nonobstant la haine que les Flamans, & les Espagnols auoient conçeu contre son Ministere.*

De Louuain le 25. d'Auril 1631.

94. MONSIEVR,

Ie vous ay escrit, il y a quinze iours, que Sulpice [a] esperoit auoir acheué sa responce [b], enuiron Pasque : ce qui est arriué conformément à son opinion, car deuant hier il en est venu au bout. Il n'attend autre chose, sinon ce qui doit venir de [c] Celias, à sçauoir l'Exorde, car le reste pourra attendre quelque peu ·· Il me semble que Sulpice [a] vous a escrit aussi la derniere fois, de vouloir prier à [c] Celias, de faire vn petit discours pour la reception du Cardinal Infante, qu'on attend au mois de May ou enuiron, en ces quartiers ·· Sulpice [a] a suiuy en son ouurage le mesme ordre qu'il auoit tracé auparauant; il n'y manque que l'Exorde, & l'Epilogue : si Celias [c] veut y adiouster aussi l'Epilogue, il n'en sera que mieux ·· Ie suis, Monsieur, Vostre, Boece.

L'inscription est la mesme que la precedence.

[a] Sulpice, Ianssenius.

[b] Il parle de sa responce aux Ministres de Boisleduc.

[c] Celias; c'est S. Cyran.

Ianssenius, continuë de rendre compte à son amy de tout ce qu'il fait; & d'implorer son secours, afin de pouuoir acheuer le liure qu'il a entrepris contre les Ministres de Boisleduc; & s'acquiter du compliment qu'il pourroit faire au Cardinal Infant.

De Louuain le 2. de May 1631.

L'inscription est la mesme que la precedente.

MONSIEVR, 105

Ie viens de receuoir vostre lettre, auec l'escrit François Latin que i'auois demandé. Ie voy que vous auez pris vn biais, vn peu autre que celuy que vous auiez tracé : ie le trouue bon; seulement ie doute, si i'ay assez de sujet de me pleindre de leur rude traittement; car il semble qu'ils m'ont traité assez doucement à moy, quoy que rudement l'Eglise de Rome. I'attendray l'Epilogue, quand vous serez de loisir de le faire; pardonnez moy de la peine que ie vous donne··· L'escrit qui a esté fait pour la deffence de ces Prestres Anglois, est acheué, & signé de plusieurs Docteurs; il estoit entierement necessaire pour la deffence de nous mesme, à cause qu'on nous auoit si vilainement traitté·· Ie suis, Monsieur, vostre, SVLPICE.

On voit par cette lettre, comme S. Cyran estoit tousiours prest d'obliger son amy. De plus, on apprend que les Ministres de Boisleduc, auoient traité assez doucement Ianssenius dans leur liure, ce qui pourroit faire croire, ou qu'il ne leur auoit pas fait grãd mal, ou qu'ils le vouloient espargner, comme leur confrere; & comme vne personne qui symbolisoit auec eux en beaucoup de choses. Quant à l'escrit composé pour la defence des Anglois; ce fut au subjet du serment, dont il a esté parlé cy deuant, & qui auoit receu son approbation de Ianssenius, malgré le Pape, & le Roy d'Espagne son Maistre.

De Louuain le 6. de Iuin 1631.

L'inscription est la mesme que la precedente.
a Arguibel; il estoit Nepueu de S. Cyran.

MONSIEVR, 106

Le trespas de Monsieur [a] d'Arguibel, m'a contristé, tant à cause que Dieu nous a osté si tost cette innocente ame, qui estoit maintenant formée pour produire des fueilles publiques dans son Eglise; que pour les consequences qu'il apportera à vos affaires··I'estois estõné de ne voir pas plus sa main en l'inscription des lettres aussi de quelques voyages precedens·· On a mis icy en lumiere vn liure sanglant contre la Sorbone, à cause de cette censure: la plus grande part y est appellée souuent Heretiques, Richeristes, &c. il est escrit en deffense du second liure censuré, & fait par *Daniel à Iesu.* Ie ne sçay pas

vrayement

vrayement par qui il soit fait, quoy qu'il porte ce tiltre, *Hermanni Loëmmelij Antuerpensis S. Theologiæ Licentiati & Canonici Lectoralis Ecclesiæ Cathedralis Audomarensis spongia, qua diluuntur calumniæ nomine Facultatis Parisiensis impositæ libro qui inscribitur. Apologia S. Sedis Apostolicæ circa regimen Catholicorum Angliæ, &c. Audomaropoli apud Georgium Seutin Typogr. Iuratum sub insigne canis venatici an.* 1631. Mais ie croy que c'est quelqu'vn des [b] Gorphorostes, ou par auanture, l'Autheur mesme du liure qu'il defend. Ils menaçent, c'est à dire, les Religieux, à ce qu'on m'a dit, de renuerser de fond en comble cette Faculté·· On passe auant auec l'impression du liure de [c] Sulpice, dix fueilles sont imprimées··· Ie suis, Vostre, BOECE.

[b] Gorphorostes, ce sont les Iesuites.

[c] Sulpice; c'est Iansenius.

*Cet Arguibel estoit Nepueu de l'Abbé de S. Cyran, & auoit esté esleué en partie auprez de son Oncle, & en partie auprez de Iansenius; pour seruir vn iour à la publication du Iansenisme, aussi bien que Barcos qui tient auiourd'huy la place, & l'Abbaye de son Oncle. Les aduis que continuë de donner icy Iansenius à S. Cyran touchant les liures des Anglois; s'amusant à luy debiter ses soupçons, & les bruits qui courent la dessus pour des veritez; font voir egallement sa passion contre les Iesuites, & les Religieux, & son peu de jugement, à prendre pour des Oracles, ce qui porte auec soy sa refutation; & ceux qui ont leu l'Aure*lius, *que fist en suite sur ces memoires, l'Abbé de S. Cyran, sçauent que ce iudicieux personnage trauailla sur ces beaux memoires.*

De Louuain le 16. de May 1631.

107. MONSIEVR,

Ie vous ay escrit il y a quinze iours, que i'auois receu ceque vous [a] m'auiez enuoyé. Maintenant i'adiouste, que ie viens de receuoir le reste; ie voy qu'on y a fort trauaillé, dequoy ie vous demeure beaucoup obligé··· Le Nonce a escrit des lettres icy de la part du Pape, afin d'empescher qu'on ne fasse aucunes censures sur ces liurets Anglois, & dit, qu'il a deffendu toutes sortes d'escrits, soit *pro*, soit *contra*, pour le bien de paix·· Le P. [b] Carré est arriué icy. I'attendois ensemble les Apostilles, pour voir si on les pouuoit ioindre : à ce que i'entends de vostre lettre, elles sont longues, & sera plus à propos de les imprimer à part. Ie suis, Vostre, BOECE.

L'inscription est la mesme que la precedente.

[a] Il parle de l'Exorde de son liure enuoyé par S. Cyran.

[b] Le P. Carré estoit de l'Oratoire.

Voila comme Ianssenius recouroit tousiours à son Oracle, lors qu'il estoit en peine, & les responces fauorables qu'il luy rendoit dans ses difficultez. Il y a bien des choses à dire touchant l'habitude de Ianssenius auec le Pere Carré de l'Oratoire, dont il est icy parlé : mais i'ayme mieux m'en taire tout a fait, que d'en dire trop, ou trop peu ; & il est plus à propos que ceux là les publient, qui en ont esté tesmoins occulaires, que de rapporter icy les memoires qu'ils ont fournis la dessus, & qui sont tout a fait estranges. Vous remarquerez en passant, que les mesmes deffences du Pape, d'escrire pour, ou contre les liures Anglois; furent en ce mesme temps publiées en France, ausquelles toutefois S. Cyran n'obeyt pas, continuant de composer, & de publier impunement son Aurelius, *liure outrageux & scandaleux, contre ces autres liures.*

De Louuain le 27. de Iuin 1631.

Il n'y a point d'inscription à cette lettre.
a Gorphoroste ce sont les Iesuites.
b Sulpice, c'est Ianssenius.
c Quinquarbre; c'est Ianssenius.
d Pacuuius; ce sont les Iesuites.
e L'escrit, c'est celuy que fist Ianssenius pour iustifier le serment fait par de certains Prestres Anglois à la Reyne Elizabeth.

MONSIEVR,
Gorphoroste [a] commence à menasser ouuertement, ceux 108.
de la Compagnie de [b] Sulpice. Car il n'y a que deux ou trois iours, qu'vn d'eux a enuoyé expressément vn homme à [c] Quinquarbre, pour luy monstrer le liure nommé *Spongia* ; & luy dire que [c] Quinquarbre, & les siens, *Sentient aculeos suos*, à sçauoir comme ceux de Paris les ont sentis. Pacuuius [d], a fait le mesme, à vn autre Compagnon de [b] Sulpice. La cause de cecy est, l'escrit dont ie vous [e] ay escrit quelquefois, qui l'a picqué viuement. Il y a de l'apparence, qu'il se leuera des tempestes : car son naturel est, de dire & faire ce qui luy plaist, & de s'offenser des moindres veritez qui le regardent. Ie suis, Vostre, BOECE.

Cet homme appelle veritez, toutes les calomnies dont il charge les Iesuites; & il semble que ce qu'il en dit icy, a esté transcrit de mot à mot en vne autre langue, par l'Abbé de S. Cyran, dans son Aurelius. *Mais quelle merueille est-ce, que les Iesuites, contre qui l'vn, & l'autre, armoient tout le monde; & qu'ils attaquoient par toutes les voyes possibles, iusques dans la doctrine la plus Catholique; se soient sentis obligez à se deffendre, & à repousser viuement le mensonge & l'erreur, par la science, & la verité?*

De Louuain

De Louuain le 18. de Iuillet 1631.

109. MONSIEVR,

I'ay receu le papier touchant les compliments enuers la personne Ecclesiastique [a] qu'on attend. Cependant [b] Celias perd beaucoup de temps & de peine pour semblables choses de Sulpice [c]. Les amis de [d] Gorphoroste, disent icy, qu'on a accusé Boëce [e] & ses Compagnons, à Rome, à cause de cette Apologie que vous sçauez, dont ie vous ay escrit quelquefois; mais que particulierement on attaque [e] Boëce, pour en estre l'Autheur. Ie ne sçay s'il est vray, pour le moins, il est vray semblable; & serois bien estonné si [f] Pacuuius ne se ressentist, si l'occasion le fauorise tant soit peu; qui me fait croire qu'il ne mourera pas, sans soustenir quelque bourasque de ce costé là. On a mis en lumiere icy vne censure du Symbole des Apostres, en verité scandaleuse à mon aduis. Ie connois des Prelats, Religieux de Profession, qui, s'ils auoient de l'authorité, excommunioient les Autheurs: elle a esté faite à l'imitation de celle de Paris, par distinction de chaque article; ie ne doute pas qu'on ne l'ait de delà; car elle est faite expressément pour l'amour de la Sorbone. Si vous ne l'auez point de delà, ie vous l'enuoiray, ou bien la copie escrite de la main; car ie ne l'ay point, ny on ne la trouue pas aisément. Du silence dont escrit [b] Celias, il doit estre asseuré. La publication de cet escrit, ne se fera pas si tost, à mon aduis, quoy qu'il ne soit plus en la puissance de [c] Sulpice, mais de celuy [g] pour la deffence duquel il a esté fait. Auiourd'huy on acheue vn liure d'vn certain Docteur de Louuain, nommé Ianssenius [h], & on le publira demain: ie chercheray quelque occasion pour le vous enuoyer. Ie suis, Monsieur, Vostre, QVINQVARBRE.

L'inscription est A Monsieur de Haitze au Cloistre N. Dame, chez Monf. le Chanoine Taton. A Paris.

a Ecclesiastique; c'est le Cardinal Infant.

b Celias; c'est S. Cyran.

c Sulpice; c'est Ianssenius.

d Gorphoroste, ce sont les Iesuites.

e Boëce; c'est Ianssenius.

f Pacuuius; ce sont les Iesuites.

g Celuy: c'est vn Prestre Anglois qui faisoit faire vn certain serment dont il a esté parlé cy deuant, à la Reyne d'Angleterre.

h Il parle de soy mesme.

*L'entreprise du liure d'*Aurelius *n'ostoit pas le temps à S. Cyran, de trauailler pour Ianssenius, en reconnoissance de tant de beaux memoires qu'il receuoit de luy, pour grossir son ouurage. C'est mauuais signe pour Ianssenius, qu'on veuille presenter à Rome l'Apologie, qu'il auoit faite pour la deffence de ce serment de quelques Anglois, dont il a esté parlé plus haut; ce qui ne l'empesche cependant pas, de trauailler à vne seconde. Au reste le secret qu'il promet de garder à S. Cyran, regarde, à mon aduis, le liure d'*Aurelius *dont il auoit eu le soupçon, & auoit* *mesme escrit à cet Abbé ; qui s'en ouvrit du depuis à luy, auec recommandation du secret. Enfin le liure qui deuoit paroistre le lendemain du iour qu'il escrit ; c'est la response qu'il fist sous son nom, & dont S. Cyran luy auoit fourny, l'Exorde, l'Epilogue, & les Apostilles, contre les Ministres.*

De Louuain le 1. d'Aoust 1631.

Cette lettre n'a point d'inscriptiõ.

MONSIEVR, 110.

I'ay attendu de vous escrire, touchant ce que vous auiez demandé du Vicaire Apostolique de Hollande, parce qu'on l'attendoit icy, pour en pouuoir estre plus pertinamment informé. Il est, *Archiepiscopus Philippensis*, & souuent il s'escrit aussi *Vltraiectensis*, mais ce tiltre, ne luy a jamais esté donné à mon aduis. Il est Vicaire Apostolique de Hollande, & des Prouinces vnies, auec pouuoir d'Ordinaire, quoy qu'il ne semble pas estre Ordinaire des Euesches qui y sont. Il a eu des difficultez auec des Religieux, particulierement de la Compagnie, aussi bien que son Predecesseur *D. Sasboldus Archiepiscopus Philippensis*, lequel a esté pour cette occasion à Rome, & fait vn concordat auec eux, l'an 1610. traictant auec leur Prouincial Flerontinus. Mais du depuis, eux disans que leur Prouincial, n'auoit pas eu pouuoir du General, ils ne s'en sont gueres souciez ; ce qui contraignit l'Archeuesque qui est maintenant, de faire le voyage de Rome aussi, il y a huict ou neuf ans ; & du depuis par l'interuention des Euesques du Païs bas, on a fait vn autre concordat, qu'ils promirent de faire approuuer par leur General ; mais iusques à maintenant, on ne l'a peu impetrer. Les confidents de Gorphorosteᵃ, disent qu'on a accusé ᵇ Sulpice à Rome, auec ses Confreres, mais particulierement à luy, à cause de la premiere resolution [c] pour ceux d'Angleterre, comme ie vous ay escrit : mais ie ne puis croire qu'il soit vray, ayant opinion qu'ils le disent, pour empescher que la seconde Apologie ne sorte en lumiere. Ie suis, Monsieur, Vostre, BOECE.

[a] Gorphoroste ; ce sont les Iesuites.
[b] Sulpice, Iansenius.
[c] Resolution ; touchant le serment que quelque Prestre faisoit prester à la Reyne d'Angleterre.

I'ay voulu rapporter cette Histoire, ou plustost cette fable, tout au long, afin qu'on vist de quels memoires s'est seruy Aurelius *dans son liure lors qu'il a raconté cecy par* le *menu, & en a fait vn fonds de plaintes, & d'inuectiues contre les Iesuites ; faisant passer les calomnies & les imaginations de Janssenius contre cet Ordre pour des veritez Hi-*

ftoriques. Mais qui s'en estonnera, puisque ils auoient tous deux coniuré sa ruine, & qu'ils mettoient tout en œuure pour cela.

De Louuain le 11. d'Aoust 1631.

111. MONSIEVR,

Ie vous enuoye par ce Chartier deux exemplaires de mon liuret··· Dieu luy a donné assez grande reputation, particulierement parmy les sçauants··· Vostre, SVLPICE.

Cette lettre manque d'inscription.

C'est de sa responce au liure des Ministres de Boisleduc qu'il parle, & dont il rend à son amy vn si honorable tesmoignage.

De Louuain le 12. d'Aoust 1631.

112. MONSIEVR··

Vous m'auez voulu obliger extraordinairement, d'auoir pris la peine d'aller voir mon Nepueu, & d'en auoir le soin de si prez··· I'ay enuoyé deux exemplaires du liuret, mis n'aguere en lumiere, par les chariots. Dieu a donné grande reputation à cet escrit, particulierement parmy les sçauants. Comme i'escris cecy, ie reçois encore des lettres qui en parlent bien hautement·· Vostre, SVLPICE.

L'inscripiton de cette lettre est dechirée.

C'est vne suitte de la part qu'il prend aux loüanges qu'on donne à son liure.

De Louuain le 18. de Sept. 1631.

113. MONSIEVR··

Le liure contre les Ministres, est en fort bonne reputation parmy les sçauants···· Ie suis, Monsieur, Vostre, SVLPICE.

L'inscription de cette lettre est dechirée.

Il trouue ses loüanges trop bonnes, pour n'estre escrites qu'vne fois.

De Louuain le 31. d'Octobre 1631.

Il n'y a point d'inscription à cette lettre.

114. MONSIEVR,

I'ay receu les deux lettres où Celias [a] donne s[illegible] aduis

[a] Celias; c'est S. Cyran.

de l'ouurage de [b] Sulpice·· Des Conseillers du Conseil secret l'ayant veu, l'ont loüé par lettres grandement··· Ie vous enuoye icy vn escrit que i'ay receu, il y a deux ou trois iours, contre vn de nos Docteurs icy: & combien que ce soit le seul exemplaire qu'il y a icy; ie le vous enuoye, pour voir si tout est narré selon la verité. Il seroit bon de s'en informer ponctuellement, & authentiquement: car ie me doute que ce malade, ne decouure pas toute sa maladie; & si les choses estoient autrement, on n'eust pas eu de delà l'opinion contraire. Il semble que ces gens ne sont pas encore au bout de leurs combats, & que [c] Voëlius se prepare. Le temps nous monstrera ce qu'ils diront. Ie suis, Vostre, BOECE.

[b] Sulpice, c'est Ianssenius.

[c] Voëlius; ce mot est si mal escrit que ie n'ose asseurer que ce soit celuy que ie rapporte.

Quand il n'y auroit eu que la bonne intention qui paroissoit au Tiltre de ce liure, composé contre les Ministres; tous les Catholiques l'eussent loüé: Et s'il eust continué descrire contre les Caluinistes, & non pas pour eux, comme il a fait du depuis; sa memoire eust esté par tout en benediction, au lieu qu'elle est en execration parmy les Fidelles. Au reste à peine cesse il d'estre enyuré de ses propres loüanges, qu'il reprend sa fureur contre les Iesuites, & recommence à leur faire la guerre; enuoyant à S. Cyran des liures, & luy suggerant des moyens pour leur nuire.

De Louuain le 14. de Nouemb. 1631.

MONSIEVR··· 115.

I'ay receu il y a quelques iours vn liure, qu'on disoit venir du quartier de [a] Celias, sans lettre, ny nom de l'Autheur. L'ayant leu, i'ay assez connu de quelle main il partoit, tant pour la consideration du stile, que de tout le reste de la tissure; car il est tres-bien fait. Ie m'estonne neantmoins, comme l'Autheur s'est ozé hazarder de mettre sa main en cette fente; si ce n'est qu'il soit publié, comme contre le [b] . Il me plaist qu'il s'est abstenu de toucher le [c] complot, qui a produit des effets qui paroissent en nos [d] voisins, car ils me deplaisent grandement·· Ie suis Monsieur, vostre, BOECE.

Il n'y a point d'inscription à cette lettre.

[a] Celias; c'est S. Cyran.

[b] Le mot suiuant est dechiré.

[c] Il parle à mon aduis de l'vnion des Princes du Païs Bas auec la France.

[d] Nos voisins, ce sont les Hollādois.

Ie croy qu'il parle icy de quelque liure composé secrettement par l'Abbé de S. Cyran, contre le Cardinal de Richelieu, lequel au mesme temps il flatoit en apparence; pour gaigner à son party les vns & les autres, & estre tousiours vn veritable Prothée, prenant toute sorte de postures & estant de tout party, pour subsister en tout temps. Ce complot à mon aduis est celuy qui fut fait auec les Princes des Païs Bas.

De Louuain le 5. de Decembre 1631.

116. MONSIEVR, J'ay receu vos lettres.... Le breuuage de [a] Gorforostc, leur est bien besoin; ie serois bien aise de le voir. Ie m'estonne que ceux de delà, qui ont esté si griefuement offensez, ont tant de modestie & froideur à respondre aux calomnies qu'on leur a imposé. Ie suis, Monsieur, Vostre, QVINQVARBRE.

Cette lettre n'a point d'inscriptiô.

[a] Gorphoroste; ce sont les Iesuites.

*C'est du liure d'*Aurelius *qu'acheuoit de composer l'Abbé de S. Cyran, & qui fut imprimé l'année suiuante, que parle icy Ianssenius, sous le nom de breuvage, qu'il continuera encore dans quelque lettre suiuante; & ce qu'il adiouste ensuite n'en est pas vne legere confirmation; disant qu'il s'estonne que la Sorbone, qui auoit esté mal traittée par les liures Anglois, ne fait aucune responce aux calomnies dont elle auoit esté chargée par ces estrangers.*

De Louuain le 7. d'Auril 1632.

117. MONSIEVR, J'ay oublié par 3. ou 4. voyages, mesme en vous escriuãt, d'vne chose, dont vostre derniere m'a fait souuenir; c'estoit de vous prier, que vous vous voulussiez informer par quelqu'vn, si les lettres de l'Vniuersité de Louuain, & celles de la Faculté de Theologie, que i'ay enuoyées, il y a enuiron cinq sepmaines, ont esté rẽduës à Mõsieur Aubert, Principal du College de Laon, & interprete du Roy és lettres grecques, à qui ie les auois adressées, auec les miẽnes. Maintenant, voyãt qu'on trauaille serieusement à la responce de [a] l'Esponge, i'ay iugé mieux à propos, & le plus prompt, de vous enuoyer la double de ces lettre; afin, en cas que les premieres se soient perduës, comme ie m'en doute, pour n'en auoir oüy rien, ils puissent voir par celles cy, la responce de ce qu'ils ont demandé de Louuain. On ne respond point à ce qui touche le fonds de la Doctrine, comme aussi eux, ils ne l'ont pas demandé; parceque le Nonce l'a deffendu icy; combien qu'à ceux qui ont bon nez, il sera assez euident, qu'on

Cette lettre n'a point d'inscriptiô.

[a] Dans *Aurelius*.

n'approuue pas icy ses extrauagances, parce qu'ils nomment la doctrine *Examine dignam*. I'ay leu vn certain liuret, qui se nomme *Querimonia Ecclesiæ Anglicanæ*, fait sous le nom du mesme Lomelius; là où ils traittent assez mal la censure des Prelats, iterant souuent, qu'il n'y a rien de veritable en toute leur lettre, si ce n'est qu'on l'excuse par des hyperboles. L'affaire merite bien vne bonne responce. Nostre Vniuersité condamne fort cette façon insolente d'escrire contre vne Faculté si ancienne; & remarque assez, que cela ne se fait que pour renuerser l'authorité des Vniuersitez, & Facultez de Theologie, afin qu'ils dominent en leurs opinions. Ie ne sçay pourquoy ceux de delà les Monts, veulent permettre que cette doctrine prenne credit parmy les esprits; en deffendant aux Docteurs de la censurer, ou approuuer d'autres censures; si ce n'est parauanture, qu'elle rend la puissance des Euesques *b* moins necessaire. Ie suis, Monsieur, Vostre, SVLPICE.

b Remarquez comme il iuge sinistrement des intentions du S. Siege.

*Voila le mystere reuelé, & le secret du liure d'*Aurelius *si long temps caché, entierement découuert. On sçauoit bien que le sieur Aubert en auoit fait le latin; que l'Abbé de S. Cyran auoit fait en françois le corps du liure, qu'on auoit pour cet effet beaucoup de memoires des Païs Bas: mais on auoit ignoré que Ianssenius les eust fournis, & qu'il combatoit en France les Iesuites par les mains de tous leurs ennemis; les encourageant, nonobstant la deffence du Pape dont il se mocque, & qu'il dit n'auoir pour but que la destruction de la puissance Episcopale, à escrire fortement contre les liures des Anglois, parce qu'il se persuade que quelques Iesuites en sont Autheurs. Mais voyez ie vous prie, comme cet homme qui prend ailleurs tous les Docteurs des cinq ou six derniers siecles, pour des ignorants, & des clabaudeurs; pour des personnes qui ont entierement desfiguré le visage de la Theologie; qui se sont, comme les Heretiques, separez de la doctrine des Peres, & de l'Escriture; & pour des gens dont les opinions, ne sont que des nouueautez & des Chimeres, fondées sur des raisonnemens fautifs, & purement humains: voyez dis-je, comme il fait icy le zelé pour deffendre, & maintenir leur authorité, & pour appuyer les Vniuersités, & les Facultés de Theologie contre ceux qui se departent en quelques opinions particulieres de leurs sentimens. Les lettres suiuantes acheueront de nous instruire sur toute l'intrigue d'*Aurelius *en France, & en Flandre.*

De Louuain

De Louuain le 23. d'Auril 1632.

118. MONSIEVR,

Ie viens de receuoir des lettres de Monsieur Aubert, qui nous donnent nouuelles, que nos lettres, que ie vous ay addressées, il y a enuiron quinze iours, de la part de l'Vniuersité & Faculté de Theologie, ont esté receuës. Il m'enuoya la derniere fois ce gros [a] volume, *Vindiciæ censuræ Parisiensis*, escrit contre l'Esponge, par la poste; & me promet de m'en enuoyer vn autre qui est sur presse, & sans doute celuy duquel vous m'auez escrit, que c'estoit la vraye responce. Il ne considere pas ce que la poste couste pour de si gros volumes. Il semble que ceux de la Sorbone, sont bien aises de la lettre qu'on leur a procurée. Vn Religieux m'a aussi monstré le Directeur desinteressé; il semble qu'il y a beaucoup de vray dedans; & ne m'estonne pas qu'on le veut supprimer. Ils l'appellent, *Pestilentissimum*, & asseurent qu'il est deffendu de le lire. Ie suis Monsieur, Vostre, SVLPICE.

L'inscription est A Monsieur de Haitze au Cloistre N. Dame, chez M. le Chanoine Taron, A Paris.

a Dans *Aurelius*.

*L'addresse des lettres de l'Vniuersité de Louuain, au Recteur de l'Vniuersité de Paris, procurées par Iansenius; & generalement de tous les memoires qui pouuoient seruir à grossir de calomnies & d'iniures, le liure d'*Aurelius*, se faisoit à l'Abbé de S. Cyran: non seulement comme à l'ennemy le plus declaré contre les Iesuites, qui fust en France; mais comme au veritable Autheur de cet ouvrage; qu'il composoit pour seruir de signal [b] au Iansenisme, & preparer les voyes à la nouuelle doctrine, qui deuoit suiure, aprez la ruine entiere, & la destruction des Iesuites, & du Monachisme; que le Directeur desinteressé & les liures qui suiuirent, auançoient de leur costé, de tout leur possible.*

b On a fait voir plus d'vne fois la conformité des erreurs d'*Aurelius*, auec Iansenius dans les reliques de S. Cyran.

De Louuain le 7. de May 1632.

119. MONSIEVR,

I'estois estonné de ce que ie n'entendois pas des nouuelles de la lettre escrite au Recteur [a] de dela: maintenant i'entens qu'elle vous a esté renduë, quoy que tard; & quelque peu auparauant i'auois receu des lettres de Monsieur Aubert, que la precedente de mesme teneur, auoit esté attenduë auec

L'inscription est la mesme que la precedente.

a Recteur: c'est celuy de l'Vniuersité de Paris.

inpatience, & receuë auec grande ioye, comme il l'escrit. Ie ne sçay comment il l'entend, quoy qu'il adiouste, qu'on auoit donné charge de remercier ceux d'icy. Quant aux points que vous touchez, il ne faut pas s'estonner de ce qu'on n'a pas parlé de la doctrine, parce que ceux de Paris, n'en auoient rien parlé, ny demandé du tout en vne lettre assez longue; mais on a respondu à tous les points qu'ils auoient demandé de nous. Et combien que nonobstant cela, on s'estoit entierement resolu de toucher la doctrine, & qu'on ait liuré des batailles pour cela; neantmoins on n'a pû dissiper les empeschemens qu'on y mettoit d'ailleurs que du Nonce; de sorte que nous sommes de deça hors de tout blasme quant à cela. L'autre point des Richeristes n'estoit pas en la lettre, comme elle estoit conceuë; mais on a voulu qu'on l'y adioustast, pour des raisons qui ne sont pas du tout impertinentes. Et quand nous n'en eussions pas parlé, cela n'eust pas empesché qu'ils ne se fussent couuerts de ce pretexte, mais eust plûtost donné occasion de nous accuser comme complices de la mesme doctrine, comme on a fait n'agueres sur vn semblable point, & sur vne pareille reticence; iusques à ce point, qu'on nous menassa de nous accuser à Rome; & auons, à cause de cela, esté contraints de nous expliquer, & escrire vne bien longue Apologie, qui a fait taire tout le monde. Car puisque l'on peut assez connoistre par la lettre, que nostre sentiment n'est pas celuy de ces escriuains, & que d'ailleurs les Religieux n'en sont que trop informez; & que ceux de delà sçauent mesme que nous auions commencé à reuoir & examiner ces propositions, comme dignes d'estre examinées pour la nouueauté de cette doctrine: on a jugé qu'il estoit à propos de declarer que l'on pouuoit auoir cette opinion, sans toutefois estre Richeriste, ny approuuer leur doctrine. Car l'aduis de Monsieur Hallier (qui a escrit *Vindicias*) par lequel il pense auoit fait finement, de n'auoir pas parlé du tout des Richeristes, ny d'auoir monstré la fausseté, ou l'iniustice de cette calomnie, ou accusation; ne nous a pas semblé nullement bon icy. Car c'est vne accusation si griefue, & tant de fois repetée, comme capitalement contraire à l'authorité de la censure, qu'elle ne se peut pas eluder par aucune reticence; dautant qu'on la prendra plustost pour vn adueu de tout ce qu'ils en ont dit, ou bien que toute la Sorbone aye le mesme sentiment, ou pour le moins, qu'elle pense que c'est vne doctrine qui se puisse tolerer, & là particulierement, parcequ'il dit en la page 64. qu'on iugera plustost *Insaniam laudabilem, aut inscitiam gloriosam, quàm cœtum Theologorum Par. insanum, aut indoctum.* Ce que quelques-vns ont pris, comme s'il vouloit dire, qu'on peut dire plustost que la doctrine des Richeristes, qu'à leur iugement on tient en la Sorbone, est pluitost veritable, que non pas la Sorbone mesprisable à cause de cela. Le mot *Detestamur*, à la verité, eust peu estre adoucy; mais il y a esté mis, parceque on auoit fort mauuaise opinion de cette doctrine, & qu'elle est delà aussi publiquement condamnée en vn [b] Concile, & mesme refutée par du Val, comme Heretique. Pour ne laisser pas donc aucun ombrage, ou soupçon, à ceux qui cherchent des occasions de nous blasmer; on a voulu tesmoigner, qu'on peut condamner leurs resueries, sans estre pour cela Richeriste: car ce sont eux à nostre aduis, qui ont impetré la deffence du Nonce, redoutans grandement d'estre mal traitez icy. Ie suis, Monsieur, Vostre, SVLPICE.

[b] En vn Concile: Il y en a bien deux, l'vn à Paris, l'autre à Aix, l'an 1612. assemblez contre la doctrine de Richer.

*Le Sieur Aubert aura beau nier desormais, qu'il ait eu aucune part aux affaires d'*Aurelius*; & il n'aura que faire de s'excuser sur son ignorance en Theologie; non plus que S. Cyran sur son peu de suffisance au latin: l'vn & l'autre y ont contribué ce qu'ils sçauoient, aidez des memoires, & des conseils de Ianssenius; qui gaignoit en leur faueur contre les Iesuites, & animoit en cette affaire l'Vniuersité de Louuain, laquelle n'auoit pas encore reconnu les desseins, ny la mauuaise doctrine de ce nouuel Heresiarque, non plus que la Sorbone celle de son associé l'Abbé de S. Cyran: lequel comme vous voyez par la responce que luy fait icy Ianssenius, trouuoit mauuais que l'Vniuersité de Louuain n'auoit pas dedans sa lettre condamné la doctrine des liures Anglois, pour le respect & l'obeyssance qu'elle rendoit au Pape, qui l'auoit deffendu; & auoit tesmoigné detester, & auoir en horreur les erreurs des Richeristes, que ce saint Abbé trouuoit fort propres pour destruire l'Eglise, le Pape, & les Iesuites.*

De Louuain le 10. de Septembre 1632.

L'inscription est A Monf. de Haitze, [a] Medecine; c'est du liure d'*Aurelius* qu'il parle.

120. MONSIEVR...

I'ay parlé icy à des gens sçauans, qui loüent grandement cette medecine, qu'on a donné à ce [b] Phrenetique & disent qu'il n'y a Medecin, qui puisse rabroüer les raisons de

[b] Phrenetique; c'est des Iesuites qu'il veut parler.

son opinion. Mais ie croy veritablement, que pourtant il n'en sera pas guery, son mal est trop profondement enraciné dans le cerueau. Et ce qui empesche le plus sa guerison, c'est que sa phrenesie luy fait croire, qu'il est le plus sain du monde, & luy fait condamner les Medecins, comme des fous, ou des ennemis de sa santé. Ie suis, vostre, SVLPICE.

*Ce sont là les complaisances qu'il prenoit, & rendoit à son amy l'Abbé de S. Cyran, pour auoir mis au monde ce bel ouurage d'*Aurelius, *dont les iniures, les outrages, & les calomnies desquelles il est remply contre les Iesuites; s'appellent en leur langage, des medecines salutaires, & propres à les guerir de la presomption, & de la propre estime d'eux mesmes, qui est la phrenesie qui leur renuerse l'esprit, & les rend pires que des fous. Vous verrez plus bas vne nouuelle confirmation de cette metaphore.*

De Louuain le 15. de Septembre 1632.

L'Inscription est A Monsieur de S. Cyran.

MONSIEVR, 121.

Les Prouiseurs du College de Nostre Dame, ou des Hollandois à Louuain, vous ont escrit vne longue lettre, enuoyée par ce mesme persõnage qui vo⁹ porte celle cy: vo⁹ entẽdrez par celle là, le subjet de sa venuë. Ie vous prie en mõ nõ particulier, de traiter en telle sorte auec la Sorbone, qu'elle n'entende pas que cette donation, & transport, est dé-ja reellement fait, si vous trouuez, en leur tastant le pouls, qu'il y auroit quelque difficulté à rauoir cette procure dont parle l'autre lettre, à remettre les biens sur nous, en cas que nous peussions demeurer paisiblement icy; nous le commettons tout à vostre prudence, & dexterité accoustumée··· Ie suis, Vostre, IANSSENIVS.

Ie ne sçay pas ce qui se passa dans cette affaire auec la Sorbone; ceux qui en traitterent auec S. Cyran, se pourront souuenir de son procedé là dessus; & s'il fut dans la sincerité, aussi bien que la commission que luy donnoit Ianssenius.

L'Inscription est A Monsieur de Haize au Cloistre de N. Dame, chez Monsieur le Chanoine Taron, A Paris.

De Louuain le 26. de Nouembre 1632.

MONSIEVR, 122.

Ie viens de receuoir vostre lettre, auec celle du

Nepueu ... de l'affaire de Monsieur le *a* Semiriste, auec *b* Gorphoroste, mal-aiſément en puiſ-je iuger, pour n'auoir pas veu ces cahiers dont vous parlez; auſſi perſonne n'a denoncé rien à Boëce *c*, ny fait mention de ſe meſler de cette diſpute de ces deux parties. Ie ne doute pas que *a* Semir ne luy reſponde; & me doute fort qu'il ſeroit à propos, que *c* Boëce ſe deſcouuriſt ſi toſt, & ſur vne diſpute d'autruy; ſur tout, ne ſçachant pas ſi cela ſe pourroit faire briefuement, & ſans entrer au fonds de l'affaire. Peut eſtre qu'il trouuerroit icy auſſi bien des aduerſaires que de là. Il m'a dit ces iours paſſez, qu'il a eſté bien marry d'auoir eſté deſtourné ſi long-temps de *d* Pilmot, par cette leuée de boucliers des aduerſaires *e* de l'Egliſe. Car elles ont eſté cauſe que Boëce *c* voyant que s'il ſe leuoit la moindre bouraſque ſur ſemblable ſubjet, la charge tomberoit toute ſur luy; il s'eſt addonné à ſe rendre plus accomply en la langue Hebraïque .. Il recommence à lire les petites œuvres de *f* Seraphi, pour rafraichir la memoire, & les acheuera bien-toſt, dans trois ou quatre ſemaines; & apres, à deſſein de pourſuiure la compoſition *g* qu'il auoit commencée, combien qu'il confeſſe d'en auoir de l'apprehenſion, à cauſe de diuerſes difficultez. Il a appris par experience, que le deuant diſner luy ſuffit pour ſatisfaire à ſa charge, & apres diſner il l'emploira à cela. I'ay oublié à vous reſpondre, ſur ce que vous m'auez mandé de l'impreſſion nouuelle de S. Auguſtin. On deuoit imprimer parmy ſes œuvres, les deux liures de l'œuvre imparfait contre Iulien, mais corrigez, car l'impreſſion *in octauo* ne vaut rien du tout. I'ay ces iours paſſez releu ces liures, & les ay corrigez d'vn tres-grand nombre de fautes; i'ay corrigé auſſi vn nombre prodigieux de tres-mauuaiſes diſtinctions, qui apportoient de grandes tenebres à la lecture; i'ay mis auſſi à la marge les paſſages que Proſper, & les Canons que le Concile d'Orange, en a tirez. Si i'auois Beda, i'y mettrois auſſi les paſſages qu'il en cite. I'en ay laiſſé encore quelques paſſages que ie n'ay peu corriger. Mais il ſeroit neceſſaire, que tout fuſt conferé auec l'original; ſi ie l'auois, ie ne doute point que i'en corrigerois beaucoup de fautes. De toutes les corrections que i'ay faites, ie ſçaurois preſque donner pertinente raiſon, s'il eſtoit beſoin; ou des meſmes liures, ou des autres œuures de S. Auguſtin. On a mis auſſi quelques ouvrages, qui ſõt certainement de ce Saint, parmy les Appendices; & au contraire, on attribuë à luy, ce qui eſt aſſeuré de ne l'eſtre point, com-

a Semiriſte; c'eſt le P. Gibieuf.
b Gorphoroſte, ce ſont les Ieſuites.
c Boëce, Ianſſenius.

d Pilmot; c'eſt ſon liure intitulé *Auguſtinus*.
e Aduerſaires, ce ſont les Miniſtres de Boiſleduc.

f Seraphi, c'eſt S. Auguſtin.

g Compoſition, c'eſt de ſon liure *Auguſtinus*.

bien qu'on ne peut pas changer toutes choſes : vous iugerez ce qu'il en faudra faire, car ie le vous enuoiray quand il vous plaira [b]. Il faudroit laiſſer en arriere les notes de Mõſieur Menard, car ſouuentefois elles ne ſont pas à propos, & monſtre qu'il n'entend pas le ſtile, & la doctrine de ce Saint. Eſcriuez moy, s'il vous plaiſt, ce que vous ſemble de l'aduis que i'ay donné ſur les Sermons publiez par le P. Sirmond ; car il ſemble que vous auez des raiſons au contraire, que peuteſtre ie n'ay pas penſées, Ie ſuis, Monſieur, voſtre, SVLPICE.

[b] Ce qui ſuit, iuſques à ces mots *eſcriuez moy*, eſt en marge de ſa lettre.

*La premiere partie de cette lettre, regarde le demeſlé du P. Gibieuf auec les Ieſuites, qui refuterent fortement ſon liure de la liberté, & vn entre autres ſous le nom d'*Eugenius Philadelphus. *Et remarquez ie vous prie, comme l'Abbé de S. Cyran vouloit engager Ianſſenius à entreprendre la deffence du P. Gibieuf, & comme celuy là s'en excuſe ; entre autres pour cette raiſon, qu'il apprehende d'eſtre obligé d'entrer au fonds de la queſtion de la liberté, dont il ne tomboit pas d'accord, non ſeulement auec ceux de la faculté de Louuain comme il auouë luy meſme ; mais non pas meſme auec ce Pere de l'Oratoire, quoy qu'il s'accordaſt en d'autres choſes auec luy. La ſeconde partie de la lettre fait voir comme ce n'eſt pas ſans crainte qu'il ſe reſout à reprendre la ſuite de ſon liure intitulé* Auguſtinus ; *tant cette entrepriſe luy paroiſſoit eſtrange, dans les ſiniſtres effets qu'il preuoyoit en deuoir naiſtre. Enfin il conclut ſa lettre par les corrections qu'il a faites, & qu'il faut faire de S. Auguſtin. Ie n'ay pas veu ce qu'il a fait là deſſus, pour en porter iugement ; mais ayant leu les notes de Monſieur Menard, ie trouue qu'il a grand tort d'en parler auec le meſpris qu'il fait ; & pour luy, l'on ſçait que ſes ſentimens ſur S. Auguſtin, ſont maintenant reiettés de tous les Fidelles, comme contraires aux veritables, & les meſmes que ceux de Caluin.*

De Louuain le 17. de Decembre 1632.

L'inſcription eſt la meſme que la precedente.

MONSIEVR, 123

Ie vous penſe auoir eſcrit le dernier voyage, l'aduis de [a] Sulpice, ſur l'affaire de ce perſonnage [b] muet, que [c] Celias a veu du depuis de plus prés. Il dit pour concluſion, qu'il ne luy ſemble pas à propos, qu'il s'en meſle, deuant qu'il voye ou abou-tiront les difficultez de [d] Pilmot, qu'il a entre les mains : mais cela acheué, il croit qu'il y reſtera peu dedans l'œuvre de ce

[a] Sulpice, Ianſſenius.
[b] Muet ; c'eſt le premier liure fait contre le P. Gibieuf, ſans nom.
[c] Celias ; c'eſt S. Cyran.
[d] Pilmot ; c'eſt le deſſein de ſon liure.

personnage [e], qui n'y sera touché, & esbranlé, & qu'on ne pourra dissiper auec peu de peine ; & ne refusera point d'y mettre aussi la main. Que si [b] Celias iuge que cependant vn autre, que Dieu semble auoir suscité, s'en doiue mesler, Sulpice [a] n'en sera que tres-content, luy estant indifferent par qui la verité de Dieu se deffende, moyennant qu'elle soit deffenduë. Son aduis est, comme il croit auoir escrit, qu'on laisse se battre ces deux [f] partis, iusques à se lasser, pour les separer par apres plus à propos, apres qu'ils auront versé tout ce qu'ils auront sur le cœur, l'vn contre l'autre. Sulpice [a] est bien resolu à passer outre en cequ'il a [g] commencé, & a disposé à cela ses autres affaires de longue main. Les obligations des [h] Ministres, quoy que de posterieure date, ont esté telles, que ie croy que sans faire tort à [i] Pilmot, on y a deu satisfaire : & il n'y a eu autre raison d'y employer [k] Quinquarbre, que quelque connoissance des langues, laquelle luy estoit neantmoins fort petite, pour soustenir le faix de la guerre, en vn corps tel, comme est celuy dont il est membre, y ayant au reste vne grande ignorance. Quoy que ce soit, ie croy que Dieu y a esté seruy autant, que s'il se fust opiniatré à accelerer dauantage [i] Pilmot, qui n'a pas esté laissé en arriere, mais differé pour peu de temps. Celuy qui est membre d'vn corps, ne peut pas s'exépter de toutes les obligatiõs, que les circonstances des autres personnes, du lieu, & du temps apportent ; non plus que de celles des necessitez de son corps, & de sa famille particuliere. Il est sur le point de recommencer la composition, & à dé-ja mis en ordre les articles qui sont à traiter sur les affaires de Monsieur [l] Adam ; mais sa toüe ordinaire, l'empesche de passer outre comme il voudroit. Il ne craint rien qu'vn autre empeschement, qu'il a dé-ja par l'espace de cinq ans dissipé heureusement deux fois ; mais il croit qu'il ne s'en pourra pas desmeller la prochaine fois, au mois de Feburier ; c'est de n'estre pas superintendant de cette Communauté generale, parmy laquelle il vit, &c. Ie suis, Vostre, BOECE.

[e] Ce personnage ; c'est du premier liure fait contre celuy du P. Gibieuf, par le P. Theophile Renauld Iesuite.

[f] Ces deux partis ; c'est des Iesuites, & de l'Oratoire qu'il parle.

[g] Ce qu'il a commencé ; c'est son liure *Augustinus*.

[h] Ministres ; c'est de ceux de Boisleduc qu'il parle.

[i] Pilmot, c'est de la composition, de son liure *Augustinus* qu'il parle.

[k] Quinquarbre ; c'est Iansenius.

[l] Adam ; c'est *De statu innocentiæ*, qu'il veut parler.

Il s'excuse d'escrire contre celuy qui le premier attaqua le liure, De Libertate, *du P. Gibieuf ; sur ce que ce trauail retarderoit encore son grand ouurage, qui a paru depuis sa mort sous le nom d'*Augustinus *: il promet toutesfois d'en refuter par occasion vne bonne partie. Mais il donne la dessus vn conseil fort agreable, de laisser les deux partis, des Iesuites, & de l'Oratoire, se battre d'importance, iusques à se lasser, pour en* *auoir aprez meilleur marché. Le reste de sa lettre, contient les raisons du retardement de son liure, qu'il dit auoir bien resolu de continuer à l'aucnir.*

De Louuain le 15. de Iuillet 1633.

MONSIEVR,

Ie viens de receuoir l'escrit françois, que vous m'en- 124.
uoyez pour l'approuuer, ie ne l'ay pas leu encore • • ie sens vne douleur de poitrine, & grande lassitude de main, venant de trop d'escrire sur [a] Pilmot. Ie m'en vay demain hors d'icy pour reparer mes forces, huict ou dix iours. Ie vous ay enuoyé le liure de [b] Seraphi, corrigé de ma main, auec annotations de tous les passages de Prospet, & Beda, & Canons de Conciles qui en sont tirez; & l'auois recommandé au Superieur des [c] Semiristes d'icy, pour l'enuoyer sans lettre, cacheté de mon seau, dans vn papier, auec la superscription accoustumée de Haitze. Maintenant on me dit, que chez Monsieur Taton, on ne luy a pas sçeu dire des nouuelles de Haitze, ny il ne m'a pas voulu dire à qui il l'ait enuoyé; cequi me fait douter qu'on y ait apporté quelque supercherie; car ils me semblent estre curieux [d] à sçauoir cequi se passe entre nous, tant pour le fait de nostre malade de Phrenesie [e], qui a donné tant de peine; que pour l'affaire du Semiriste [f] de delà, & de son [g] amplitude. I'entends qu'on a dit entr'eux, que [h] Boëce s'est meslé de fournir certaines [i] drogues de Flandre, pour entrer en la recepte qu'on a donné pour guerir la Phrenesie du malade. Icy Pacuuius [k] a confessé qu'il est cause luy mesme du mal, ou de ce qu'on estime estre dit, & fait par Phrenesie; mais il semble croire que ce sont des effets d'vne bonne santé. Que le [l] Medecin a bien monstré sa capacité, & sçauoir; mais que la recepte est malicieuse, y ayant du poison dedans pour tuer le malade. Ie me trouue en peine des estudes du Nepueu; car il n'y a nulle apparence que chez eux [m] ils ayent aucune bonne estude qui vaille; & cequi est à Malines, est vne chose de neant. Ie croy que le meilleur seroit, que par la permission du P. Bourgoing, il demeurast chez moy, durant le temps de sa Theologie, sans renoncer a sa maison, mais pour y retourner apres que tout seroit acheué: car autrement, il y a de l'apparence que le ieune homme ne reüssira iamais. Ie ne feray pas cecy sans vostre aduis, ny la permission, & adueu du

Pere

L'inscription est la mesme que la precedente.

a Pilmot; c'est le trauail de son liure.

b Seraphi; c'est S. Augustin.

c Semiristes; ce sont les Peres de l'Oratoire.

d Curieux; il parle des Peres de l'Oratoire.

e Malade de Phrenesie; c'est des Iesuites qu'il parle, & du liure d'*Aurelius* fait contre eux.

f Semiriste; c'est le Pere Gibieuf.

g Amplitude; c'est du liure du P. Gibieuf qu'il parle, lequel mettoit la liberté dans vne certaine amplitude.

h Boëce, Ianssenius.

i Drogues; ce sont les memoires.

k Pacuuius; ce sont les Iesuites.

l Medecin; c'est S. Cyran Autheur du liure d'*Aurelius*.

m Chez eux; c'est chez les Peres de l'Oratoire.

Pere susdit; car autrement, il porteroit icy quelque esclandre à leur maison; il ne manque point de iugement, ny de capacité à faire du profit, &c.. Vostre, SVLPICE.

Les affaires ont changé de face; & Ianssenius qui auoit loüé si hautement les Peres de l'Oratoire; qui auoit procuré leur establissement en Flandre auec tant de chaleur, pour s'en seruir contre les Iesuites; qui se promettoit qu'ils auroient dans peu toute la Ieunesse des Pais Bas dans leurs Escholes; qui asseuroit qu'ils estoient dans vne reputation nompareille de science, & de vertu; & qui auoit consenty si volontiers à l'entrée de son Nepueu parmy eux: se defie maintenant de leur syncerité; ne iuge pas bien de leur vertu; blasme leurs estudes, & leur conduite; & songe en suite à leur oster son Nepueu. Voila ou aboutit l'esprit de caballe, voila ou les intrigues se terminent, voila ou la conspiration formée par la haine, & par la passion, se reduit. Au reste l'Approbation que luy demandoit S. Cyran pour vn escrit françois; c'est probablement pour le Chapelet secret du S. Sacrement; ainsi que la circonstance du temps nous fait iuger. Car Ianssenius l'a datée du 21. Iuillet 1633.

De Bruxelle le 25. de Iuillet 1633.

125. MONSIEVR,

Il y a huict iours que ie suis aux enuirons de Bruxelle, pour y prendre quelque relasche de mes occupations ordinaires, afin de trauailler plus assiduëment aux affaires de [a] Pilmot. Quant à ce que vous desirez sçauoir, si le reculement a esté vn effet de la priere, ou de la malice des hommes: il pourroit bien estre, que ce soit l'effet de l'vn, & de l'autre. On sçait que [b] Pacuuius a fait vne instance extraordinaire, pour auoir vne de ses creatures, ou esclaues, comme il est arriué, contre l'opinion mesme de ceux de deça, qui en auoient denommé trois: & qui plus est, on croit que celuy qui est choisi, n'a pas esté mesme du nombre. On sçait que la ioye que [c] Gorforoste en fait, est ridicule. On sçait que comme vn certain amy de [d] Sulpice, s'estoit plaint à vn Courtisan, qu'on auoit fait vn tel choix, en reculant l'amy de [e] Celias; il respondit, qu'il n'y auoit pas de l'apparence, d'auancer vn homme qui a esté mis en l'inquisition, & qu'il ne le sera iamais. Vous connoissez de quelle veine vient tout cela. Ie suis, Monsieur, Vostre, BOECE.

L'inscription est A Monsieur de Haitze au Cloistre N. Dame, chez Monf. Ioly Chanoine.

[a] Pilmot; c'est le trauail de son liure.

[b] Pacuuius; ce sont les Iesuites.

[c] Gorphoroste; ce sont les Iesuites.

[d] Sulpice, Ianssenius.

[e] Celias; c'est S. Cyran.

Il faut qu'il y ait manque à la date de cette lettre, & qu'il ait mis le 15. de Iuillet pour le 25. veu que la precedente eſcrite de Louuain eſt du 15. & que celle cy eſt datée du Bruxelle, huit iours aprés; & d'ailleurs ſur le dos de la lettre, l'année 1633. eſt marquée. Il paroiſt aſſez par ſon diſcours, combien il eſt ſenſiblement touché, de n'auoir point eſté eſleué à cette dignité, dont il eſt queſtion; & que ie croy eſtre celle d'Eueſque: s'en prenant aux Ieſuites, plûtoſt qu'à luy meſme, & à la reputation qu'il auoit en Flandre, de tenir vne mauuaiſe doctrine, & d'auoir eſté en peine pour cela.

De Louuain le 5. d'Aouſt 1633.

L'inſcription eſt la meſme que la penultieſme.

[a] Sulpice; c'eſt Ianſſenius.

[b] Celias; c'eſt S. Cyran.

[c] S. Auguſtin.

[d] Semiriſte; c'eſt le P. Gibieuf.

[e] Pilmot; c'eſt le deſſein du liure de Ianſſenius.

MONSIEVR, 126

Ie ſuis aiſe qu'il y a de l'apparence que le le liure ſera trouué. Sulpice[a] dit que ſon intention n'a iamais eſté que ſon nom y fut mis, particulierement attendu, qu'il n'a pas eu la commodité de conferer auec l'original les corrections, qu'il craint eſtre quelquefois trop libres. Il ſeroit fort à propos que quelqu'vn le fiſt, car les liures le meritent. Si[b] Celias iuge qu'il y faut mettre quelque petite preface, il le pourra faire, ſans parler de perſonne. Si la neceſſité nous contraint de maintenir l'ouvrage, comme de[c] Seraphi, il ſera temps alors de le faire plus commodement, en voyant ce qu'on luy oppoſera. Cependant les paſſages des Canons d'Orenge, de Proſper, & de Beda, l'authoriſeront aſſez.. I'entends que le[d] Semiriſte, qui a eſcrit du franc arbitre, & eſt combatu de delà, trauaille à mettre en lumiere, auec le temps, vn plaidoyer ſur les affaires de[e] Pilmot, ſuiuant[c] Seraphi. S'il y va, comme il ſemble auoir ietté les fondements en l'autre ouvrage, il fera de grandes cheutes. Son fait ne ſemble qu'vne phantaiſie d'eſprit, & ne m'eſtonne point ſi on luy a donné ſur les doigts. Il ne ſemble pas voir les racines de toute l'affaire, ce qui fera qu'il luy ſera mal-aiſé de ſe tenir entre les bornes de la verité, & ne doute point, qu'il ne faſſe des eſcapades, s'il ne fait rien de pis... Ie ſuis, Monſieur, voſtre, BOECE.

Si Ianſſenius traitte ſi mal ſes amis, qui s'eſtonnera du traittement qu'il fait à ſes ennemis? le pauure Pere Gibieuf n'a pas receu de plus rudes atteintes de ceux qui ont eſcrit contre luy, qu'il fait icy de celuy en faueur duquel il vouloit eſcrire. Il y a eu neantmoins cette difference, que ceux là l'ont combatu, parce que son liure n'estoit pas Catholique de tout point, en ce qui touche la liberté; & celuy cy le blasme, à raison qu'en cette matiere, il n'estoit pas comme luy, entierement Heretique.

De Louuain le 16. de Sept. 1633.

127. MONSIEVR,

I'ay veu (*il y auoit receu*) vn certain liure escrit, contre le P. Sirmond, sur vn Canon d'Orange ··· Sulpice [a] est engagé à faire vn Sermon sur vne Profession d'vne fille de Conseiller, là où force honnestes gens seront presens, & aussi peut-estre le [b] Prelat: si vous auiez quelque Sermon propre à cela, il seroit bien aise de l'auoir; cela luy osteroit la peine d'y songer, & luy laisseroit le loisir de songer à [c] Pilmot, en laquelle il a fait vn tres-grand progrez: mais il y trouue plus de matiere, qu'il ne pensoit. Cependant les plus fascheuses difficultez, sont pour la plus grande part passées ··· Ie suis, Monsieur, Vostre, BOECE.

L'inscription est A Monsieur de Haitze au Cloistre N. Dame, chez Monsieur le Chanoine Ioly. A Paris.

[a] Sulpice; c'est Iansenius.

[b] Le Prelat; c'est l'Archeuesque de Malines.

[c] Pilmot; c'est le dessein de son liure.

*Nous apprenons par cette lettre, qu'il receuoit des premiers les ouurages d'*Aurelius *son meilleur amy, auquel en tous ses besoins il auoit recours; se seruant souuent de ce pretexte, que son grand ouurage en seroit plus auancé, comme souhaittoit auec passion, l'Abbé de S. Cyran.*

De Louuain le 23. de Sept. 1633.

128. MONSIEVR ···

Ceux de l'Oratoire, semblent vouloir permettre, que leurs domestiques s'en aillent aux salles aux leçons de l'Vniuersité; ce qui fera que i'y laisseray mon Nepueu; autrement ie le prendray chez moy. L'Oratoire seroit en plus de vogue, & & plus fourny de personnes capables, si le Pere Bourgoing eust suiuy mon conseil, que ie luy ay donné il y a cinq ans; & s'il ne le suit encore, ie vois qu'il ruinera l'Oratoire, où il n'aura qu'vne troupe de gens incapables de seruir à la Hierarchie, qu'il fait profession de vouloir seruir. I'ay quelque enuie d'en parler au [a] Prelat, afin qu'il y entremette son authorité ·· Ie suis bien embarassé à [b] Pilmot, qui me derobe plusieurs heures tous les iours; & ie voy que l'affaire iroit à plusieurs années, si

L'inscription est la mesme que la precedente.

[a] Prelat; c'est l'Archeuesque de Malines.

[b] Pilmot; c'est le dessein de son liure.

ie n'y trauaille à toute force, tant de matiere trouuay-je par tout. Car on traitte le procez dés les fondemens, ce qui occupe plus de temps, & de matieres, que l'affaire principale, laquelle il est impossible d'entendre sans ces preambules, qui ont dé-ja occupé quasi vn tome entier·· Ie suis, Vostre, C. I.

Il attribuë les desordres de l'Oratoire, à ce qu'on a manqué de suiure ses conseils; comme s'il estoit plus intelligent, à conduire vne Communauté, que ne sont ceux qui la gouuernent; mais il auoit ses desseins, & il eust voulu, que toutes choses s'y fussent vniquement rapportées. Le reste de sa lettre monstre l'embaras ou l'engageoit le liure qu'il auoit sur les bras depuis tant d'années, & qu'il ne pouuoit acheuer.

De Louuain le 16. de Decemb. 1633.

L'inscription est comme la precedente.
a Le Nepueu; c'est celuy de Ianssenius.
b Boëce; c'est Ianssenius.
c Celias; c'est S. Cyran.
d Quinquarbre; c'est Ianssenius.
e Pilmot; le dessein du liure de Ianssenius.
f Semiristes, les Peres de l'Oratoire.

MONSIEVR···

Le Nepueu [a] a commencé sa Theologie aux Escholes 129
publiques. On a trauaillé, ou on trauaille, à ce qu'on dit, à placer [b] Boëce en quelque fonction, semblable à celle de l'homme qui vous a legué la Bible Royale: mais on luy a presté cette charité, qu'il est trop affectionné aux parents de [c] Celias, & à ceux de ses quartiers, pour l'en reculer. Il se rit de l'impertinence; Quinquarbre [d] va tousiours auant tant qu'il peut en [e] Pilmot; il se trouue en peine de certaines difficultés, la solutiõ desquelles il cherit dauantage, que tous les aduantages du monde. Il se fie en Dieu, qu'il luy decouurira la verité, comme iusques à cette heure il luy semble auoir senty son assistance en plusieurs points. Ie desire sçauoir, ce que est deuenu le liure que i'auois enuoyé par les [f] Semiristes; i'ay tesmoigné d'estre offensé de cette façon de seruir les amis. Ie suis, Vostre, SVLPICE.

Il a retiré son Nepueu des Colleges des Peres de l'Oratoire, croyant qu'il n'y auoit chez eux aucunes bonnes estudes, ainsi qu'il disoit cy dessus. Pour la fonction à laquelle il dit qu'on vouloit employer Ianssenius; ie croy qu'il veut parler de quelque Eueschè; dont du depuis il trouua bien moyen de renuerser l'obstacle qu'il allegue, à sçauoir, d'estre trop affectionné à la France; faisant vn liure aussi iniurieux contre ce Royaume qui s'en pust voir, & s'intitule Mars Gallicus, *que les Espagnols recompenserent de l'Eueschè d'Ypre. Au reste l'aueuglement de son esprit est estrange, de se persuader que le desir de la verité le portoit à composer son liure nommé* Augustinus,

& que Dieu l'assistoit en cette entreprise; Ne l'ayant commencé que pour contenter la passion qu'il auoit contre les Iesuites : ne l'ayant continué que pour s'y voir engagé, & ne pouuoir plus reculer en arriere : n'y ayant trauaillé iamais qu'auec des remords & des frayeurs estranges que luy dõnoit sa cõscience, pour les suites horribles, & les mauuais effets que produiroit ce liure dedans l'Eglise : & ne l'ayant acheué qu'auec cette asseurance, qu'il seroit condamné des Papes comme Baïus, & tant d'autres Heresiarques auoient esté, ainsi que nous verrons, & que dés-ja nous auons veu, par les lettres precedentes.

De Louuain le 16. de Feburier 1635.

130. MONSIEVR... Quant à l'exorde du Sermon dont vous m'escriuez, il sera encore à temps de le faire; c'est pourquoy ie vous prie de vouloir prendre la peine de le faire; mais le plus court sera le meilleur, eu egard à celuy qui le fera, lequel est souuentefois diuerty, comme ie vous ay escrit, des affaires de a Pilmot, estant fort marry de n'y pouuoir employer vne année de la façon, & auec l'assiduité qu'il faudroit. Il semble que les occupations croissent de iour à autre; & dans vn demy an, il s'y prepare vn autre diuertissement bien grand, & d'vne demy année de durée; à sçauoir la charge de Recteur de l'Vniuersité, de laquelle il a esquiué maintenant par deux fois, par des artifices, pour l'amour de a Pilmot, auec mescontentement mesme de ceux de son Corps... Ie suis, Vostre, SVLPICE.

L'inscription est la mesme que la precedente.

a Pilmot; c'est le trauail de son liure.

Il a tousiours son recours à S. Cyran, pour les Sermons qu'il luy faut faire; couurant icy son insuffisance en cette matiere, du pretexte de son liure, que Dieu continuoit d'empescher par des incidens, & des affaires non preueuës; afin que si l'Autheur s'opiniastroit nonobstant à le faire, il fust priué de la satisfaction qu'il s'estoit promise, de joüyr des fruits de sa passion; & ne pust seconder par ses intrigues, les funestes effets qu'il causeroit, mourant auparauant qu'il pust estre publié.

De Louuain le 23. de Mars 1635.

131. MONSIEVR... Ie voudrois estre deschargé vn peu plus d'occupations, pour vaquer plus à loisir au procez a commencé, il y a plusieurs

L'inscription est comme la precedente.

a Au procez : c'est à dire à son liure *Augustinus*.

années: mais diuerses trauerses me sont de fois à autre données, dont ie ne me puis deffendre, quoy que ie fasse, combien que ie me deffẽde de tout, que ie ne suis forcé d'entreprendre. Et suiuãt cette Regle, ie croy que ces diuertissements mesmes me sont donnez par vne volonté particuliere de Dieu, qui sçait quand il sera temps de le produire. Car de croire qu'il sera facile, de le faire passer aux Iuges; cela peut difficilement tomber en mon esprit, quelques dispositions qu'il y puisse auoir de delà; sçachãt les extrauagances qu'il y a, & les oppositions des esprits, de ceux mesme qui en semblent le plus approcher. Cependant, il me semble que le plus fascheux est passé, & les fondements iettez, sur quoy tout le bastiment se doit appuyer. Ie suis, Monsieur, Vostre, SVLPICE.

C'est vne confirmation de ce que nous disions tout maintenant, du jugement de Dieu sur le liure, & sur la personne de Ianssenius: sa Prouidence ayant permis que celuy là parust, pour exercer son Eglise, & esprouuer la foy de ses enfans: & n'ayant pas voulu que celuy cy suruesquist à ce monstre qu'il auoit enfanté; tant pour le priuer de la satisfaction qu'il s'estoit promise, de voir à son sujet le desordre, & le trouble excité dans l'Eglise; que pour rendre aussi ce mal plus tolerable, & moins d'angereux, ostant du monde celuy qui le pouuoit fomenter, & accroistre dauantage. C'est ce que fist encore cette mesme Prouidence, qui veille tousiours au bien de son Eglise, & à la conseruation de la France, en la personne du complice des funestes desseins de ce miserable, l'Abbé de S. Cyran; lequel ayant trauaillé de longue main à la composition du liure de la frequente Communion, & mesme commencé de le publier en ce Royaume; fut frappé soudainement d'vne mort impreueuë, auant que de pouuoir voir les pernicieux effets, & les suites malheureuses de cet ouurage de ses mains; & sans le pouuoir appuyer, par ses intrigues & par ses cabales, comme il s'estoit promis. Mais que dites vous des sentimens, que Ianssenius decouure encore icy, au plus grand de tous ses confidens, touchant son liure Augustinus; *l'asseurant, quelque esperance contraire qu'en conceust cet Abbé, que iamais il n'auroit l'Approbation des Iuges, non seulement establis de Dieu dans l'Eglise, pour discerner entre la bonne, & la mauuaise doctrine; mais non pas mesme des autres qui d'ailleurs luy estoient tout acquis; nonobstant tous les soins que l'vn, & l'autre conioіntement y eust apporté l'espace de plusieurs années, & pour grande que fust la disposition que tous deux eussent fait preceder dans les esprits pour receuoir vn iour toutes leurs nouueautez? tant il est vray que sa conscience luy mettoit deuant les yeux l'horreur du crime qu'il meditoit, & luy faisoit voir mesme au trauers de la passion qui l'animoit dans ses desseins; que les pernicieux sentimens de son liure, alloient au delà de ce que les hommes s'en pourroient imaginer; & que non seulement la promesse de Dieu faite à son Espouse, de la preseruer de toutes erreurs, la garantiroit infailliblement de celles dont il vouloit corrompre sa doctrine; mais que mesme le sens commun la feroit reietter de tout le monde comme extrauagante, & impossible. Et puis qu'on me dise, si ce n'a pas esté pour abuser purement de la credulité des peuples, qu'il a soûmis au iugement du Pape ce mesme liure, qu'il reconnoist icy que ses propres amis, ses partisans, & ses fauteurs, ne passeront iamais?*

Icy finissent les lettres de Ianssenius à l'Abbé de S. Cyran; non que depuis il n'en ait escrit d'autres, l'ayant peu faire iusques au temps de sa prison, qui n'arriua que l'an 1638. mais à raison qu'il n'y a que celles cy qui me soient tombées entre les mains; & que les Commissaires qui s'en saisirent lors de la detention de cet Abbé, ou ne peurent trouuer les autres (non plus que celles des années 1618. 1624. & 1625.) où les ayant trouuées, les voulurent peutestre garder. Quoy qu'il en soit, nous en auons assez pour estre instruits de la cabale qui estoit entre ces deux Heresiarques, & leurs adherans; & pour estre conuaincus des malheureux desseins qu'ils formoient conjointemēt depuis longues années pour l'establissement de leurs erreurs. Reste seulement que i'adiouste à ces lettres escrites de Flandre à l'Abbé de S. Cyran, celles qu'escriuoient au mesme temps du mesme pais à ce mesme Abbé, les autres complices de ses desseins, & les gens de sa faction, que Ianssenius auoit vnis d'affection, & liez par complot à ce fameux inconnû, qui machinoit auec luy le changement de Religion, la desolation de l'Eglise, & le trouble des consciences. Elles seruiront à l'intelligence des precedentes; confirmeront le iugement que nous en auons porté; & nous feront connoistre plus clairement les partisans de ces Nouateurs. Ie ne pretends pas toutefois comprendre dans ce nombre (à Dieu ne plaise) Le R. P. Superieur de l'Oratoire, qui estoit pour lors en Flandre, de qui en suite ie raporteray quelques lettres; sçachant bien qu'il a peu estre trompé, comme le sont tous les iours les plus gens de bien, dans le choix de ses amis: & ie ne pense nullement dans le raport que i'en feray, à faire aucun tort à sa reputation, que ie voudrois plustost pouuoir accroistre, estimant beaucoup sa vertu, & honorant son merite. Mais ie pretends seulement par là, donner mieux à connoistre les desseins qu'auoient les autres, d'engager par des seruices affectez rendus à son Ordre, & à sa Personne, la Congregation de l'Oratoire, dans leur party.

EXTRAICT DES LETTRES de l'Archeuesque de Malines à l'Abbé de S. Cyran.

Bruxellis 6. Martij 1626.

L'inscripiton de cette lettre est dechirée.

Cet Archeuesque est celuy qui vit encore auiourd'huy; & qui s'est rendu si opiniastre à maintenir les erreurs de Iansenius, qu'il a fallu que le Pape & l'Archiduc Leopold, ayent agy contre luy comme l'on fait contres les refractaires aux puissances Ecclesiastiques & Seculieres.

EXIMIE, ET REVERENDE ADMODVM DOMINE. 1.

Maximum & quale vix vnquam aliàs gaudium cepi, ex posterioribus vestris; intelligens initia Oratorij nostri non parum Parisiis nuper laborantia, tam opporunè deinde, & fœliciter, vestro zelo, & prudentiâ disposita, & directa fuisse; vt omnes mei pauores modò discussi & serenati sint, nec dubitem de optimo successu. Existimo D. O. M. ita singulariter prouidéte, clarissimam D. V. Parisios destinatam fuisse, eo potissimùm tempore, quo res ista gerenda erat; & benedicat Deus incomparabili viro D. Berullo, quòd ita gloriæ eius, per Oratorium in Belgica promouendæ intendat.. E. D. V. Deuotissimus Iacobus Archiepiscopus Mechliniensis.

Bruxellis 8. Maij 1626.

L'inscription de cette lettre est à Monsieur l'Abbé de S. Cyran, A Paris.

ADMODVM REVERENDE PATER. 2.

Deo disponente factum credo, coaluisse animam vestram sanctâ amicitiâ cum animâ R. D. Iansenij, vt in vno Belga R. P. V. omnes amaret, & omnibus benefaceret, impetrando nobis à R. P. Præposito generali Congregationis Oratorij P. Berullo, præstantes aliquot viros, instituto isti apud nos propagando. Scio quantùm in eâ re officia vestra nobis profuerint,

rint, & in posterum adhuc prodesse possint; ideoque omnia mea obsequia R. P. V. deberi agnosco, & ex animo offero, dedicoque. Cum magna fiducia (ita me agere iussit Iansenius, iste vester & noster) rogo, vt quod fœliciter hactenus promouit, nunc R. P. V. ad optatum finem deducat. Secutus consilium D. Iansseniј, hoc nuntio scribo R. D. Berullo, rogans tres Presbyteros suæ Congregationis fini Præfato dignetur nobis destinare.. Rogo Reuerentiam V. apud P. Berullum intercedere efficaciter, vt tales quoad fieri poterit mittantur, quales Dominus Iansseniius duxit, & D. Calenus R. P. V. scripsit.. Vbi autem ad hanc vrbem Patres isti venerint, me recta adeant si adsim; sin autem, Præfatum D. Calenum, qui eorum rationem habebit, & ad me diriget; meæ porrò curæ erit, omni honore, & charitate, viros illos hîc excipere, habere, & fouere.. Deuotissimus Iacobus Archiepis. Mechliniensis.

Bruxellis 6. Maij 1631.

3. ADMODVM REVERENDE DOMINE,

Magna sanè, & constans est charitas vestra, tamque præclaris argumentis, & beneficijs demonstrata, vsque & vsque, vt nihil vltra vel desiderare queam. Hoc vespere Princeps Elisabetha Infans, & plurimi è primoribus, mihi suo ore testati sunt, quàm abundè eis satisfecerit R. P. Carré, concione quam valde egregiam coram Principe habuit, nec dubito virum istum, multùm decoris, & salutis Oratorio, & nobis allaturum. Gratias igitur D. V. cuius studio & amori, hæc & alia omnia Oratorij hîc bona & nostra ex eo debemus, ago quas possum maximas.. Admodum Reuerendæ D. V. Deuotissimus, Iacobus Archiepiscopus Mechliniensis.

L'inscription est la mesme que la precedente.

EXTRAICT DES LETTRES de Calenus Archidiacre de Bruxelle, à l'Abbé de S. Cyran.

Bruxellis 17. Aprilis 1626.

L'inscription de cette lettre est A Monsieur l'Abbé de S. Cyran.

Ce Calenus qu'on auoit eu dessein de faire Euesque, ne le fut point en punition de sa mauuaise doctrine.

REVERENDE ADMODVM AC CLAR. DOMINE, 1.

Exosculatus sum litteras Reuerendæ adm. D. V. continentes affectum in me vestrum, immeritum quidem, attamen plusquam paternum ; quem ne suspicari quidem potuissem in tanto viro, erga hominem incognitum, ac nullius æstimationis. Quia verò Reuerendæ admodum D. V. placuit me in numerum suorum admittere; spero quòd ex parte quoque mea, tam strictè amicitiæ leges seruabo. Reuerendæ ac C. D. V. Obsequentissimus seruus HENRICVS CALENVS.

Bruxellis 2. Maij 1626.

L'inscription est A Monsieur l'Abbé de S. Cyran au Cloistre N. Dame, chez Monſ. le Souschantre. A Paris.

a C'est l'Archeuesque de Malines dôt il parle.

REVERENDE ADMODVM IN CHRISTO PATER, CLARISSIMEQVE DOMINE, 2.

Aduenit incolumis, vti spero R. Dominus amicus noster Iansenius ; ex quo, credo quòd Reuerenda admodum Dominatio vestra intellexerit mentem Illustrissimi Antistitis nostri, quò ad negotium Oratorij. Spes nostra post Deum est in Reuerenda admodum D. V. quæ apud Generalem istius Instituti, plurimum valet. Nouit R. D. V. mores Belgicos; nouit ingenia singulorum de Oratorio ; facile itaque eidem erit perspicere, quinam maximè nobis conuenient. Omnes boni, aduentum illorum præstolantur ; & fere prudentiores omnes, necessarios illos putant, ne Monarchia Ecclesiastica, à quibusdam prætensa, destruatur ; & à Christo instituta Hierarchia, debito loco habeatur. Illustrissimus D. Archiepiscopus a acturus est cum Serenissima Infante, vt litteras conscribat ad suum legatum, quo personas tres idoneas, instituendo hic Oratorio impetrare possit. Nam si huc veniant non omnino præstantes viri, non poterunt tantæ moli solida fundamenta iacere. Sed hæc omnia remittit Illustrissimus D. Noster [a] ad acerrimũ iudicium R. D. V. cui nunc scripsisset, nisi negotio Vniuersitatis cum Societate præpediretur. Agunt commissarii, hinc inde deputati, vt controuersia amicabiliter componatur; sed nullam video spem; Iesuitis omnia petentibus; illis nihil concedere volentibus. Doleo tantas quotidie turbas, non sine magno omnium scandalo, ab hominibus istis inquietis [b] excitari; sed spero, humiliabit Deus aliquando eos qui alta sapiunt; qui vtinam & Reuerendam admodum D. V. Ecclesiæ bono diu custodiat, pro quo in posterum frequentia mihi erunt vota. Si R. admodum D. V. seruire possim, paratissimum semper inueniet, vti & Illustrissimum D. Archiepiscopum sibi Addictissimum habet, eò quòd audiat, quanto affectu R. D. V. in hoc negotio Oratorij agat. R. D. V. Seruus Obsequentissimus HENRICVS CALENVS Archipresb. Bruxellensis.

[b] Les amis de Iansenius & de S. Cyran se peuuent reconnoistre tous à la haine qu'ils ont contre les Iesuites.

Bruxellis 8. Maij 1626.

3. REVERENDE ADM. CLARISSIMEQVE DOMINE ... Intellexit Reuerenda D. vestra mentem Illustrissimi Domini *Archiepiscopi* [a], ex relatione D. Iansenii; & eandem nunc pleniùs intelliget ex ipsis suis litteris. Oro itaque, vt non illi designentur *Patres Oratorij* huc mittendi, quos putabit Dominus Legatus; sed quos idoneos iudicabit Reuerenda admodum D. V. dirigere .. Diu hîc tractatum fuit per Commissarios à Serenissima Domina deputatos, vt si fieri potuisset, pax aliqua componeretur, inter Vniuersitatem Louaniensem, & Patres Societatis, sed nihil effectum; his omnia petentibus; illis nihil planè concedere volentibus. Etiam plures amici Societatis offenduntur tantâ eorum inquietudine, & importunitate .. Reuerend. adm. D. V. seruus HENRICVS CALENVS.

[a] C'est l'Archeuesque de Malines.

Bruxellis 3. Iunij 1626.

4. REVERENDE ADM. DOMINE PRÆLATE, Litteræ Reuerendæ adm. D. V. datæ ad Illustriss. D. Antistitem [a] nostrum, & me; vtrique gratissimæ fuerunt .. Ipse primo tempore R. adm. D. vestræ scribet; & interim nobiscum magnâ deuotione, expectabit Patres [b] promissos .. Inuenio hic inter sæculares, & Ecclesiasticos, plures qui etsi ignari sint intentionis Illustrissimi Domini, tamen institutum hoc quasi

L'inscription est la mesme que la precedente.

[a] C'est l'Archeuesque de Malines.

[b] Ce sont les Peres de l'Oratoire.

valde necessarium putent, & bonas summas conferre desiderant, vt citò promoueatur. Sed nihil euulgandum censeo, donec boni Patres aduenerint, vt inchoëtur negotiũ, antequam passim sciatur esse conceptum·· De libello isto hîc edendo cogitaui; at quia Patres [c] illi hîc multùm possunt, aut præsumunt; non ausim alicui fidere istam editionem; at per angustias temporis, & impendentia negotia, non potui rem hanc puriori oculo considerare; cogitabo tamen, & si incidam in colloquium cum Sciucelio [d], tacito authoris nomine, inquiram, an hoc sine periculo hîc fieri possit. R. D. Scincelius [d] audiuit de hoc libello, credo ab ipso D. Iansenio, quare nihil nocere poterit si desuper cum ipso agam. R. D. Vestræ seruus Obsequentissimus HENRICVS CALENVS.

[c] Ce sont les Iesuites.

[d] Ie n'ay pû bien lire ce nom.

Bruxellis 6. Iunij 1626.

REVERENDE ADM. CLARISSIMEQVE DOMINE··· 5.

Illustrissimus Dominus *Archiepiscopus Mechlini.* Videtur ex D. Iansenio intellexisse, quòd nulli ex Belgis [a] qui sunt de Oratorio, apti videantur vt præsint, & regant; quare si intra aliquod tempus Illustrissimus Dominus velit Bruxellis, aut Mechlinis idem Institutum propagare, videtur quasi obligatus hosce præficere, quod tamen non videtur expediens; aut si nollet, illos mirabiliter offenderet. (Hoc ex confidentia & secreto scribere volui R. D. V.) itaque pro hoc tempore, iudicat Illustriss. Dominus, tantùm tres illos mittendos··· De libello isto hîc edendo, egi per litteras cum aliquo mihi fido & industrio Louanij, & cum Typographo Antibergensi Hieronymo Verdusson, sed nihil adhuc resoluti intelligere potui. Verdusson, satis inclinatus est, modò certus quoque esset quòd per hoc non incurreret aliquod periculum·· Gauisus sum ex vestris intelligere R. D. Iansenium [a] Pirenæos superasse; in dies expecto ab ipso literas ·· R. D. V. humilis seruus HENRICVS CALENVS.

L'inscription est la mesme que la precedente.

[a] Cette poursuite que faisoit Calenus au prejudice de ceux de sa nation, pourroit sembler estrange à ceux qui ne s'apperceueroient pas du ieu que joüoient Iansenius & S. Cyran.

[a] Il estoit allé en Espagne solliciter contre l'vnion des Iesuites auec l'Vniuersité de Louuain.

Bruxellis 9. Iulij 1626.

REVERENDE ADM. IN CHRISTO PATER. 6.

Amicus noster [a] ex Hispanijs pridem mihi scripsit, se saluum eò aduenisse·· Patres *Oratorij* ab illustrissimo [b] Domino auidissimè expectantur. Gaudeo quòd R. Episcopus Atrebatensis etiam

L'inscription est la mesme que la penultiesme.

[a] Iansenius.

[b] l'Archeuesque de Malines.

sis etiam pium hoc Institutum Duaci deriuare voluerit·· Optimum erit, vt & Louanij, & Duaci (quæ solæ sunt Vniuersitates Belgij) eodem forte tempore res hæc tuendæ Hierarchiæ Ecclesiasticæ pervtilis inchoëtur·· Quæ mihi posterioribus litteris demandata fuerunt, qua potui industria, & secreto conatus sum explere; verùm nonnulla se obtulit difficultas, quæ mihi fortè posset esse præiudiciabilis; non amico illi à quo mandatum accepi; attamen spero eam superare, & rem citissimè ad desideratum finem perducere·· Reuerendæ P. V. seruus humillimus. HENRIC. CALENVS.

Bruxellis 17. Iulij 1626.

5. REVERENDE ADM. IN CHRISTO PATER·· Rogo instare dignetur R. D. V. vt *Patres Oratorij*, qui designati sunt iudicio vestro, non alij mittantur·· addo aliquid extraordinarium. Quidam[a] amicus, aliquem libellum conscripsit, quo censuram Sorbonæ datam contra Santarellum, quasi auerruncare[b] conatur. Author ostendit se solidum, & elegantem; quare luce dignissimum censui. Euocaui propterea Antibergiâ quendam Typographum mihi notum; libellum à me censuratum proposui edendum : paratus fuit ille; at Ministris suis minimè fidens, iudicauit agere cum quodam consiliario, quem sibi ducebat intimum, quique talibus præest, vt ex parte Regis, eiusque Consilij, id sibi liceret. Consensit quoque & ipse consiliarius, at librum videre voluit, quem tradidi typographo, volens vt illâ ipsâ die mihi restitueretur; at fefellit consiliarius, qui nouitate allectus, integrum legit, alijsque Collegis suis communicauit. Ego vrsi restitutionem, quam post 14. dies obtinui, valde malè contentus, maximè quia aliqui forte affecti minùs hominibus aliquibus, iniquo satis animo eum legerunt, & duo aut tria verba non approbanda iudicabant. Ego summopere dolui quòd simplicitas Typographi hæc parturierit. Duo itaque videbuntur nunc necessaria, aut regiâ viâ procedere, aut aliò eum mittere excudendum··· R. admodum P. V. seruus humillimus HENRICVS CALENVS.

L'inscription est la mesme que la precedente.

a Cet amy; c'est S. Cyran.

b Ce liure composé par S. Cyran s'appelle Auerruncus, & il en est fait mention dans les lettres de Iansenius cy deuant rapportées.

Bruxellis 1. August. 1626.

L'inscription est la mesme que la precedente.

REVERENDE ADMODVM CLARISSIMEQVE DOMINE 7
PRÆLATE,

Gratias ago sollicitudini R. adm. P. V. qua non desinit procurare, vt citò adueniant desiderati [a] Patres·· Sanè gratulatur sibi multùm Illustrissimus Antistes [b] noster, quòd abeunti D. Ianssenio·· Libellus ille de quo R. adm. P. vestra nuper scripserat, nunc Coloniam missus est, talis qualis mihi ab amico missus fuit, restitutis locis, qui ob angustos & nasutos quorũdam animos nonnihil mitigati erant; spero breui áspiciet lucem; & per illum cui tradidi in ipsis nundinis Francofordiensibus, iuris publici fiet, nullique communicabitur. R. adm. Clarissimæque D. V. seruus Obseq. HENRICVS CALENVS.

[a] Il parle des Peres de l'Oratoire.
[b] C'est l'Archeuesque de Malines.

Bruxellis 9. Ianuarii 1627.

L'Inscription est la mesme que deuant.

REVERENDE ADMODVM PATER, CLARISSIMEQVE 8
DOMINE,

Negotium Oratorii bene procedit. Omnes boni, & Ecclesiasticæ Hierarchiæ zelatores, mirum affectum ostendunt·· Multùm gaudemus quòd R. D. V. tales Patres selegerit·· De libello cuius pridem mentionem feci, pauca addo: tradideram eum Typographo, mihi amicissimo; susceperat in se editionem; postea tamen communicauit cuidam è Supremo Consilio, non dubitabat enim quin ad verbum ipsius, & meam censuram, publicari posset. At Consiliarius ille eum decepit; acceptum libellum communicauit multis, & non edendum censuit. Missus est Coloniam postea; paratus fuit primò Typographus qui acceperat eum edere; postea ab aliis persuasus noluit; itaque eum repetii, & nunc certo amico tradidi ante mensem, qui in se suscepit editionem procurare·· Non crederet R. D. V. quàm sint hìc homines in ista re scrupulosi; & quantùm hìc valeant isti qui libelli istius scribendi occasionem [a] dederunt. [a] Cognoscere hoc potuit R. D. V. ex R. Dom. Ianssenio·· R. D. V. Seruus Obseq. HENRICVS CALENVS.

[a] il parle des Iesuites contre qui en partie ce liure estoit composé, & en partie contre la Sorbone.

Bruxellis 29. Ianuarij 1627.

REVERENDE IN CHR. CLARISQVE DOMINE; Omittere non potui, quin verbo R. adm. D. V. significarem, ante dies aliquot hic in lucem prodiisse libellum quendam intitulatum *Auerruncus censuræ Parisiensis, quo perstringuntur Sorbonenses super temeraria sua censura super articulis quibusdam desumptis ex doctrina & libro Santarelli.* Ego comparaui mihi aliquot exemplaria, quę cepi communicare Doctoribus, Episcopis, aliisque in Belgio præclaris viris.. Submisissem R. D. V. libens, nisi periculosum putassem libellos tales contra [a] Sorbonam transmittere... Nuper existens in cubiculo Illustrissimi [b] Domini, vidi illic 4. tomos contra librum [c] Garassi, quos occultè curauerat sibi Parisijs transmitti. R. adm. D. V. Seruus Obsequent. HENRICVS CALENVS.

L'inscription est comme la precedente.

a S. Cyran auoit fait ce liure contre la Sorbone.

b C'est l'Archeuesque de Malines.

c S. Cyran auoit fait ce liure.

Bruxellis 8. Maij 1627.

REVERENDE ADM. AC CLAR. DOMINE... Ad Oratorium quod attinet, omnino spero quòd vltra quàm sperauimus successum habebit.. Quando R. adm. D. V. in Belgium aliquando venerit (quod omnino spero) videbit cum exultatione fructum adinuentionum suarum.. Per aliquot dies adfuit nobis [a] R. D. Ianssenius, qui vbique ob res bene gestas magno est in honore. Deus illum & R. adm. D. V. diu, spero, Ecclesiæ suæ bono seruabit. R. adm. Clarissimæque D. V. Seruus Obseq. HENRICVS CALENVS.

L'inscription est comme la precedente.

a Il alloit visiter Calenus & l'Arch. de Malines à Bruxelle.

Bruxellis 12. Iunij 1627.

REVERENDE ADM. AC CLAR. DOMINE... Amicus [a] noster, commodam nunc Louanij nactus est habitationem, Deo ita disponente, qui & perget eius studiis cooperari, vti spero, & R. adm. D. V. inspirare, vt me & amicum [b] inuisat. Gaudebo, quem absentem, vt Dominum, & Patrem colo, præsentem intueri, eiusque dulcissimo alloquio frui. R. adm. D. V. Seruus Obseq. H. C.

L'inscription est de mesme que l'autre.

a Ianssenius.

b Ianssenius.

Bruxellis 2. Maij 1628.

L'inscription est la mesme que la precedente.

a S. Cyran.

b Monsieur de Berulle.

REVERENDE ADM. AC CLAR. DOMINE, 11.
Litteras vestras ostendi Illustriss. Archipræsuli nostro, Cui summè placuit insignis ille affectus R. D. V. in ipsum, me quoque amicitia vestra indignissimum; & fauor ille extraordinarius Illustriss. Cardin. Berullii erga res nostras. Sed iam antea satis nobis innotuerant vtriusque beneuolentia, & affectus singularis; dum alterius [a] instigatione, & vnius permissione [b], huc missus fuit ad locanda fundamenta Oratorii R. P. Bourgoing vir præstantissimus; quem non solùm Illustriss. [b] Dominus colit, & vt animam suam diligit, sed boni omnes deprędicant… R. adm. D. V. Seru. humil. HENRIC. CALENVS.

Bruxellis 19. Aprilis 1630.

L'inscription est A Monsieur de S. Cyran au Cloistre de N. Dame, chez Monsieur le Chanoine Taron.

a Vous voyez comme ce fut par l'intrigue de Calenus & de l'Archeuesque de Malines que Ianssenius qui les auoit tirez à son party, emporta cette Chaire.

REVERENDE ADM. AC CLARISS. DOMINE PRÆLATE,
Debebatur planè D. Ianssenio ista ad primariam Cathedram promotio; quare etiam quantùm potui conatus sum apud Principem, & Consiliarios eius, præclarissimas eius qualitates, & in Vniuersitatem merita [a] prædicare; quod nisi factum fuisset, credo periculum fuisset, ob potentes aliquot contrarios, qui fortissimè Principem in alias partes trahere conati fuerunt. Sed vicit tandem Ianssenius noster. Illustrissimus Dom. [a] Archiepiscopus, egregiam in hoc operam nauauit; & postea Principi gratias agens, dixit, ipsam nunquam durante suâ gubernatione, magis laudatam, & dignam prouisionem fecisse, quàm hanc Ianssenij. Gaudeo itaque, & congaudeo R. adm. D. vestræ de bono, quod amico nostro, & nobis in ipso aduenit; magis gaudebo, vbi videbo egregium hoc lumen super magnum aliquod candelabrum eleuatum … Quod scribit Reu. adm. D. vestra de aduentu suo in has terras, non nisi mihi gratissimum esset, posse amplecti quem verè diligit anima mea… Seruus, HENRICVS CALENVS.

Bruxellis. 4 Ianu. 1631.

L'inscription est comme la precedente.

REVERENDE ADM. AMPLISSIMEQVE DOMINE… 12.
R. D. Ianssenius adhuc valet & obstinatè studiis suis inhæret

inhæret, deuoraturus omnem quæ in mundo est sapientiam. Si per diem hîc aliquando est, inquietus est, donec amantissimam suam Rachelem amplecti iterum licet. Eum ego mirabiliter existimo, & Illustrissimus quoque Antistes a noster, ad omnia etiam maxima aptissimum iudicat ·· Seruus HENRICVS CALENVS.

a L'Archeuesque de Malines.

Bruxellis 21. Martij 1631.

16. REVERENDE ADM. CLARISS. DOMINE PRÆLATE.

Magno cum desiderio expectauimus R. P. Bourgoing, vt bonum opus, quod in Belgio cœpit, perficiat··· optarem, & vnicè desiderat Illustriss. & Reuerendiss. Dom. a, vt R. Pater Carré Doctor Sorbonicus, & Superior Oratorij Saliniensis in Ducatu Burgundiæ, huc amandetur, vt vice R. Patris Bourgoing Louanij Oratorium regat··· R. Adm. ac Clariss. D. vestræ seruus HENRICVS CALENVS.

L'inscription est latine à l'Abbé de S. Cyran.

a C'est l'Archeuesque de Malines.

Bruxellis 16. Maij 1631.

17. REVENDE ADM. AMPLISSIMEQVE DOMINE.

Pater Carré ante biduum huc adueniens, præsentia sua nos multùm exhilarauit; videtur enim mihi vir esse industrius ·· Sic non desinit R. D. vestra nos, imò Belgium nouis beneficiis afficere, nouisque vinculis sibi alligare··· R. D. V. Seruus Obseq. HENRICVS CALENVS.

Bruxellis 29. Nouemb. 1631.

18. REVERENDE ADM. CLARISSIMEQVE DOMINE.

Non ita pridem significauit mihi R. D. Ianssenius, quòd R. Adm. D. V. cogitet per opportunitatem in Belgium semel excurrere; quod sanè periucundum mihi fuit audire; & quem iam diu nouimus ex donis Dei & operibus bonis, etiam præsentem amplecti, & de facie nosse possimus. Hasce propterea scribere volui, supplex rogaturus vt Bruxellas adueniens, nostro hospitiolo vti dignetur ·· Credo tunc videbit aliqua initia Oratorij Bruxellis; sed est adhuc negotium perambulans in tenebris, quod studio facimus, ne per æmulos impediamur, sed postquam venerit Dominus meus, latiùs & lætiùs de omnibus··· R. A. ac Clariss. D. V. Seru. Obseq. HENRIC. CALENVS,

Cette inscription & la precedente est comme les autres.

EXTRAICT DES LETTRES escrites du Païs bas par le R. P. Superieur de l'Oratoire en Flandre à l'Abbé de S. Cyran.

De Bruxelle le 4. de Sept. 1626.

L'inscription de cette lettre est dechirée.

MONSIEVR,

Vostre bonne conduite nous a esté si fauorable, & vos aduis donnez si à propos, que nous auons bonne esperance, qu'il plaira à Dieu donner benediction à [a] l'œuvre. Nous auons trouué Monseigneur l'Archeuesque [b] à Bruxelle, & reconnû en luy vne benignité toute cordiale, nous sommes chez luy à couuert, & en silence depuis Lundy ··· Ie ne vous dois pas celer ces pensées, à vous qui en deuez estre le Iuge, & le Promoteur de [a] l'œuvre ·· Permettez que ie finisse par mes tres-humbles remerciemens pour tant de soin & charité, qu'il vous a plû de tesmoigner en la conduite de cette [a] œuvre, par tant d'effets ·· Ie suis, Monsieur, Vostre tres-humble, & tres-obeïssant seru. en I. CH. F. B. [c] Prestre de l'Oratoire de IESVS.

[a] C'est de l'establissement de l'Oratoire en Flandre qu'il parle.

[b] C'est l'Archeuesque de Malines.

[c] Le nom est plus au long dans les Originaux.

Louanio 31. Decembris 1626.

L'inscription est A Monf. l'Abbé de S. Cyran.

REVERENDISSIME DOMINE.

Accepi nuperrimè de vestræ Dominationis reditu Parisios nuncium; ac simul de morbo quo affligatur febris quartanæ ·· Progressus noster, iuxta genium genti innatum, lentè quidem, sed satis bono, ac firmo pede festinat ·· Instituti nostri rationem plures laudant ·· Non defuerunt variæ, & plures, præsertim erga Serenissimam Infantem obtrectationes, quibus ipsa commota non parum in nostram Congregationem

Gallicam est visa ; sed ipse Illustriss. Dominus [a] se opposuit, ac pro nobis quasi se spõsorem, apud ipsam constituit · · non inuiso, vt arbitror, & ingrato vobis idiomate, hanc epistolam, vt moris, è Belgio, præsertim Louanij scripsimus · · · Sanè Vniuersitatem hanc, Parisiensi nonnullis titulis præstare ; ac Theologiam, si non ita subtiliter, at non minùs solidè tractari arbitramur. Tuus in CHRISTO IESV seruus F. B. Presb. Orat. Domini IESV.

[a] C'est l'Archeuesque de Malines.

Louanio 10. Aprilis 1627.

3. EXIMIE, ET REVERENDE ADMODVM DOMINE.

L'inscription est A Monsieur du Vergier Abbé de S. Cyran au Cloistre N. Dame. A Paris.

Vt noua vestræ in nos beneuolentiæ symbola, arctè deuinciunt animum ; ita anxium, sollicitumque reddit ægræ valetudinis obstinata hyematio · · Verùm quia nostra tibi cordi esse significas, paucis indicabo · · · · Antuerpiá, Cathedralis Pœnitentiarius, nomine Decani venit ad nos, tum ad Illustrissimum [a] Dominum, vt me permitteret à Paschate dies paucos excurrere Antuerpiam, vt domum iam Oratorio destinatam, & datam cum Ecclesia inuiserem, & nomine Oratorij acceptarem · · Attamen quia timetur ne R. Antuerpiensis Episcopus, non sit adeo propensus, noluit concedere Illustrissimus Dominus [a], donec de illius voluntate constet, in id annitente vt puto D. Caleno · · Non dubito hanc esse vocationem nostræ Congregationis, vt omnino adhæreamus Episcopis, quæ vtinam adhæsio ex vtraque parte maior esset in Gallia, quàm in his partibus spero futuram · · Accepi eximium D. Iansenium circa Sanctam Hebdomadam Parisios aduenisse, breui vt speramus adfuturum Louanij. Tuus in Christo Addictissimus F. B. Presbyter Orat. Domini IESV.

[a] C'est l'Archeuesque de Malines.

De Louuain le 17. de Mars 1628.

4. MONSIEVR,

L'inscription est la mesme que la precedente.

Ie prendray occasion de ioindre ce mot à celle de Monsieur Iansenius, vostre, & nostre intime amy, & sur le mesme sujet duquel, comme ie crois, M. Calenus vous a escrit au dernier voyage, par ordre de Monseigneur [a] l'Archeuesque : qui est, qu'aprez auoir consideré les moyens d'vnir, & lier la Congregation en ce païs à la nostre, & estre en la mesme

[a] C'est l'Archeuesque de Malines.

Institution Canonique, hors toutefois l'actuelle dependance de direction, qui ne peut estre receuë par deça, en la maniere que nous l'auons en France, Monsieur l'Archeuesque [a] de son motif propre, a pensé, &c... Ie crois que cecy n'est qu'vne repetition de ce qui vous aura esté mandé; mais, comme vous auez esté le premier moteur de cet œuvre, vous deuez trauailler à la stabilité. Ie suis, Monsieur, Vostre tres-humble, & obeïssant seruiteur, F. B. Prestre de l'Oratoire de IESVS.

De Louuain le 14. d'Auril 1628.

L'inscription est comme la precedente.

MONSIEVR, 5

I'ay receu tant de tesmoignages de vostre bienueillance, que ie ne puis douter d'aucun effet qui soit en vostre pouuoir; non seulement par l'affection qui vous porte; mais par l'obligation que Dieu vous donne d'assister, & soustenir [a] l'œuvre commencé par vostre entremise. C'est ce qui me donne toute ouuerture, & confiance de m'adresser à vous ... Pour ce qu'il vous a pleu desirer de moy, touchant la proposition de Monseigneur [b] l'Archeuesque, i'en ay enuoyé vn petit mot à Bruxelle, pour sçauoir s'il seroit conforme à son intention; & ie croy que M. Calenus vous en escrira, ie n'ay peu auoir responce sur ce sujet, dautant que les vostres adressées à M. le Docteur Ianssenius, qui n'estoit pas en Ville, m'ont esté renduës vn peu tard.. Monseigneur l'Archeuesque [b] nous est entierement lié, & affectionné. Le bon Monsieur Ianssenius a pensé estre trompé en la permutatiõ de son Canonicat pour vn [c] litigieux ... pour [d] vn qui nous puisse aider, ie ne vous demande autre chose, sinon, *Si quid potes adiuua me*, sans faire s'il vous plaist, paroistre que ie vous en mande rien.. Ie suis, Monsieur, Vostre tres-humble, & obeïss. seru. F. B. Prestre de l'Orat. de IESVS.

a C'est l'establissement de l'Oratoire en Flandre.

b C'est l'Archeuesque de Malines.

c Il est parlé de cela dans les lettres de Ianssenius.

d C'est vn Compagnon qu'il demande pour l'aider.

De Louuain le 26. de Ianuier 1629.

L'inscription est comme la precedente.

MONSIEVR, 6

I'ay esté preuenu par vous en mon deuoir, mais le peu de sujet nouueau, & l'incertitude de vostre seiour, m'ont tenu en silence. Ie suis donc pour la troisiéme année au lieu où il a pleu à Dieu par vostre entremise de me mettre ... On a conceu par deça, vne defiance & soupçon d'vne si longue prolongation; & M. Calenus à rescrit ces iours passez à M. Iansenius, qu'il sembloit que nous voulions, comme par force, ou furtiuement introduire l'entiere [a] dependance, laquelle il iuge ne pouuoir estre en aucune façon ··· Ie laisse à M. Calenus de vous escrire, & exprimer le sentiment particulier de Monseign. l'Archeuesque [b], & ie l'ay prié de le faire. Monsieur Iansen, intime à tous, c'est à dire, à Monseigneur [b] l'Archeuesque, à M. Calenus, à la Congregation, & à Nous, *remarquez cecy*, va ce iourd'huy à Bruxelle, & il en doit traiter ··· Ie vous supplie treshumblement d'y vouloir trauailler par vostre prudence, & charité, enuers Monseigneur le [c] Cardinal ··· Ie suis, Monsieur, Vostre tres-humb. & tres-obeïss. seruiteur, F. B. Prestre de l'Orat. de Iesvs.

[a] Dependance; du General de France.

[b] C'est l'Archeuesque de Malines.

[c] C'est le Cardinal de Berulle auprez duquel il auoit plus de credit que les Peres de l'Oratoire mesme.

De Louuain le 25. de Ianuier 1630.

L'inscription est comme la precedente.

7. MONSIEVR,

Ie n'eusse manqué de vous rendre plustost ce deuoir, si le seiour paisible que i'ay fait par deça depuis mon retour, m'en eust donné sujet ··· Vous me permettrez de vous parler en cette confiance, puis que par vous, ie parle à N. R. P [a]. Monsieur Iansenius m'a fait participant de ce que vous luy auez mandé ·· Monsieur, Vostre tres-humble, & plus obeïssant seruiteur, F. B. Prestre de l'Orat. de Iesvs.

[a] C'est le General de l'Oratoire qui estoit pour lors le R. P. de Condren, auec qui S. Cyran commença bien, mais finit tres mal, ce bon Pere ayant reconu sur la fin sa mauuaise doctrine.

De Malines le 1. de Mars 1630.

L'inscription est comme la precedente.

8. MONSIEVR,

Ie viens presentement, estant à Malines, de receuoir celles qu'il vous a pleu m'enuoyer; le temps me presse si fort, que ie n'ay loisir que de satisfaire aux principaux points ··· Pour la vie de Monseigneur le [d] Cardinal, i'aduoüe que les idées, l'esprit, & les dispositions, en doiuent estre l'ame; & ses actions adioustées, comme le corps. Vous pouuez plus que personne en former quelque exemplaire, & croyez que vous en deuez estre prié ··· Ie suis, Monsieur, Vostre tres-humble, & tres-obeïssant, & obligé seruiteur, F. B. Prestre de l'Orat. de Iesvs.

[d] C'est le Cardinal de Berulle.

De Malines le 15. de Mars 1630.

L'inscription de cette lettre est A Monsieur l'Abbé de S. Cyran.

MONSIEVR, 9.

Ce mot ne sera que pour accompagner celle que i'escris à N. R. P. General, lequel m'a mandé de luy adresser mes lettres par vous, comme aussi pour vous rendre compte de nostre petit progrez··· L'esptit dans lequel nous deuons entrer en ce païs, est de nous lier beaucoup au Clergé, & ne point faire bande a part; & pour moy i'embrasse tres-volontiers cet vsage, car plus nous nous dõnons au Clergé, plus il se dõne à nous, & nous affectionne··· Ie fais tousiours instance sur ce point auec le P. Bertin, & ensemble auec N. R. P. de nous rendre plus Ecclesiastiques, & non pas Moines, & de prendre vn esprit plus general, & vniuersel dans l'Eglise, & non si limité, & borné à l'Estat, à l'vsage, & aux fonctions; & ça esté celuy de Defunt [a] mon trescher & tres-honoré pere, qu'il a tesmoigné tousiours & par tout; & ie sçay plusieurs defauts dans l'œuvre qu'il a laissé couler, pour monstrer cet escrit, & pour ne se pas borner; ce point est fort important, & vous en sçaurez mieux iuger, & decider, & les consequences, auec N. R. P.. Ie suis, Vostre tres-humb. & tres-obeïssant seruiteur, F. B. Prestre de l'Orat. de IESVS.

[a] C'est le Cardinal de Berulle.

De Louuain le 28. de Mars 1630.

L'inscription est A Monsieur l'Abbé de S. Cyran au Cloistre N. Dame, A Paris.

MONSIEVR···

10. Monsieur Ianssenius a icy obtenu yne Profession Royale, *in S. Script.* [a] & ie crois la meilleure de toutes, par le decez de M. Paludanus. Tellement qu'il a toutes les charges qu'il peut auoir à desirer en sa Faculté, & ie pense qu'il n'est pas à la fin, & que son merite, & sa vertu le portera plus outre·· Honorez moy Monsieur s'il vous plaist de vostre affection, comme ie me tiendray obligé de continuer celle que i'ay de vous honorer, & demeurer, Monsieur, Vostre tres-humble, & tres-obeïssant seruiteur, F. B. Prestre de l'Oratoire de IESVS.

[a] Ce fut l'Archeuesque de Malines & Calenus qui luy procurerent.

De Malines le 19. d'Auril 1630.

11. MONSIEVR... L'inſcription eſt A Monſ. l'Abbé de S. Cyran.

Sur ce que vous dites, que vous ne voyez perſonne capable de cet eſprit Hierarchique, c'eſt ce que ie trouue grandement à plaindre, & vous nommeray toutefois ceux qui l'entendent, & y ſont portez; le P. Bertin & les deux Peres Goauſts qui ſont trois perſonnes recommandables, ie ne parle point de N. R. P. qui y eſt fort porté. Ie ſçay pluſieurs autres, non ſeulement incapables de cela, mais du tout contraires... Ie ſuis, pour iamais, Monſieur, Voſtre tres-humble, & tres-obeïſſant ſeruiteur, F. B. Preſtre de l'Orat. de IESVS.

De Malines le 14. d'Aouſt 1630.

12. MONSIEVR, L'inſcriqtion eſt A Monſ. l'Abbé de S. Cyran.

Ie receuray auec action de grace, ce qu'il vous plaira me donner; ſelon ma petite inclination i'euſſe deſiré, qu'il vous euſt pleu approuuer l'ouvrage ſans parler de l'Autheur. Ie vous enuoye ce que i'en ay peu retirer de l'Imprimeur, afin de vous en donner connoiſſance, au moins par les tiltres... Ie reçois tout preſentement lettres de M. Calenus, qui vous ſaluë tres-humblement, & me mande qu'vn Heretique a eſté trouuer M. Ianſſenius à Louuain, pour diſputer contre luy.. Ie ſuis, Monſieur, Voſtre tres-humb. & tres-obeïſſ. ſeruiteur, F. B. Preſtre de l'Orat. de IESVS.

De Beaune le 24. Dec. 1630.

13. MONSIEVR, L'inſcription eſt la meſme que la precedente.

Vous m'obligeriez ſi vous preniez la peine d'eſcrire à Monſ. l'Archeueſque de Malines, ou au moins à M. Calenus, pour leur dire quelque choſe de la neceſſité de mon voyage.. Le P. Carré eſt preſentement à Paris, il eſt bien honneſte homme, & Docte, de Dole; ie vous ſupplie vouloir traiter auec N. R. P. Gen. afin que s'il le iuge propre, il le deſtine de loin, & ſecrettement à Louuain... Ie ſuis, Monſ. Voſtre tres-humb. & tres-obeïſſ. ſeruiteur, F. B. Pr. de l'Orat. de IESVS.

De Mons le 25. Decembre 1631.

14. MONSIEVR, L'inſcription eſt la meſme que la precedente.

Permettez moy encore de vous payer les intereſts de la ſatiſfaction que ie vous dois, pour ne vous auoir veu, & attendu à mon depart; mais que ce ſoit pour m'endebter encore dauantage; & vous supplier me tant obliger, que de mettre en vn petit mot plus estendu, ce que vous me distes en nostre entreueuë sur le subiet *De* a *Proposito*, ou *ex Proposito* des Anciens, qui est pris par le vulgaire *pro voto*, & auquel les vœux ont esté substituez, particulierement en l'Institut de S. Augustin, qui n'est que *Clericorum simul viuentium*. Ce mot m'agrée beaucoup, & i'en ay bien particulierement affaire, au subjet de l'establissement ferme de la Congregation en ces quartiers, & pour d'autres. Vous auez assez de choses presentes sur cela, pour satisfaire à ce mien desir; & sur tout me cotter les lieux, où les Peres, où i'en pourray voir quelque chose, car ie n'ay loisir, ny la santé, sans cette addresse, de le chercher.. Si vous faites quelques visites chez nous, ie vous prie de haster ce voyage, par ce que toutes choses vont lentement... Ie suis fidellement en nostre Seigneur, Vostre tres-humble, & tres-obeïss. seruiteur, F. B. Prestre de l'Oratoire de IESVS.

a S. Cyran s'est expliqué là dessus bié au long au liure de la S. Virginité, qui fut particulierement censuré pour la doctrine qu'il y auançoit au preiudice des vœux. Laquelle toutefois il a repetée encore en partie dans ses lettres imprimées depuis sa mort.

EX EPISTOLA CLARISSIMI VIRI GOTTIFREDI VENDELMI CANONICI & Officialis Tornacensis, scripta ad Patrem Dionysium Petauium 16. Iunij an. 1652. vbi ratio redditur, cur Ianssenius in libro, quem aduersus Galliam inscripsit MARS GALLICVS, Alexandri Patricij Armacani nomen assumpserit.

RETEXI ego Patri Bucherio a ænigma Gallici Martis, Geryonem tricorporem præferentis sub nominibus Alexandri Patricij Armacani, quod bonus Pater sibi casu enarratum, voluit me vobiscum facere commune. Quæ mihi cum Geryone b illo intercesserit olim familiaritas, quaue illa occasione nata fuerit atque coalita, iusti commentarij narratio sit, & si iubetis, alibi expangenda. Hoc habetote interim, Alexandrum se indigitasse; quòd gratiæ, prædestinationisque, ac liberi arbitrij fibras, ac nodos omnes gordios, victore ense diffindere pararet, quo peracto, iam tum ex libris, liberos cogitauit, vt nouus Patricius, sibi nouum Augustinum gigneret, atque ita in Iesuitas porro arma, virumque caneret, ac cantu martem accenderet, &c.

L'Original de cette lettre est au College de Clermont.
a C'est vn Iesuite de Flandre.
b C'est Ianssenius qu'il appelle Geryon.

ORATIO

ORATIO DE CAVSA Ianssenitica, &c. A Ioanne Henrico Ottio Tigurino Tiguri Typis Henrici Hambergeri, anno 1653.

DEDICATIO.

SVNT sua cuique disciplinæ principia, quæ si tollantur, ipsas cadere disciplinas necessum est. Theologiæ principiũ, Sacra est Scriptura; sic basis & fundamentum Prædestinationis, & salutis, Dei est gratia. Immota hæc principia, quantis Diabolus, eiusque mancipia conuellere arietibus perpetuò sategerint, atque euertere, nemo est qui ignoret: cum primis verò palam est, ac manifestum, QVANTIS VIRIBVS, CONATIBVSQVE ROMANI PONTIFICES EORVMQVE DICTATORES, Vltra quàm dici possit, nefando ausu opponant se hisce, atque obiiciant. Testis horum TRIDENTINVM CONCILIVM plenissimus; testes omnia ROMANISTARVM scripta, atque instituta. Sed bene est quòd Christus vnicum Ecclesiæ caput, Rex, Propheta, & Sacerdos, cidẽ tam fideliter inuigilet: bene agitur cum hac Christi Ecclesia, quòd illa non tantùm solidissimis, ac immortalibus Prophetarũ & Apostolorum, vt & cæteris consentientis antiquitatis fundamentis superstructa est, ac inædificata, verùm etiam quòd ex ipsis Pontificiorum cœtibus VARII, iique non postremi, CAVSÆ NOSTRÆ BONITATI SVFFRAGENTVR tandem, eique amplissimum testimonium perhibeant. Quod quàm euidens, sit satis confido, pauca hæc folia demonstrant. De duobus autem in illis agitur præcipuè; quorum primum de libero arbitrio, de electione, & annexis. Secundum, de Sacra

C'est le Ministre de Zuric.

Les Ianssenistes du Port Royal, ont supprimé tous les exemplaires qu'ils ont pû de cette piece dans Paris, à cause de la confusion qu'elle leur iettoit sur le visage.

Scriptura. Pręter plurimos errores quibus totus ſcatet Papatus, in his etiam fundamentalibus ac primis principiis, titubat valde atque fluctuat. In Ianſſenitico negotio conſtringitur arctiſſimè vtrimque atque tenetur Papa, adeo vt iam multos annos, nunc verò quàm maximè, haud facilè norit, quò ſe vertere, cui ſe parti addicere, pro qua ſententiam ferre oporteat. In ipſis Fidei principiis, contra Fidei naturam, dubitantium choro ſeſe adiungit. Tantùm abeſt, vt columna ſit veritatis firma atque immobilis, vt hactenus definire quicquam auſus non fuerit. Aperta nimis eſt Ieſuitarum falſitas. Viciſſim multos, eoſque grauiſſimos Papatus errores Ianſſenitarum veritas redarguit. Nigra & lenta, adeoque lethifera tabes eſt Papatus, quam extra mortem ſanare nemo poteſt. Remedium promittit Romanus Apollo; ſed quod poſſit vel velit, vel tentare audeat, prout oportet, nemo mihi facilè perſuadebit. Ipſe quia Diuinam Spiritus Sancti aſſiſtentiam, prout vocant, nondùm ſentit, quia dono medendi deſtitutum ſe hactenus videt; orare pro ſe Romam [a] iubet: quo quidem & ſuam & Concilii Tridentini fallibilitatem, clarè patefacit; illud inſuper Concilium errori obnoxium, certè ambiguum, ac obſcurum reddit. Suſpecta ſunt Papæ omnia, proinde & ampla, & aperta Scripturæ verba, & vniuerſalis, legitimi, ac liberi Concilii ſententiam horret, propterea que priuatim res agitur: tantùm abeſt, vt vllam antiquorum, & legitimorum Conciliorum rationem, in re tam difficili retineat. Quemadmodum igitur nos Orthodoxi, primis illis, legitimiſque Conciliis ſubſcribimus vltro ac aſſentimur; ita à Papalibus hiſce vnicè abhorremus atque diſſentimus. Creſcit in dies acerbiuſque fit, & quidem diuerſis in locis Papale hoc bellum, quotidie alia huic implicantur capita, de quibus iam ſimul controuertitur. Multi codicilli in Gallia, paſquilli item, diuerſa, craſſaque volumina vtrimque, & ex his acerbiſſima quædam à Ieſuitarum parte ſunt ſcripta; pars altera, alteram reprobat, atque Apoſtaticam liberè pronunciat. Sicuti verò Pontificii, nobis, aliiſque excluſis, ſe pro vera Eccleſia venditant, nec niſi Eccleſiam & quidem vnam, Catholicam, Apoſtolicam, & ſanctam in ore habent: ita Ieſuitæ cum aſſeclis ſuis vnicè hoc ius ſibi aſcribunt, & ita quidem adſcribunt, vt Ianſſenitis communionem cum hac Eccleſia negare non vereantur, prout ex Briſacerii, aliorumque ſermonibus, atque ſcriptis patet. Præter recenſita, de variis aliis hos incuſant illi, nimirum quòd

[a] Cecy fut fait quelques mois deuant le decret du Pape, contre les cinq propoſitions de Ianſſenius.

quòd indulgentias tollant (quia gratiæ omnia Ianssenitæ tribuunt) quòd Papam, eius Decreta, atque potestatem nauci faciant; quòd communionem atque confessiònem contemnant; quòd inuocationem S. Virginis, eiusdemque horas, quodque globulos oratorios spernant. Inter grauia hæc dissidia mirum est quàm anxius Papa & perplexus reddatur, itavt minimè intelligat, extricare se quomodo possit. Iesuitas, H. E. Pelagianos, ob dogmata ipsorum amat mirè & fouet; Ianssenitarum numerum crescere videt: hos tamen ceu Augustini, imò S. Pauli defensores condemnare, adeoque dirimere litem non sustinet: longius aliquod grauiusque malum subodoratur. Per cuniculos itaque, per technas agenda res meritò ipsi videtur, idque breui, credo, audiemus. Sanè in capitibus tam grauibus atque arduis liberam vtrique relinquere parti sententiam, si dignitatem tueri, si famam velit, consultum minimè erit. Ipsa regum atque principum exempla, sententiam certam huic tandem oraculo expriment. Nam dum exeunte huius anni mense Februario, Sorbona Parisina ad dirum cyclopici cuiusdam monachi librum, contra Ianssenitas scriptum censendum, congregata fuit, eo ipso literas regio sigillo munitas, ac pro Iesuitis, & reliquis factionis sociis, à Patre Polino, ordinario Regiæ Maiestatis Confessore exoratas, illa accepit, quibus publicatione huius censuræ interdicitur. Interea tamen peropportunè Archiepiscopus vrbis huic Iesuitarum arti occurrit, atque è vestigio, antequam ipse à Rege aliquod simile mandatum acciperet, ipse in omnibus vrbis partibus edictum affigi curauit, quo legere monachi huius librum, vendere, & imprimere, sub excommunicationis pœna prohibuit. Viuit igitur defensa hactenus Dei gratia; atque vtinam viuat, ac defendatur apud eosdem constanter! Valeãt Theses ad disputãdũ Romę à Ianssenitis modò propositæ.

1. Aliqua diuina præcepta hominibus iustis volentibus, atque conantibus, secundùm præsentes quas habent vires, sunt impossibilia; deest quoque eis gratia, qua possibilia fiant.

2. Interiori gratiæ nunquam resistitur.

3. Ad merendum & demerendum in statu naturæ lapsæ, non requiritur libertas à necessitate, sed sufficit libertas à coactione.

4. Semipelagianum est dicere Christum mortuum esse pro omnibus, & sanguinem suum fudisse pro omnibus.

5. Positâ gratiâ Dei efficace, necessariò Deus suum debet consequi finem.

Atque hoc argumentum fuit, de quo mihi in nupero die profesto Incarnationis Domini nostri, ex Antistitis venerandi iussu ac mandato, dicendum mihi publicè fuit; idque hac potissimùm occasione, quia Catechismus Gratiæ latinitate atque scholiis à Clar. Maresio, in Groningana apud Frisos Academia Professore Celeberrimo, donatus, vtrique nostrûm à Doctissimo viro D. Tobia Sellio, Dantiscano, conuictore olim meo suauissimo, è Belgio est missus.

Alterum nunc, quo de hîc agitur, locum de SS. Scriptura complectitur. Etenim quia ita Deo ex singulari gratia dirigente atque moderante, haud ita dudum eximia Præfatio in Nouum Testamentum, Gallicanam suam versionem, à Doctissimo Abbate Villalongano, in lucem est edita, eandem simul vertere, scholiis augere, atque adiungere hisce visum fuit. Nam sicut vtilitatem ab hoste capere, pulchrum est, ITA IPSORVM ADVERSARIORVM TESTIMONIA PRO NOBIS FACIENTIA valere tum apud nos, tum apud aduersam partem haud parum debent. Id quod nullis hactenus quamuis inuictissimis argumentis, obtinere vllatenus potuimus, NVNC VLTRO NOBIS TANTI LARGIVNTVR VIRI. Quantopere, quàm variè, quàm indignè impetitus sit hactenus codex sacer, nemo est quem fugiat, pleni id etiam aduersariorũ libri, ac tristis insuper loquitur experientia. Quàm acriter verò & animosè doctissimus hic reclamet Abbas, vel cæcus videat; quàm liberè errorem suorum grauissimum agnoscat ac profiteatur, nec ipsi aduersarii negitare vnquam poterunt. Nimirum nobiscum ex Iræneo *l.* 1. *c.* 1. *&* 3. *c.* 1. S. Scripturam Κάνονα τῆς ἀληθείας ἀκλινῆ, Canonem veritatis immobilem, fundamentum, & columnam Fidei nostræ vocat. Et ex Clem. Alex. *l.* 7. *&* 11. Stromat. Demonstrationem ex scripturis factam, ἀναντίῤῥητον (cui contradici nequeat) statuit.

Hæc sunt, quæ præfari vobis Patriæ Patribus, veræ, puræque Religionis vigilantissimis inspectoribus, acerrimis, fortissimisque defensoribus, cum debita obseruantia offerre, atque me quàm humillimè vestro patrocinio commendare, & vt leuidense hoc, benignè à me accipiatis, rogare volui.

Superest vt, quascunque possumus, Deo pro luce Euangelii, pro tam aperto eius testimonio, ac pro omnibus eius beneficiis, quæ ineffabilia, infinitaque sunt, gratias agamus quammaximas; eumque rogemus, vt vsuram horum largiri nobis perpetuo dignetur, vt in libertate, qua Christus nos liberauit, perstemus, neque regredientes seruitutis iugo implicemur, ne libertatem in licentiam vertamus, sed vt piè sanctéque eum colamus, ac hæredes tandem æterni gaudii recipiamur. Dabam vltimo Aprilis, anno 1653.

EXCERPTA EX ORATIONE de Causa Ianssenitica, A Ioh. Henrico Ottio Tigurino.

NE in copiosa hac, & vbere dicendi materia, sine ordine erret ac vagetur oratio mea, primùm authores, atque Principes, vnà cum totius rei cardine, vobis exponam. Deinde quatenus ex vna parte, à Romana Ecclesia, Ianssenitæ dissentiant; ex altera verò, partim cum antiquitate, partim cum moderna Orthodoxa Catholica Ecclesia consentiant, docebo. Tum quantum momentum tota res hæcce ferat secum, vobis, adumbrabo.

C'est vn liure cõposé par le Ministre de Zuric nõmé *Iohannes Henricus Ottius*; dont ie ne rapporte icy que les choses qui font le plus à mon sujet. Et cette Harangue a esté recitée à Zuric publiquement par ce Ministre, en presence de toute la Seigneurie & de tous les Magistrats, à qui aussi il l'a dediée en termes magnifiques, en voicy quelques vns. *Viris Magnificentissimis, Strenuissimis, Nobilissimis, Amplissimis Patriæ Patribus, Ecclesiæ nutritiis, Scholæ moderatoribus primariis, &c.*

Primum itaque quod spectat. Caput Schismatis; discessionis dico à putida Romanæ Ecclesiæ Hæresi, atque Antesignanus fuit Cornelius Ianssenius, Ordinis Præmonstratensium Ypris Episcopus famosissimus, & Louanii quondam Theologiæ Professor Celeberrimus. Ab hoc ob noua dogmata, prout quidem Papæ mancipia, Hæreticæ prauitatis inquisitores, cum tota Iesuitarum colluuie, inuidiosè, atque malitiosè, criminantur; & quòd modernæ Romanæ Ecclesiæ Doctrinam, hoc est Pelagianismum impugnare intendat; occasionem ad mendacia, ad fraudes, ad conuicia, maledicta, opprobria, publicè, atque priuatim, ore & scripto obiicienda, idoneam datam sibi arbitrantur.... Verùm dum vehementiùs id, quàm cautiùs agunt, Augustinus Ianssenii, vires acquisiuit eundo, talesque Dei gratiâ progressus facit, vt plerique palam bonæ causæ suffragari cœperint. Baiani iidem Ianssenitæ audiunt, à Michaele Baïo, cuius propositiones causamque, Ianssenius, authoritate antea, & vi potius quàm veritate, & argumentis oppressam, fortiter, atque animosè vindicauit. Hunc Ianssenium dico, Episcopum, atque Athletam fortissimum, cum suffraganeis eius, præter Iesuitas audacissimos, cucullati etiam tenebriones allatrare atque adoriri, non quidem rationum armis, sed factionibus sunt ausi; eundem, vt & asseclas, sectarios, Lutheranos, Caluinianos, Guesios (quo quidem nomine nostri in Belgio proscindi solent) appellitant ··· At nemo vestrûm esse, cui nouum hoc, inusitatumve videatur confido, si perpendatis modò, quot & quam dira, inde ab impura origine sua hi Loiolitæ in nos, nostrosque eructarint; tales latrantes canes Ianssenitæ senserunt ···. Tantos autem, ex singulari numinis benedictione, progressus fecit Ianssenismus, vt neque pauci sint ex vtroque ordine, neque ex Belgis, Gallis, atque Italis postremi, qui quà ore, quà scripto, illius subscribant sententiæ. Quod quàm euidens sit, Illustre Amplissimi Viri Gilberti Mauguini, Regii in Gallia Consiliarii, & in Suprema Monetarum Curia Præsidis Doctissimi; exemplum, fidem abundanter facit, qui duobus tomis distinctas, nec sine aliquot Sorbonicorum Doctorum solenni approbatione, suas Prædestinationis, & Gratiæ vindicias, plenas bonæ frugis, nuper emisit ·· Verùm enim verò cacodæmon, perquam acerbus veritatis osor, per mancipia sua, in hos tela sua, qui doctrinam veram defendendam sibi suscipiunt, euibrat clam, palam eos infestat; horrendum eos Tribunal Romæ, in Metropoli sua adire; horribili Papæ Throno; iniquis Cardinalium Subselliis sistere se, peremptorio edicto cogit, &c.

Ad secundum nunc Orationis membrum accingimur, vosque quibus in partibus inter se dissentiant, cum Orthodoxa autem ac omni recepta, & probata antiquitate, consentiant docebimus. Ad duo autem, non incongruè reuocari posse capita equidem duxerim, quorum prius corruptæ naturæ vires, seu, vt loquuntur scholæ, liberum arbitrium; Prędestinationem verò hominis, posterius complectitur ·· Quemadmodum cum Pelagianis Pontificii sentiunt, vicissim Ianssenius fortiter, ac Orthodxe contradicit. Incusat aduersarios, quòd lapsum primum, si non tollere, eleuare certè cupiant, vnde & Infantes mortuos, pœnâ sensus eximant; adultis autem liberum arbitrium, seu bene agendi facultatem tribuant; B. denique Virginem, ab hoc peccato immunem statuant ·· Nulla ex parte dare vult illis, quòd concupiscentia, eiusque reatus, quoad actum primum, vt vocant, siue quoad peccatum auferatur à Baptisatis electis. Quapropter hanc sententiam è diametro Concilio Tridentino repugnare videtis, quando sess. 5. can. 5. totum id quod veram, & propriam peccati rationem habet, tolli in Baptismo statuit.. In nostras Ianssenius transit partes, quando docet ex concupiscentia, tanquam ex infecta scaturigine, motus oriri inordinatos; nec iustitiæ solùm originalis defectum, sed omnia etiam qualiacunque peccata, accepta huic referenda esse.. Preterea hìc quæ fidem ferè superant, tot tamque insignia omnis generis dicta, Scripturæ nimirum, Patrum, Conciliorum, quæ gratiæ defensores reponunt aduersariis, quæ coaceruant, ac conferunt; Gomarus aliquis, Vualæus, Molinæus, Thuisius, aut Altingius qui scripserit contra Arminianos, hi mihi viri certè videntur; adeo nostram corroboratum eunt, atque stabiliunt doctrinam.. Insuper victoriam quam gratia Dei, de hominis refert voluntate, libertatem eius haud lædere docent; quia voluntatem & actionem in homine ita operatur Deus, vt liberè absque omni coactione consentiat homo. Rident nobiscum ineptias illorum, qui errorem ex ignorantia commissum; ipsam ignorantiam; virium absentiam, siue difficultatem agendi, aliaque inficiantur peccata, ac propterea coram Deo, esse nos reos diffitentur... Ad aliud disceptationis dogma, ad diuinam hominis Prædestinationem seu electionem descendo. Pontificii, vti nostis, quò suum commendent errorem, omnia & Scripturæ, & Patrum testimonia sollicitant, quos tamen manifesta rerum fides arguit. Id quod cum suis Ianssenius sole clariùs facit... Quid si Ianssenio vestro, Patrum Dordracensium Canones, Augustini intensiùs inspiciendi, ac etiam probandi causam occasionemque attulerint? coniectura [a] mea est, nec apertos in hoc testes producere possum. Id verò inde patere videtur; quia eadem disputationis materia, & argumentum; idem fere tempus; nec Ianssenio, vtpote vicino, acta scriptaque Dordracenorum, ignota esse potuere. Vestram, auditores, fidem voco; an non ea, quæ iam iam ex Ianssenii, eiusque asseclarum doctrina propositurus sum, cum nostra confessione consentiant ad amussim, atque conueniant Prædestinationem absolutam, ac non nisi gratiosam, æternam, infallibilem, certam, firmam, immotam, efficacem, nec omnium tamen, sed quorundam duntaxat hominum faciunt. Improbant vniuersaliter, qui commu-

[a] La coniecture de ce Ministre n'est pas mal fondée; & s'il auoit leu la 12. lettre de Ianssenius, où il parle du Concile de Dordrecht, & que i'ay rapportée cy dessus; il auroit fortifié son soupçon; car deuãt le temps de ce Synode, il n'a point parlé de ces nouueautez en cette matiere; & il y a de l'apparence, que s'estant mis à lire S. Augustin par la directiõ de Iansonius qui estoit enfariné des erreurs de Baïus, & auec le mesme esprit que luy; il tomba dans l'heresie de ces Caluinistes.

nem electionis gratiam somniant, & eam ad omnes extendunt·· Eos qui mortem Christi ad alios quàm ad electos solos pertinere deblaterant, nullius pretii ducunt, diffident ab his, atque discordant·· Ceu commentum, quod ex inferorum gurgitibus emerserit, eorum delirium censent, qui non absolutam Dei voluntatem, atque potestatem, causam Prædestinationis faciunt·· Neque Iudæis, neque Christianis eò legem datam asseuerant, vt per eam vel promereri, vel seruari possent; sed ad agnitionem peccatorum & miseriæ·· Iterum nobiscum sentiunt, quòd gratia reijci à quopiam non potest, nec tamen violenta est: secundùm eosdem, neque liberum arbitrium tollit, quin imò subditi instar, Principi suo obsequentis, & captiui emissi, tum demum liber hic sit, qui efficaciter vocatur, atque in Deo regeneratur·· Videtis (auditores) quàm hæc Iansenianorum, seu Augustinianorum potiùs circa electionis articulum perspicua sententia, atque omnium Orthodoxorum consensu, tum & sanctiorum litterarum authoritate comprobata. Hanc tamen, quâ sunt incredibili peruicaciâ, Iesuitæ funditus subuertere conantur·· Fortes verò ad hæc, firmique Iansenitæ in recepta semel sententia, hanc de gratia doctrinam, ad desperationem deducere negitant; præcipuè quia Deo fulta. Tantùm abesse aiunt, vt inutilis, vel periculosa hæc sit doctrina; vt contrà, vtilissimè eadem, ad nos humiliandos, proponi populo, quanquam multa cum præcautione queat.

Ad agmen tertium, quod instruxi, me confero, vobisque quantum momentum, tota hæc res ferat secum, obiter generatimque depingo. Dixi quot quantisque interuallis, per iter à Iesuitarũ, & reliquorum Papalium erroribus diuersum abeant Iansenitæ; quomodo hi ab illis, non verbis, sed vniuersâ re, & totâ sententiâ dissentiant, indicaui. An non verò graue, atque apertum Papatui Schisma hæc nobis indicant? an non vulnus aliquod Apocaliticum? quid vulnus dico? ruinam minitari, ac portendere exitium Hierarchiæ illi hæcce videntur. An non in summum per hæc discrimen adducitur? quid enim quæso sana hæc de gratiâ Dei doctrina, deque hominis miseriâ, ambitu suo non comprehendit? Papisticam falsitatem non euertit? immotum stet, quod olim Caluinus, *tract. De vera pacif.* De iustificationis articulo affirmauit; eum scilicet tanti esse, vt quandiu ille integer maneat, de cæteris haud acriter adeo sit decertandum. Inde à reformatione ad præsentia vsque tempora, maius aliquod sese obtulisse præsagium, veritatique Orthodoxæ testimonium clarius exhibitum, haud equidem facilè crediderim. Quid quòd impellitur Papatus, ruitq; in dies in maius periculũ; & Deo ita dirigente, in exitialem tandem perniciem.... Quid impediat itaque, quominus mali quid de Papatu ominemur? quid tandem vrget vos, ô boni viri, vt tam ingenuè, oppressam hactenus & suppressam de gratia Dei veritatem profiteamini, ac nobiscum tandem rectè sentiatis? quid censuras Pontificias, fulminaque ex pelui emissa curatis? quin de absoluta Papæ potestate atque Tyrannide, vt de infallibilitate eiusdem vos expedite; à Papa ad Conciliũ prouocandi ius vobis reseruate; illud prædecessorũ vestrorum vsurpate, si Papa nos excõmunicet, nos ipsũ excõmunicabim⁹. Ne itaque per Deum, salutẽque vestrã, ex errore & nutu illius pendete. Ne naso vltra suspẽdat vos adunco, vt profectò Augustini sensum, cum Tridentini Concilij, & aliorum suffraganeorum Decretis, atque scriptis componere studeatis, ac satagatis, nihil tamen mihi credite, ob dissensionem atque discrepantiam longè maximam, ac ausim dicere infinitam, quicquam efficietis; aperta nimis omnia, atque in confesso. Ad ipsam totius rei decisionem, ad euentum prouoco: ipsi vos qui Romam, ad causam dicendam estis citati, ea quæ dixi, vera esse experiemini. Praua dogmata nostra, ne amplius vocate. Intolerabile vobis, impiumve, ne vlteriùs videatur, si aduersarij vestram cum Lutheri, & Caluini doctrina conferant. Calumnias, iniurias, infames titulos, & alia quibus vos grauant, atque onerant Antagonistæ, patienter ferte, ac spiritum ipsorum, exinde nobiscum diiudicate, proque conuersione eorundem, Deum orate. Per vos autem triumphet veritas.. Exite Babylone ô boni viri. Euoluite proinde, euoluite diligentiùs, trutinate exactiùs Concilii vestri Canones. Nõne id can. 4. sess. 6. ad obtinendam iustificationis gratiam cooperari hominem Deo, se disponere atque præparare, contra vos apertè statuit, aliterque sentientes, Anathemate ferit? nonne dissentire hominem si velit, eamque gratiam abiicere posse ibidem docet? neque certè friuola hæc excusatio, quicquam vobis patrocinatur, dum talia, contra Caluini dogmata, posita esse prætenditis. Eccubi enim is bona merita, quæ tamen nonnisi Dei sunt dona, negat? vbi ille mercedem Dei gratuitam atque paternam reiicit? vel an vnquam Caluinus, nosque cum illo, ex homine iustificato, & sub gratia actuali constituto, truncum atque stipitem fecimus? an vel ſemel pietatis opera damnauimus? ne ergo patrocinium Concilii ſuſcipite, ne vim illius Canonibus facite; ne pro tuendis illis, atque aſſerendis, vt vos dicitis, effundere ſanguinem veſtrum cupite. Non frigidè, ſed rigidè illi Conciliabulo tandem contradicite. Ecquid vos Ianſſenitæ, veſtram de gratia Dei puram doctrinam, cum abſurdiſſimis illius figmentis, conciliare nitimini? aut Pelagium, alioſque ſuſcipite, aut Tridentini Concilii errores repudiate. Ac ne quis veſtrûm hoc à me ita dici miretur, ipſos vos iudices appello. An non Pelagianos Ieſuitarum errores vocatis? an non ex Pelagianorum pharetris, tela Ieſuitæ contra vos depromunt? at verò diſſentiuntne iidem Ieſuitæ à Concilio Tridentino? diſcordantne cum Papa? nonne vnum corpus ſunt, vna anima? porro iam videte quæſo: doctrinam veſtram de libero arbitrio, cum articulo de Prædeſtinatione, ſeu de gratia Dei, arctiſſimè eſſe coniunctam, inficiaſne ibitis? certè ſcripta, & confeſſiones veſtræ vos conuincunt; at poſito hoc, totum cadere Papatum conſequitur. Si enim electio ex gratia, certè non ex operibus; ſi non ex operibus, ergo nulla merita; ſi nulla merita, ergo nullæ ſatisfactiones propriè dictæ, nulla opera operata, indulgentiæ nullæ, nulla ſupererogatoria, nullum Purgatorium, nulla Miſſa pro mortuis, imò ne pro viuis quidem, nulla Papæ de ſeruandis, aut damnandis abſoluta poteſtas, & quæcunque tandem aliæ næniæ, ac quiſquiliæ. Sapite ergo, ô viri, ac in his etiam Auguſtini, maximè verò Spiritus ſancti in vtroque Teſtamento loquentis, ductum principiaque indubitata ſequimini; cadet credite Miſſaticum Idolum; concident mutæ veſtræ ſtatuæ, atque picturę·· Conſiderate titulum pagellarum veſtrarum, qui eſt contra ignauos atque politicos veritatis defenſores. Recolite memoria, quid inter notas veri communicantis octauo loco requiratis. Vel ſedem hodiernam Romanam, alia nunc quàm olim fouere dogmata, alia habere principia, ex conceſſis veſtris non ſentitis? proinde fallaciam, dico fallibilitatem eius agnoſcite; aut ſententiam veſtram, immotis fundamentis innixam reſcindite, ac protinus in matris veſtræ, hoc eſt Papæ gremium vos recipite. Sed abſit hoc··· Si Papam pro ſupremo litis diremptore agnoueritis; ſi eundem iudicem cooptaueritis; actum erit de vobis; ſupprimentur ſcripta veſtra; obtuſi reddentur calami; ora obturabuntur; dentatos riſus aduerſariis dabitis, maléque peribitis·· Anne ſedes, ſeu ſucceſſio vos dementat? at Petri

hæreditatem

hæreditatem non habet, fidem Petri qui non habet. Anne vos consensus, atque cum Romana Ecclesia communio, eò perducit, siue potiùs seducit? at saluâ doctrinâ vestrâ, saluus Papatus stare nequit. Schismata, quæ in reformatorum Ecclesijs videntur, nolite vos Papicolæ, obijcere nobis vlteriùs. De Catholicismo vestro; de consensu, atque vnitate desinite gloriosiùs loqui. Concordiam discordem sedis Romanæ, vel in ipso Ianssenitico negotio, cum Amplissimo Mauguino vestro fatemini. Vnde obsecro, grauissimæ illæ quæstiones, quas Arnaldus Sorbonicus, Valde-doctus, Episcoporum quamplurium nomine receptus, atque doctissimorum virorum iudicio stabilitus, mouet; scilicet de publica pœnitentia restituenda; de frequenti Communione Eucharistiæ, quam Iesuitæ potissimùm inuexerunt, abroganda; vt & de Petro, & Paulo coniunctim sedis Romanæ fundatoribus, illiusque primis Episcopis agnoscendis? non profectò habetis, quod de Euangeliorum litibus, & Ecclesiæ vestræ vnitate pro rostris ad populum speciosè declametis, &c.

FINIS.

ADVIS DE L'IMPRIMEVR sur cette Edition.

L'Impatience de ceux qui ont desiré voir au plûtost les lettres de Ianssenius imprimées, a esté si grande, mon cher Lecteur, & si pressante ; qu'il ne m'a pas esté possible d'obtenir d'eux le temps, ny le loisir necessaire pour ioindre icy, comme l'Autheur s'estoit promis, ce qui touche particulierement la personne de l'Abbé de S. Cyran; c'est à dire, toute l'information qui fut faite en Iustice contre luy; son interrogatoire ; & tous les memoires sur lesquels ses Iuges ont trauaillé. Mais on n'y perdra rien, comme i'espere, pour differer vn peu ; toutes les choses estant prestes pour cela, & tous les originaux entre les mains de la personne qui m'a fourny cette piece, au mesme estat que les Iuges les ont laissées.

Fautes suruenuës en cette Edition.

PAgé 25. ligne 5. *nous*, il faut *vous*. page 32. en marge, lettré 4. *Latomà ie ne sçay qui c'est*, il faut, *Latoma* signifie l'Vniuersité de Louuain. page 33. en marge, lettre f. *Carpocre*, signifie *l'Archiduc*, il faut, *Carpocre*, signifie, *La Flandre, & le Conseil de Flandre*. page 40. ligne 28. *estant cependant*, il faut, *estant neantmoins*. 96. ligne 5. en quelques exemplaires, *Consiliis*, il faut, *Conciliis*. page 126. ligne 18. en quelques exemplaires, *qui l'auoit enfanté*, il faut, *qu'il auoit enfanté*. page 127. ligne 19. 1618. 1624. 1625. on a obmis 1634. page 130. il a commencé le chiffre des lettres de Calenus par la seconde, au lieu de le commencer par la premiere; & en suite a broüillé les chiffres suiuants. page 136. en marge de la 13. lettre de Calenus, let. 6. *Monsieur de Berulle*, il faut, *l'Archeuesque de Malines*.

Quand aux autres fautes qui se trouuerront dans les lettres de Ianssenius; ce ne sont point fautes d'impression; mais des incongruitez d'vn Flaman, qui s'est voulu mesler de parler nostre langue sans la sçauoir; & que la fidelité qu'on doit au public, a obligé l'autheur de ce liure, de laisser dans les copies, comme il les a trouuées dans les originaux.

www.ingramcontent.com/pod-product-compliance
Ingram Content Group UK Ltd.
Pitfield, Milton Keynes, MK11 3LW, UK
UKHW020259180726
13839UKWH00001B/335